应用型本科汽车类专业系列教材

车用单片机原理

（含实验与实训指导）

主　编　王俊龙
副主编　陆兆钠
参　编　丁徐强　冒兴峰　黄爱维　王传杏　于建锋

配套资源目录

机械工业出版社

随着汽车电子技术的快速发展，单片机在汽车中的应用越来越广泛。汽车单片机是一门理论和实践相结合的课程，本书将理论和实践紧密结合，以培养学生动手和实践能力为目标，主要介绍了 51 单片机的硬件结构和工作原理、C51 程序设计、中断系统、定时器与计数器、串行通信、单片机接口技术、软件开发工具 Keil C51 与虚拟仿真平台 Proteus 的使用。同时，本书提供了相应的实验和实践案例，每个实践案例都与汽车行业相关，并提供了 C 语言清单、硬件设计原理图、程序设计流程图和 Proteus 仿真原理图，有利于读者理论联系实际，自主分析、理解和验证基于单片机的汽车应用系统。

本书适合各工科类院校车辆工程、汽车服务工程、新能源汽车工程、汽车检测与维修技术、交通运输等专业学生选用，可以作为汽车单片机理论教学、实验与实践、课程设计以及毕业设计的教材，也可以作为从事相关工作的技术人员或者大学生科研竞赛的参考书。

图书在版编目（CIP）数据

车用单片机原理: 含实验与实训指导 / 王俊龙主编. —北京: 机械工业出版社, 2023.6（2025.1 重印）

应用型本科汽车类专业系列教材
ISBN 978-7-111-73053-8

Ⅰ.①车… Ⅱ.①王… Ⅲ.①汽车—微控制器—高等学校—教材 Ⅳ.①U463.6

中国国家版本馆 CIP 数据核字（2023）第 069662 号

机械工业出版社（北京市百万庄大街 22 号　邮政编码 100037）
策划编辑：王　婕　　　　　责任编辑：王　婕
责任校对：郑　婕　徐　霆　责任印制：邓　博
北京盛通数码印刷有限公司印刷
2025 年 1 月第 1 版第 3 次印刷
184mm×260mm・16 印张・386 千字
标准书号：ISBN 978-7-111-73053-8
定价：59.90 元

电话服务　　　　　　　　　网络服务
客服电话：010-88361066　　机　工　官　网：www.cmpbook.com
　　　　　010-88379833　　机　工　官　博：weibo.com/cmp1952
　　　　　010-68326294　　金　书　网：www.golden-book.com
封底无防伪标均为盗版　　　机工教育服务网：www.cmpedu.com

前　言

传统的汽车是一个单纯的机械装置，但随着电气、电子、通信、计算机技术的发展，现代汽车已经成为机电一体化的智能设备，这些智能设备几乎都是由单片机承担着控制核心的角色，汽车单片机已经成为汽车产业发展的关键因素之一。

51 系列单片机由于其典型的结构和完善的总线专用寄存器的集中管理，众多的逻辑位操作功能及面向控制的丰富的指令系统，成为初学者最容易上手和学习的单片机，但目前大部分 51 系列单片机教材未与汽车专业实践相结合，因为汽车单片机技术实践性强，需要通过大量的实验和实践训练，才能较好地掌握其工作原理与设计应用。本书按照"理论—实验—实践"的教学思路编写，力求保证内容的完整性和连续性，由浅入深，由易到难，注重单片机在汽车中的实际应用，采用基于 Keil 编译器的 C51 编程语言，以仿真软件 Proteus 为平台，通过实验和实践案例，加深学生对单片机工作原理的理解，提升学生汽车单片机应用系统设计、制作和调试的能力。

本书共 11 章，分为 3 个部分，涵盖了单片机应用技术和单片机汽车实践的基本内容。第一部分是单片机基础知识（第 1～9 章），包括单片机发展历史和汽车电子行业现状、MCS-51 单片机的硬件结构和内部资源、C51 程序设计、中断系统、定时器与计数器、串行通信的使用及编程、单片机接口技术、单片机在汽车中的应用实例、Keil μVision 和 Proteus ISIS 编程仿真工具的应用，使学生掌握单片机应用的基础知识；第二部分为第 10 章课内实验，这部分为单片机基础实验，用于训练学生正确掌握并运用单片机的主要功能部件；第三部分为第 11 章课外实践，这部分以第一部分和第二部分为基础，结合汽车相关应用案例，使学生快速掌握汽车单片应用系统的设计、制作、调试的流程和方法。

本书特色：

1）循序渐进，培养学生动手动脑、解决问题的能力。内容编排上以"基础知识—应用介绍—实验—系统设计"为主线，由浅入深，由理论到实践。

2）紧密结合汽车技术，注重实践。从单片机在汽车中应用的角度出发，力求单片机的实践与创新，引用汽车单片机实践案例，以加深学生对单片机基础知识的理解，提升学生车用单片机系统设计和制作的能力。

本书由王俊龙担任主编，陆兆钠担任副主编，丁徐强、冒兴峰、黄爱维、王传杏、于建锋担任参编。全书由王俊龙负责策划和统稿。在本书的编写过程中，参阅了大量的书籍和文献资料，在此谨向各位作者表示衷心的感谢。

由于编者水平有限，书中疏漏之处在所难免，恳请广大读者批评指正。

编　者

"天工讲堂"二维码索引

素材名称	二维码	页码	素材名称	二维码	页码
汽车信号灯控制器的设计		121	汽车简易空调控制系统的设计		189
交通信号灯控制系统的设计		131	汽车刮水器控制系统的设计		197
汽车倒车雷达系统的设计		139	电动汽车超速报警器的设计		204
电动汽车步进电机控制系统的设计		148	客车超载监测系统的设计		210
电动汽车电机调速系统的设计		156	汽车防酒驾报警器系统的设计		219
出租车广告点阵灯系统的设计		163	公交车车站智能显示系统的设计		232
汽车电子密码锁的设计		171	交通警示牌系统的设计		238
电动汽车简易电池电压监测系统的设计		183	汽车车内自检报警系统的设计		246

目 录

前言
"天工讲堂"二维码索引

第一章 汽车电子技术与车用单片机概述 ················ 1
第一节 汽车电子技术的发展 ········· 1
一、汽车电子技术发展史 ············ 1
二、汽车电子系统在整车中的作用 ··· 1
三、汽车电子行业发展趋势 ········· 3
第二节 单片机概述 ················· 3
一、什么是单片机 ·················· 3
二、单片机的产生与发展 ············ 3
三、常见单片机的类型及特点 ······· 4
四、单片机的发展趋势 ·············· 5

第二章 MCS-51 单片机硬件结构 ······ 6
第一节 MCS-51 单片机的总体结构 ··· 6
第二节 MCS-51 单片机的引脚功能 ··· 8
一、电源及时钟引脚功能 ············ 8
二、控制引脚 ······················· 8
三、并行 I/O 口引脚 ················ 9
第三节 MCS-51 单片机中央处理器 ··· 9
一、运算器 ························· 9
二、控制器 ························ 11
第四节 MCS-51 单片机存储器 ······ 11
一、数据存储器 ···················· 12
二、程序存储器 ···················· 14
三、特殊功能存储器 ··············· 15
第五节 MCS-51 单片机并行 I/O 端口 ··························· 15
一、P0 端口 ······················· 15
二、P1 端口 ······················· 16
三、P2 端口 ······················· 17
四、P3 端口 ······················· 18
第六节 MCS-51 单片机的时序 ······ 18
一、时序的基本概念 ··············· 18
二、MCS-51 单片机的工作时序 ··· 19
第七节 MCS-51 单片机的辅助电路 ··························· 20
一、复位电路 ······················ 20
二、时钟电路 ······················ 21

第三章 C51 程序设计 ·················· 22
第一节 C51 语言基础 ··············· 22
一、数据类型 ······················ 22
二、数据存储类型与存储模式 ····· 22
三、C51 的基本运算 ··············· 23
四、绝对地址的访问 ··············· 25
五、C51 控制语句与程序设计 ····· 26
六、指针与数组 ···················· 30
第二节 C51 的语言函数 ············· 32
一、函数定义与分类 ··············· 32
二、函数参数与函数的值 ·········· 34
三、函数调用与声明 ··············· 35

第四章 中断系统 ······················ 36
第一节 中断的概念及优点 ········· 36
一、中断系统的概念 ··············· 36
二、中断系统的优点 ··············· 37
第二节 中断系统的结构 ··········· 37
一、中断源 ························ 37
二、中断控制寄存器 ··············· 37
三、中断响应过程 ················· 40
第三节 C51 中断服务函数 ········· 40

第五章 定时器/计数器 ················ 42
第一节 定时器/计数器 T0 和 T1 的结构和工作原理 ············· 42
一、定时器/计数器 T0 和 T1 的结构 ··························· 42
二、定时器/计数器 T0 和 T1 的工作原理 ······················· 42

第二节　定时器/计数器控制的相关
　　　　寄存器 ……………………… 43
　　一、工作方式寄存器 TMOD …… 43
　　二、控制寄存器 TCON …………… 44
第三节　定时器/计数器的工作方式
　　　　及应用 …………………………… 44
　　一、工作方式 0 …………………… 44
　　二、工作方式 1 …………………… 45
　　三、工作方式 2 …………………… 45
　　四、工作方式 3 …………………… 46

第六章　串行通信的使用及编程 ……… 47
　第一节　串行通信的概念 …………… 47
　　一、概述 …………………………… 47
　　二、串行通信的数据传送方向 …… 49
　第二节　串行通信口的结构与相关
　　　　寄存器 ……………………… 49
　　一、串行通信口的结构 …………… 49
　　二、串行通信口的控制寄存器 …… 51
　第三节　串口的工作方式 …………… 52
　　一、方式 0 ………………………… 52
　　二、方式 1 ………………………… 53
　　三、方式 2 ………………………… 54
　　四、方式 3 ………………………… 55
　　五、波特率的设置 ………………… 55

第七章　单片机接口技术 ……………… 57
　第一节　数码管显示器及其接口 …… 57
　　一、LED 数码管的显示原理 …… 57
　　二、LED 数码管的静态显示与
　　　　动态显示 ……………………… 58
　第二节　键盘接口设计 ……………… 62
　　一、键盘的工作原理 ……………… 62
　　二、键盘的接口电路 ……………… 62
　第三节　LCD1602 液晶显示器接口
　　　　设计 …………………………… 64
　　一、液晶显示器简介 ……………… 64
　　二、1602 字符型 LCD 简介 …… 65
　　三、LCD1602 的指令说明 ……… 67
　　四、LCD1602 的 RAM 地址映射 … 70
　　五、LCD1602 的一般初始化（复位）
　　　　过程 …………………………… 71

第八章　单片机在汽车中的应用实例 … 73
　第一节　自动防抱死制动装置 ……… 73
　　一、自动防抱死制动系统介绍 …… 73
　　二、防抱死制动系统的控制原理 … 73
　　三、防抱死制动系统的组成 ……… 74
　第二节　电动汽车电池管理系统 …… 75
　　一、电池管理系统介绍 …………… 75
　　二、电池管理系统的功能 ………… 75
　　三、电池管理系统的组成和原理 … 76
　第三节　汽车主动悬架控制系统 …… 77
　　一、汽车悬架介绍 ………………… 77
　　二、主动悬架控制系统的组成 …… 77
　　三、主动悬架控制系统的控制
　　　　原理 …………………………… 77

第九章　Keil μVision 与 Proteus ISIS … 78
　第一节　Keil μVision 使用介绍 …… 78
　　一、Keil μVision4 运行环境介绍 … 78
　　二、Keil μVision4 工程创建 …… 78
　第二节　Proteus ISIS 介绍 ………… 88
　　一、Proteus 功能简介 …………… 88
　　二、Proteus 基本用法 …………… 90

第十章　课内实验 ……………………… 94
　第一节　外部中断实验 ……………… 94
　　一、实验目标 ……………………… 94
　　二、实验内容 ……………………… 94
　　三、实验电路 ……………………… 94
　　四、程序流程框图 ………………… 95
　　五、参考程序 ……………………… 95
　第二节　定时器/计数器定时实验 … 96
　　一、实验目标 ……………………… 96
　　二、实验内容 ……………………… 96
　　三、实验电路 ……………………… 96
　　四、程序流程框图 ………………… 97
　　五、参考程序 ……………………… 97
　第三节　定时器/计数器计数实验 … 98
　　一、实验目标 ……………………… 98
　　二、实验内容 ……………………… 98
　　三、实验电路 ……………………… 98
　　四、程序流程框图 ………………… 98

五、参考程序 …………………… 99
第四节 串口通信实验 ………………… 100
　　一、实验目标 …………………… 100
　　二、实验内容 …………………… 100
　　三、实验电路 …………………… 100
　　四、程序流程框图 ……………… 101
　　五、参考程序 …………………… 101
第五节 流水灯实验 …………………… 102
　　一、实验目标 …………………… 102
　　二、实验内容 …………………… 102
　　三、实验电路 …………………… 103
　　四、程序流程框图 ……………… 103
　　五、参考程序 …………………… 104
第六节 LED数码管显示实验 ………… 104
　　一、实验目标 …………………… 104
　　二、实验内容 …………………… 105
　　三、实验电路 …………………… 105
　　四、程序流程框图 ……………… 105
　　五、参考程序 …………………… 106
第七节 矩阵键盘扫描实验 …………… 107
　　一、实验目标 …………………… 107
　　二、实验内容 …………………… 107
　　三、实验电路 …………………… 107
　　四、程序流程框图 ……………… 108
　　五、参考程序 …………………… 109
第八节 LCD1602液晶显示实验 ……… 110
　　一、实验目标 …………………… 110
　　二、实验内容 …………………… 110
　　三、实验电路 …………………… 110
　　四、程序流程框图 ……………… 111
　　五、参考程序 …………………… 112

第十一章 课外实践 …………………… 116
第一节 汽车信号灯控制器的设计 …… 116
　　一、项目目标 …………………… 116
　　二、项目功能要求 ……………… 116
　　三、总体方案设计 ……………… 116
　　四、硬件电路设计 ……………… 117
　　五、系统程序设计 ……………… 117
　　六、项目实践 …………………… 121
第二节 交通信号灯控制系统的
　　　　设计 …………………………… 123
　　一、项目目标 …………………… 123
　　二、项目功能要求 ……………… 123
　　三、总体方案设计 ……………… 123
　　四、硬件电路设计 ……………… 123
　　五、系统程序设计 ……………… 126
　　六、项目实践 …………………… 128
第三节 汽车倒车雷达系统的设计 …… 131
　　一、项目目标 …………………… 131
　　二、项目功能要求 ……………… 131
　　三、总体方案设计 ……………… 131
　　四、硬件电路设计 ……………… 133
　　五、系统程序设计 ……………… 136
　　六、项目实践 …………………… 139
第四节 电动汽车步进电机控制系统
　　　　的设计 ………………………… 141
　　一、项目目标 …………………… 141
　　二、项目功能要求 ……………… 141
　　三、总体方案设计 ……………… 141
　　四、硬件电路设计 ……………… 141
　　五、系统程序设计 ……………… 144
　　六、项目实践 …………………… 147
第五节 电动汽车电机调速系统的
　　　　设计 …………………………… 150
　　一、项目目标 …………………… 150
　　二、项目功能要求 ……………… 150
　　三、总体方案设计 ……………… 150
　　四、硬件电路设计 ……………… 150
　　五、系统程序设计 ……………… 153
　　六、项目实践 …………………… 154
第六节 出租车广告点阵灯系统的
　　　　设计 …………………………… 156
　　一、项目目标 …………………… 156
　　二、项目功能要求 ……………… 156
　　三、总体方案设计 ……………… 156
　　四、硬件电路设计 ……………… 157
　　五、系统程序设计 ……………… 159
　　六、项目实践 …………………… 159
第七节 汽车电子密码锁的设计 ……… 163
　　一、项目目标 …………………… 163
　　二、项目功能要求 ……………… 163

  三、总体方案设计 …………… 163
  四、硬件电路设计 …………… 163
  五、系统程序设计 …………… 165
  六、项目实践 ………………… 170
 第八节 电动汽车简易电池电压监测
    系统的设计 ………………… 173
  一、项目目标 ………………… 173
  二、项目功能要求 …………… 173
  三、总体方案设计 …………… 173
  四、硬件电路设计 …………… 174
  五、系统程序设计 …………… 178
  六、项目实践 ………………… 181
 第九节 汽车简易空调控制系统的
    设计 ………………………… 183
  一、项目目标 ………………… 183
  二、项目功能要求 …………… 183
  三、总体方案设计 …………… 183
  四、硬件电路设计 …………… 184
  五、系统程序设计 …………… 186
  六、项目实践 ………………… 188
 第十节 汽车刮水器控制系统的
    设计 ………………………… 191
  一、项目目标 ………………… 191
  二、项目功能要求 …………… 191
  三、总体方案设计 …………… 191
  四、硬件电路设计 …………… 192
  五、系统程序设计 …………… 192
  六、项目实践 ………………… 195
 第十一节 电动汽车超速报警器的
    设计 ……………………… 197
  一、项目目标 ………………… 197
  二、项目功能要求 …………… 197
  三、总体方案设计 …………… 197
  四、硬件电路设计 …………… 198
  五、系统程序设计 …………… 198
  六、项目实践 ………………… 201
 第十二节 客车超载监测系统的
    设计 ……………………… 204

  一、项目目标 ………………… 204
  二、项目功能要求 …………… 204
  三、总体方案设计 …………… 204
  四、硬件电路设计 …………… 204
  五、系统程序设计 …………… 207
  六、项目实践 ………………… 209
 第十三节 汽车防酒驾报警器系统的
    设计 ……………………… 212
  一、项目目标 ………………… 212
  二、项目功能要求 …………… 212
  三、总体方案设计 …………… 212
  四、硬件电路设计 …………… 213
  五、系统程序设计 …………… 214
  六、项目实践 ………………… 219
 第十四节 公交车车站智能显示系统
    的设计 …………………… 221
  一、项目目标 ………………… 221
  二、项目功能要求 …………… 221
  三、总体方案设计 …………… 221
  四、硬件电路设计 …………… 222
  五、系统程序设计 …………… 227
  六、项目实践 ………………… 232
 第十五节 交通警示牌系统的设计 … 233
  一、项目目标 ………………… 233
  二、项目功能要求 …………… 233
  三、总体方案设计 …………… 233
  四、硬件电路设计 …………… 234
  五、系统程序设计 …………… 235
  六、项目实践 ………………… 237
 第十六节 车内自检报警系统的
    设计 ……………………… 240
  一、项目目标 ………………… 240
  二、项目功能要求 …………… 240
  三、总体方案设计 …………… 240
  四、硬件电路设计 …………… 240
  五、系统程序设计 …………… 243
  六、项目实践 ………………… 245

参考文献 …………………………………… 248

第一章

汽车电子技术与车用单片机概述

第一节 汽车电子技术的发展

一、汽车电子技术发展史

随着电子、电气以及网联技术的迅猛发展，传统的机械结构与电子信息技术在不断融合，汽车产品的电子化、电气化和智能化水平也在逐步提高。目前汽车中的电子装置设备，无论是数量还是成本都在不断攀升，特别是随着新能源汽车的突飞猛进，汽车除底盘和车身外，大部分机械结构已被电子电气化设备替代，汽车电子化的程度已成为衡量汽车技术水平的重要标志之一。

汽车电子技术的发展历程，大体可以分为以下三个阶段：

1）从 20 世纪中期到 20 世纪 70 年代中期，是汽车电子控制技术初步发展阶段。

该阶段的主要特点是采用模拟电子电路对部分零件进行控制，用于改善汽车中单个零部件的性能，不考虑汽车的整体设计。

该阶段的主要产品有车载收音机、发动机燃油喷射控制系统、电子式闪光器、电子喇叭、电压调节器、电子刮水器控制器、电子点火控制器、电子时钟等。

2）从 20 世纪 70 年代中期到 20 世纪 90 年代中期，随着电子集成电路的快速发展，微型控制器开始在汽车上大规模应用，是汽车电子控制技术迅猛发展的阶段。

该阶段的主要特点是电子信息控制技术开始应用于整车控制系统，汽车各个组件和零部件几乎都开始采用电子技术进行控制。

该阶段的主要产品有自动变速器、发动机电子燃油喷射系统、胎压监测控制系统、空燃比反馈控制系统、安全气囊保护系统、电子控制自动变速系统、自动巡航控制系统、自动除霜系统、电子控制车门锁系统、汽车超速报警系统、前照灯光自动控制系统、车辆导航系统、座椅安全带收紧系统、车辆防盗系统、故障自动诊断系统、车身可升降控制系统、电子数字仪表、发动机电子控制系统、防抱死制动控制系统、四轮转向控制系统、语音识别系统、蜂窝式电话、可热式风窗玻璃、倒车雷达、主动控制悬架等。

3）从 20 世纪 90 年代中期开始到现在，是汽车电子控制技术向智能化发展的阶段。

该阶段的主要特点是汽车开始向着电气化、智能化、网联化方向发展，电子控制系统具有更好的实时性和可靠性，其功能有了进一步的加强和完善。

该阶段的主要产品有自动驾驶系统、辅助驾驶系统、车载娱乐和无线通信系统、车载局域网等。

二、汽车电子系统在整车中的作用

汽车电子产业是汽车工业与电子信息产业的结合，目前正处于高速发展阶段。汽车电

子产品在整车制造中所占的比例越来越高，汽车电子信息技术不仅推动了汽车工业的发展，同时也极大地促进了电子信息、计算机等产业的发展。现代汽车电子技术在改善汽车动力性、经济性、安全性、行驶稳定性和乘坐舒适性等方面发挥着不可替代的作用。总体来说，汽车电子技术在汽车中的应用大体可分为以下五个方面：

（一）动力传动电子控制系统

动力传动电子控制系统主要包括发动机电子控制系统、自动变速器控制系统以及动力传动总成的综合控制系统等。动力传动电子控制系统主要由电子控制器、各种车用传感器和执行机构组成。汽车动力传动电子控制系统能够使汽车在不同的工况和不同的驾驶环境下，都保持在最佳状态下运行，从而提高整车的燃油经济性、降低汽车污染排放，减小动力传递过程的冲击，降低汽车驾驶的复杂度，提高汽车的动力性、经济性和舒适性。

（二）底盘电子控制系统

底盘电子控制系统包括汽车转向控制系统、驱动控制系统、牵引力控制系统、轮胎监测系统、自动巡航防碰撞控制系统、制动防抱死系统、车身控制系统、主动悬架控制系统等。底盘电子控制系统提高了整车运行的安全性和舒适性，在一定程度上有效降低了汽车事故的发生率。

（三）车身电子控制系统

车身电子装置是在汽车环境下能够独立使用的电子装置，它与汽车本身的性能并无直接关系，以节约能源、改善乘坐舒适性、提高汽车档次以及增加享受型功能等为目的，属于辅助性设备。车身电子控制系统包括电子控制安全带、安全气囊、主动式膝垫、车内气候控制、电子防盗系统、遥控门锁、电动座椅、电动后视镜、电子仪表板、灯光控制、轮胎压力监测、车载防撞雷达控制、自动空调控制、视野照明控制、自动防撞系统等，以及满足不同用电设备的电源管理系统。

（四）车载智能信息系统

车载智能信息系统是现代通信技术、电子技术以及计算机技术在汽车上的综合应用，它的出现主要是增加车辆乘坐的舒适性和娱乐性，与整车性能无直接联系。它主要包括车载音响及电视娱乐系统、车载无线通信系统、语音信息识别交互系统、汽车全球定位系统（GPS）、车辆信息实时显示系统等。车载智能信息系统使得汽车智能化和网联化快速发展。

（五）车载故障自诊断系统

随着汽车电子、电气化程度日益提高，汽车电子控制系统日趋复杂，对比于传统机械系统，电子技术控制系统受到的干扰因素较多，稳定性稍弱，电子控制系统需要安全容错处理，汽车不能因为电子控制系统自身的突发故障导致汽车停机或者失控。针对这种情况，汽车电子控制技术设计人员在进行汽车电子控制系统设计时，增加了故障自诊断功能模块。汽车故障自诊断系统时刻监测汽车运行过程中各个部件工作的运行状态，如故障自诊断可以监测电动汽车运行过程电池、电机、高压输电模块等各部分的信息，一旦某个状态量超过设定的阈值，如电动汽车电池温度超过设定温度的最大阈值，故障自诊断系统就可根据内部程序自动判别出具体的故障，并将相应的故障上传整车控制系统。整车控制系统在接收到汽车上传的故障信息后，启动相应的故障处理模块，根据已经设定好的整车故障分级对故障信息进行处理并提醒驾驶员，从而保证车辆的安全运行。

三、汽车电子行业发展趋势

目前，汽车电子信息产业已经迎来黄金发展期。汽车电动化、智能化趋势加速，电子化程度持续提升，汽车电子信息有望成为电子行业发展的新动力。

从汽车电子行业细分领域来看，绝缘栅双极型晶体管（IGBT）、汽车存储、汽车计算、汽车光学、车载印制电路板（PCB）等方向正迎来巨大的创新机遇，汽车电子将迎来长景气周期，行业将迎来一次全产业链级别的发展机遇。传统燃油汽车芯片约为300颗/车，智能电动汽车芯片的数量在2000颗/车以上，2025年全球汽车半导体将达到735亿美元的市场规模。

随着电子工业的飞速发展，汽车电子在汽车领域的应用日益深入，汽车电子占汽车总成本的比重日益加大，尤其中高端汽车与新能源汽车中汽车电子附加值更高。目前，国内紧凑型乘用车中汽车电子占成本的比重约为15%，中高端乘用车中汽车电子占成本的比重约为28%，而新能源汽车电子占成本的比重高达47%～65%，预计未来高端配置逐步向低端车渗透将是趋势，将带来汽车电子在乘用车成本中的比重持续提升，汽车行业仍处于"电子化"趋势中。

在电子化过程中，汽车电子市场规模有望保持高增长。2017—2022年，全球汽车电子市场规模将以6.7%的复合增速持续增长，预计至2022年全球市场规模可达21399亿元。与此同时，中国汽车电子成本在整车成本中的平均比重约为10%，全球汽车电子成本在整车成本中的平均比重约为35%，我国汽车电子化水平相比国际水平仍存在较大进步空间，这是我国汽车产业发展过程中急需提升的一个方向。

综上所述，汽车电子技术已经成为汽车产业技术领域的发展重点和新兴增长点，汽车电子信息已经成为汽车发展的关键因素。

第二节　单片机概述

一、什么是单片机

单片机是单片微型计算机（Single Chip Microcomputer）的简称，是一种集成电路芯片。单片机将中央处理单元、储存器、输入输出、中断、串行口等集成在一片芯片上，简单地说，单片机就是一台微型控制计算机。与平时我们所使用的个人计算机相比，它的功能有所不同，运算的速度和能力也没有个人计算机强大。

二、单片机的产生与发展

单片机发展历史比较短暂，按其可以处理的二进制位数不同，主要可分为8位单片机、16位单片机和32位单片机。以8位单片机的出现为起点，单片机的发展史大致分为4个阶段。

(一)第一阶段(1976—1978年)

初级单片机阶段,以1974年仙童公司推出的F8为代表。此时因为工艺的限制,这个系列的单片机采用的是双片形式,内部只包括8位CPU、64B RAM以及2个并行口。

(二)第二阶段(1978—1982年)

单片机低性能阶段,在这一阶段推出的单片机功能有了丰富和加强。这类单片机的典型代表有英特尔公司的MCS-48,内集成有8位CPU、8位定时器/计数器、I/O接口、寻址范围小于4KB,具有简单的中断功能,无串行接口。

(三)第三阶段(1982—1992年)

高级单片机发展阶段。在此阶段推出的单片机通常带有串行口、多个中断、16位定时器/计数器,有片内ROM等,寻址范围最高可达64KB,单片机的性能有了大幅度提升,8位单片机也有了很广泛应用。这个阶段单片机的代表为英特尔公司的MCS-51系列。许多半导体公司和生产厂与英特尔公司达成合作,开始大规模推出以MCS-51为内核的单片机,市面上开始出现满足各种嵌入式应用的多种类型和型号的单片机。

(四)第四阶段(1993年至今)

8位单片机巩固发展,16位和32位单片机快速发展阶段。在这个阶段,单片机的发展是百花齐放,很多公司推出了一大批性能优越的单片机,比如英特尔、摩托罗拉、ATMEL、德州仪器、日立、三菱等,它们极大地推动了单片机行业的发展。随着物联网技术、汽车电气化智能化、手机电子通信设备的快速发展,16位单片机以及32单片机等运算性能更快、功能更强大的单片机越来越多地进入市场,受到广大用户的青睐。

三、常见单片机的类型及特点

(一)常见单片机的类型

1. 按字长分类

字长是CPU的主要技术指标之一,指的是CPU一次能并行处理的二进制位数。

(1)4位单片机　4位单片机的控制功能较弱,CPU一次只能处理4位二进制数。这类单片机常用于小型家用计算器、各种控制单一的小型电子类产品以及简单家用电器控制。

(2)8位单片机　这类单片机目前品种最为丰富,性能相对较强,品种多样。在工业控制、仪器仪表、消费类电子产品、汽车电子设备和办公自动化设备中都有应用。

(3)16位单片机　CPU是一次能够处理16位的数据,运算性能高于8位单片机。这类单片机在工业过程控制、仪器仪表、汽车电子、机器人、家用电器、计算机外设中都有广泛的应用。

(4)32位单片机　CPU一次可以处理32位数据,运算速度很快,目前主要在智能辅助驾驶、图像识别、语音交互等场合应用较多。

2. 按用途分类

(1)通用型　它不是为了某一种专用用途而设计的,应用范围比较宽,各种硬件资源齐全。

(2)专用型　专门为某一个产品或者某种专用用途而设计和生产的单片机,只能供某一个类型产品使用，不具有广泛性和普遍性。

（二）单片机的特点

单片机因其体积小，可以很容易地嵌入系统之中，实现各种方式的检测、计算或控制，而一般的微型计算机很难做到。由于单片机本身就是一个微型计算机，因此只要在单片机的外部适当增加一些必要的外围扩展电路，就可以灵活地构成各种应用系统，如工业自动检测监视系统、数据采集系统、自动控制系统、智能仪器仪表等。

单片机之所以能被广泛应用，主要是因为其具有以下特点：

（1）体积小　随着集成电路的发展，单片机可以将CPU、程序存储器、数据存储器、中断、I/O口等集成到一块芯片上，体积相对较小，容易嵌入。

（2）品种多样　单片机品种型号繁多，逐年扩充以适应各种需要。开发者可根据自身的需求自由选择。

（3）易拓展　根据设计需要，可设计成各种规模的应用系统，控制能力强。

（4）性价比高　价格低廉，适用场合多，具有良好的性价比。

四、单片机的发展趋势

纵观单片机的发展过程，可以预示单片机的发展趋势，大致有：

（一）低功耗化

目前大部分单片机都采用互补金属氧化物半导体（CMOS）工艺、具有功耗较低的特点，但由于其物理特征决定其工作速度不够高，而CMOS则具备了高速和低功耗的特点，更适合于在一些自供电或者低功耗的应用场合，因此这种工艺将是今后一段时间单片机发展的主要途径。

（二）外围电路内装化

随着集成电路技术的快速发展，单片机除了可以将中央处理器（CPU）、随机存取数据存储器（RAM）、只读程序存储器（ROM）、并行和串行通信接口、中断系统、定时电路、时钟电路等集成到一块芯片之外，还可以将传感器、输入接口处理电路、显示器件等都集成到单片机内部，一块单片机就等于一个具有高性能运算的计算机，单片机包含的单元电路越多，功能就越强大。

（三）低电压化

几乎所有的单片机都有WAIT、STOP等省电运行方式。其允许使用的电压范围越来越宽，一般在3~6V范围内工作。低电压供电的单片机电源下限已可达1~2V。目前，0.8V供电的单片机已经问世。

第二章

MCS-51 单片机硬件结构

第一节 MCS-51 单片机的总体结构

MCS-51 系列单片机是美国英特尔公司生产的一系列 8 位单片机的总称，分为基本型和增强型两大类。本章以基本型 51 单片机 8051 作为典型机，详细介绍单片机内部硬件资源以及各个功能部件的结构和工作原理。8051 单片机内部结构如图 2-1 所示。

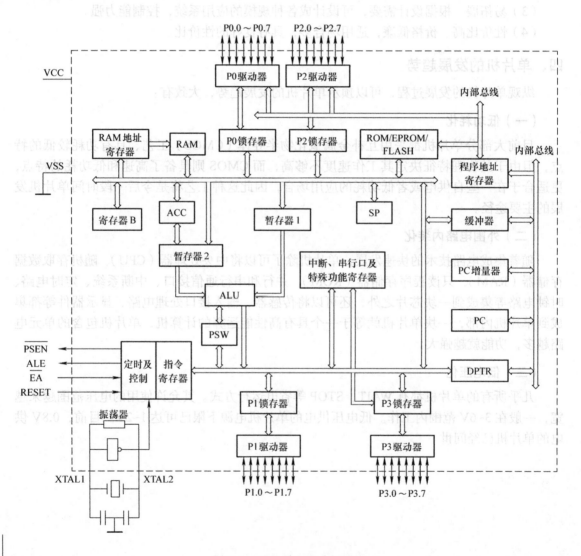

图 2-1　8051 单片机内部结构

（一）中央处理器

中央处理器（CPU）是单片机的核心，负责完成运算和控制操作。按其功能，中央处理器包括运算器单元和控制单元两部分电路。

（1）运算器单元　运算器单元又称为算数逻辑单元，在中央处理单元中可用于执行算数运算（如加、减、乘、除等）以及逻辑运算（如 AND、OR、NOT 等），能将存储器或外部输入送至中央处理单元的数据执行各种运算。当运算完成后再由控制单元将结果数据送至存储单元或输出单元。

（2）控制单元　此单元在中央处理单元中，负责协调与指挥各单元间的数据传送与运作，使得 CPU 可依照指令的要求完成工作。在执行一个指令时，控制单元先予以解码，了解指令的动作意义后再执行该指令，因此控制单元将指令逐一执行，直到执行完整个程序的所有指令为止。

（二）内部数据存储器

实际上 8051 单片机中共有 256 个 RAM 单元，但其中的高 128 个单元被专用寄存器占用，供用户使用的只是低 128 个单元，用于存放可读写的数据。因此，通常所说的内部数据存储器是指低 128 个单元，简称"内部 RAM"。

（三）程序存储器

8051 单片机共有 4KB 掩膜 ROM，用于存放程序和原始数据，因此，掩膜程序存储器简称"内部 ROM"。

（四）定时器/计数器

8051 单片机共有两个 16 位的定时器/计数器，以实现定时或计数功能，并以其定时或计数结果对单片机进行控制。

（五）并行 I/O 口

8051 单片机共有 4 个 8 位的 I/O 口（P0、P1、P2、P3），以实现数据的并行输入以及输出。

（六）串行口

8051 单片机有一个全双工的异步串行口，具有 4 种工作方式，可以实现单片机和其他单个或多个数据设备之间的串行通信。

（七）中断控制系统

8051 单片机的中断功能较强，具有 5 个中断源，其中有 2 个外部中断源、2 个定时/计数中断、1 个串行中断源。全部中断分为两个优先级：高优先级和低优先级。

（八）时钟电路

8051 单片机的内部有时钟电路，外部需要接石英晶振和微调电容的并联电路，也可以直接外接时钟信号。时钟电路为单片机产生时钟脉冲序列，典型的晶振频率为 12MHz。

第二节　MCS-51 单片机的引脚功能

51 单片机一般采用 40 引脚双列直插（DIP）封装，如图 2-2 所示。51 单片机的引脚可以分为三类：电源及时钟引脚、控制引脚、I/O 引脚。

一、电源及时钟引脚功能

（一）电源引脚

用于接入单片机的工作电源：

（1）VCC（40 脚）　+5V 供应电源引脚。

（2）VSS（20 脚）　接地引脚。

（二）时钟引脚

（1）XTAL1（19 脚）　片内振荡器反相放大器的输入端，当使用片内时钟时，接外部石英晶体的一端。当采用外部时钟时，XTAL1 引脚接外部时钟信号。

（2）XTAL2（18 脚）　片内振荡器反相放大器的输出端，当使用片内时钟时，接外部石英晶体的另一端。当采用外部时钟时，XTAL2 引脚悬空。

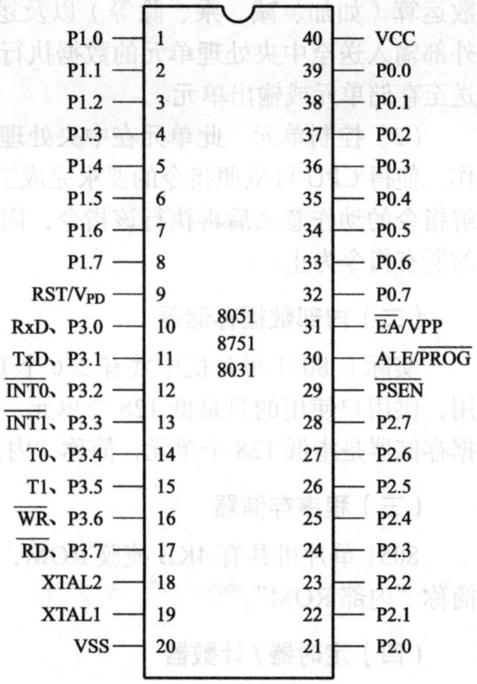

图 2-2　单片机引脚排列

二、控制引脚

（一）ALE/$\overline{\text{PROG}}$（30 脚）

片外低 8 地址锁存有效信号输出端/编程脉冲输入端。单片机在访问片外程序存储器或者数据存储器期间，ALE 引脚会输出负跳变信号，P0 口作为低 8 位地址锁存在外部锁存器中，通过 ALE 引脚可以实现 P0 口的地址线和数据线分时复用；在不访问片外程序存储器或数据存储器期间，ALE 端以时振荡时钟的 6 分频固定地输出，可用作对外时钟脉冲的输出；在对片内 Flash 进行编程时，该引脚可以用作输入编程脉冲。

（二）$\overline{\text{PSEN}}$（29 脚）

外部程序存储器读选通输出端，低电平有效。当单片机需要从外部程序存储器读取程序时，每个机器周期该信号两次有效输出到外部程序存储器，外部储存器允许单片机读取其中的程序。在访问片外数据存储器期间，这两次 $\overline{\text{PSEN}}$ 信号将不出现。

（三）$\overline{\text{EA}}$/VPP（31 脚）

外部程序存储器 ROM 选用允许端/编程电压输入端。当 $\overline{\text{EA}}$ 为高电平时，单片机先从内部程序存储器 ROM 读取内容，8051 程序存储器 ROM 为 4KB，如果寻址范围超过片内容量 4KB 时，单片机将读取外部 ROM 中内容。当 $\overline{\text{EA}}$ 为低电平时，单片机只读取外部 ROM 中的内容。

在对片内 Flash 进行编程时，该引脚可以接编程电压。

（四）RST/V_{PD}（9脚）

复位信号输入端和备用电源，高电平有效。当单片机开始工作时，此引脚加上超过两个机器周期的高电平，就可实现单片机的重置复位，使单片机回复到初始运行状态。在单片机正常工作时，此引脚是低电平。自动上电时，考虑到振荡器需要一定的起振时间，该引脚上高电平必须持续10ms以上才能保证有效复位。

三、并行I/O口引脚

8051单片机有P0、P1、P2、P3共4个8位的并行输入/输出接口。4个并行I/O在功能和结构上有所不同，但都有一个相同的锁存器，即特殊功能寄存器P0～P3，通过对锁存器进行读写操作，就可以实现I/O的输入和输出操作。除此之外，4个I/O都由输出驱动器和三态缓冲器组成。4个并行I/O既可以按字节操作，也可以按单独的某一位操作。

（1）P0口（第39～32脚） 单片机不外扩存储器与I/O口时，P0口可作为准双向8位输入/输出口，但需要外接上拉电阻。在单片机外扩存储器或I/O口时，P0可以作为低8位地址线和8位双向数据线的分时复用端口，为双向8位输入/输出口。

（2）P1口（第1～8脚） 可以作为准双向8位I/O口使用，具有内部上拉电阻。

（3）P2口（第21～28脚） 可以作为准双向8位I/O口使用，内部具有上拉电阻；当单片机外扩存储器或I/O时，P2口作为高8位地址总线使用，与P0输出低8位地址组成16位地址。

（4）P3口（第10～17脚） 可以作为准双向8位I/O口使用，具有内部上拉电阻，各个引脚还有第二功能。P3口的第二功能见表2-1。

表2-1 P3口的第二功能

引脚	第二功能
P3.0	RXD 串行口数据输入口
P3.1	TXD 串行数据口输出口
P3.2	$\overline{INT0}$ 外部中断0输入口，低电平有效
P3.3	$\overline{INT1}$ 外部中断1输入口，低电平有效
P3.4	T0 定时器/计数器0外部输入
P3.5	T1 定时器/计数器1外部输入
P3.6	$\overline{WR}$ 外部数据存储器写选通信号，低电平有效
P3.7	$\overline{RD}$ 外部数据存储器读选通信号，低电平有效

第三节 MCS-51单片机中央处理器

8051单片机的中央处理器（CPU）是一个8位处理器，由运算器和控制器组成。

一、运算器

运算器可以实现数据的算术和逻辑运算、位变量处理和数据传输等操作，主要包括算术逻辑单元ALU、寄存器B、暂存器TMP、累加器ACC、程序状态字PSW等部件。

（一）算术逻辑单元 ALU

运算单元又称为算数逻辑单元，在中央处理单元中可用于执行算数运算（如加、减、乘、除等）、逻辑运算（如和、或、异或等）以及移位等操作。

（二）累加器 ACC

累加器 ACC（简称累加器 A）是一个具有特殊用途的二进制 8 位寄存器，专门用来存放操作数或运算结果。在 CPU 执行某种运算前，两个操作数中的一个通常应放在累加器 A 中，运算完成后累加器 A 中便可得到运算结果。

（三）寄存器 B

寄存器 B 称为辅助寄存器，它是为乘法和除法指令而设置的。在乘法运算时，累加器 A 和寄存器 B 在乘法运算前存放乘数和被乘数，运算完，通过寄存器 B 和累加器 A 存放结果。除法运算前，累加器 A 和寄存器 B 存入被除数和除数，运算完用于存放商和余数。

（四）程序状态字 PSW

程序状态字 PSW 是一个 8 位的寄存器，它保存当前指令执行结果的信息，为下一条将要执行的指令提供程序查询和判别。其各位的定义如下：

	PSW.7	PSW.6	PSW.5	PSW.4	PSW.3	PSW.2	PSW.1	PSW.0
PSW	CY	AC	F0	RS1	RS0	OV	—	P

（1）CY（PSW.7）进位标志位　当 CPU 进行加减运算过程中，运算结果如果在最高位有进位（加法时）或有借位（减法时），则 CY 位置 1，当运算结果没有进位或者借位时，CY 位置 0。

（2）AC（PSW.6）辅助进位（或称半进位）标志位　在 CPU 进行加减法运算过程中，若低半字节的 PSW.3 位向高半字节的 PSW.4 位有进（借）位，则 AC 由硬件置 1，否则 AC 由硬件置 0。

（3）F0（PSW.5）用户自定义标志位　用户使用的状态标志位，用户可以根据自己的需求，清零或者置 1。

（4）RS1、RS0（PSW.4、PSW.3）工作寄存器组选择位　通过工作寄存器选择位的组合，可以从 4 个工作寄存器组中选择某一组用于单片机的运行工作中数据的临时保存。

（5）溢出标志位 OV（PSW.2）　在做无符号的加法或减法时，当运算结果超出了累加器的数值范围（无符号数的范围为 0~255）时，OV 位置 1，否则 OV 置 0。进行无符号的加法或减法时，OV 的值与进位标志位 CY 的值相同；在做有符号数的加法时，若运算结果超出了累加器的数值范围（有符号数的范围为 −128~+127），即次高位有进位或借位，OV 被置 1，否则 OV 被置 0。

（6）奇偶标志位 P（PSW.0）　若累加器 ACC 中"1"的个数为奇数，则标志位 P 置为 1；若累加器 ACC 中"1"的个数为偶数，则 P 置为 0。在串行通信的数据传输中，通常会通过奇偶校验来检验数据传输的可靠性。

二、控制器

CPU 中的控制器是负责协调指挥各单元的数据传输运作，使得单片机可依照指令的要求完成工作。

（一）程序计数器 PC

程序计数器 PC 为一个 16 位寄存器，不能访问，主要功能是用来指引 CPU 依其内含有的程序地址来提取相应的指令码，它总是存放着下一条将要执行指令的地址。CPU 每提取完一个指令后，PC 的值自动加 1，如此 CPU 即可按照 PC 中的值，逐一提取并执行每一个指令。当执行到跳转指令如 GOTO 指令或中断函数时，PC 的值将会改变，使 CPU 能够执行相应子程序或中断函数。

（二）指令寄存器 IR 和指令译码器 ID

指令寄存器 IR 是用来放置临时从存储器里面取得的指令。当执行一条指令时，首先把该指令从主存取到数据寄存器中，然后再传送至指令寄存器。当指令寄存器中的指令送至指令译码器 ID 时，ID 对该指令中的操作码部分进行译码，把指令转换成所需的电平信号，然后在时序部件定时信号的作用下，产生执行该指令所需的操作控制信号。

（三）堆栈指针 SP

堆栈指针 SP 是在单片机片内数据存储区域开辟一个连续的存储空间，用于暂时放置数据和地址。在中断系统中，SP 通常用于保护现场和保存断点，具有先进后出，后进先出的特点。

（四）数据指针寄存器 DPTR

8051 单片机中内含一个 16 位的地址指针寄存器 DPTR，可以对外部的数据存储器或者程序存储器进行间接寻址，数据指针寄存器 DPTR 也可以作为两个 8 位的寄存器（DPL 和 DPH），分别单独使用。

第四节 MCS-51 单片机存储器

8051 单片机存储器结构如图 2-3 所示。从物理结构上可将其分为 4 个存储空间：片外数据存储器、片内数据存储器、片外程序存储器和片内程序存储器。

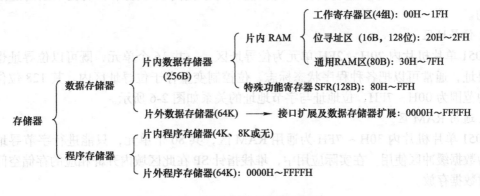

图 2-3　8051 单片机存储器结构

一、数据存储器

8051单片机数据存储器包含片内数据存储器和片外数据存储器,如图2-4所示。

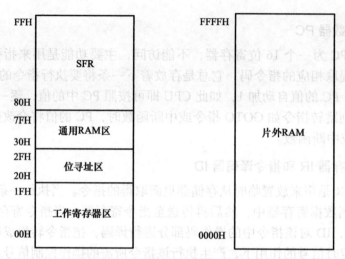

图2-4 8051单片机数据存储器

8051单片机片内数据存储器共有256B,其中低128B为数据存储区,地址范围是00H~7FH,按照用途又分为工作寄存器区、位寻址去、通用RAM区;高128B是特殊功能寄存器区,地址范围是80H~FFH。

8051单片机外部数据存储器共有64KB,地址范围是0000H~FFFFH。

(一)片内数据存储器

1. 工作寄存器区

8051单片机片内00H~1FH单元为工作寄存器区,共32个单元分为4组,每组都有8个8位的寄存器,用R0~R7来表示,如图2-5所示。在单片机运行过程中,一个时刻只能有一组工作寄存器处于工作状态,由PSW中PSW.3(RS0)和PSW.4(RS1)位的状态来决定,其对应关系见表2-2。

当工作寄存器从一组换到另一组时,原有的工作寄存器组会被保存起来。这个特点使MCS-51单片机具有快速现场保护的功能,对于提高程序效率和响应中断的速度是很有利的。

2. 位寻址区

8051单片机片内20H~2FH单元为位寻址区,一共16个单元,既可以位寻址也可以字节寻址,通常可以把各种程序状态标志、位控制变量存于位寻址区内。其128位位地址编址的范围为00H~7FH,位地址与字节地址的关系如图2-6所示。

3. 通用RAM区

8051单片机片内30H~7FH为通用RAM区,共80个单元,只能进行字节寻址,可以作为数据缓冲区使用。在实际应用中,堆栈指针SP在此区域内开辟相应的存储空间,用于临时数据存放。

	D7	D6	D5	D4	D3	D2	D1	D0	
工作寄存器区	00H							R0	工作寄存器组0
	01H							R1	
	⋮							⋮	
	07H							R7	
	08H							R0	工作寄存器组1
	09H							R1	
	⋮							⋮	
	0FH							R7	
	10H							R0	工作寄存器组2
	11H							R1	
	⋮							⋮	
	17H							R7	
	18H							R0	工作寄存器组3
	19H							R1	
	⋮							⋮	
	1FH							R7	

图 2-5 工作寄存器区

表 2-2 工作寄存器组的选择

PSW.4（RS1）	PSW.3（RS0）	当前使用的工作寄存器组
0	0	0 组（00H~07H）
0	1	1 组（08H~0FH）
1	0	2 组（10H~17H）
1	1	3 组（18H~1FH）

	D7	D6	D5	D4	D3	D2	D1	D0
位寻址区	20H	07	06	05	04	03	02	01	00
	21H	0F	0E	0D	0C	0B	0A	09	08
	22H	17	16	15	14	13	12	11	10
	23H	1F	1E	1D	1C	1B	1A	19	18
	24H	27	26	25	24	23	22	21	20
	25H	2F	2E	2D	2C	2B	2A	29	28
	26H	37	36	35	34	33	32	31	30
	27H	3F	3E	3D	3C	3B	3A	39	38
	28H	47	46	45	44	43	42	41	40
	29H	4F	4E	4D	4C	4B	4A	49	48
	2AH	57	56	55	54	53	52	51	50
	2BH	5F	5E	5D	5C	5B	5A	59	58
	2CH	67	66	65	64	63	62	61	60
	2DH	6F	6E	6D	6C	6B	6A	69	68
	2EH	77	76	75	74	73	72	71	70
	2FH	7F	7E	7D	7C	7B	7A	79	78

图 2-6 MCS-51 单片机位寻址区

4. 堆栈与堆栈指针

堆栈是在片内 RAM 中开辟一连续的区域，一般设在 2FH 地址单元之后的用户 RAM 区中，用于保存临时数据。堆栈数据存取按"先进后出"或"后进先出"的原则。8051 单片机的 SP 是 8 位寄存器，堆栈为"向上生长型"，即栈顶地址总是大于栈底地址的。堆栈从栈底地址单元开始，向高端地址延伸，如图 2-7 所示。

堆栈栈顶的位置由专用的堆栈指针寄存器 SP 指出。当单片机执行压栈操作时，先执行 SP 加 1 的操作，然后再把数据压入堆栈；当数据再次从堆栈取出之后，SP 的值自动减 1。51 单片机复位后 SP 的初值为 07H，堆栈实际上是从 08H 开始存放数据的。用户必须重新给 SP 赋值以规定其栈底位置。

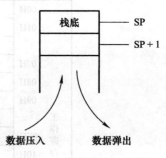

图 2-7 堆栈工作示意图

二、程序存储器

（一）程序存储器空间

8051 单片机在物理结构上分为片内、片外程序存储器，片内存储器的空间为 4KB，地址为 0000H ~ 0FFFH，片外存储器的空间最多为 64KB，地址为 0000H ~ FFFFH，如图 2-8 所示。

单片机在执行程序时，是从片内程序存储器取指令，还是从片外程序存储器取指令，取决于单片机引脚 $\overline{EA}$ 电平的高低。当 $\overline{EA}$ 引脚为高电平时，单片机先从片内程序存储器寻址，当 PC 值超过片内程序存储器地址最大值 0FFF 时，将自动转去执行片外程序存储器中的程序；当 $\overline{EA}$ 为低电平时，单片机则直接从片外程序存储器开始寻址。

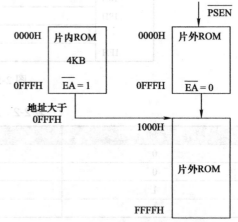

图 2-8 MCS-51 系列单片机程序存储器的编址

（二）程序的入口地址

单片机中一些地址被固定地用作单片机的复位及中断入口地址（表 2-3）。从表 2-3 可以看出，这些固定的入口地址相离很近，两个入口地址的间隔只有 8 个单元，因此中断服务子程序，不会直接存放在中断入口地址之后，而是在中断入口地址后存放一条无条件转移指令，跳转到真正中断程序起始地址处，避免编程时与别的入口地址发生冲突。

表 2-3 程序入口地址

入口地址	操　作
0000H	复位
0003H	外部中断 0 的中断服务程序入口地址
000BH	定时器/计数器 0 溢出的中断服务程序入口地址
0013H	外部中断 1 的中断服务程序入口地址
001BH	定时器/计数器 1 溢出的中断服务程序入口地址
0023H	串行口中断

三、特殊功能存储器

在 8051 单片机中共有 21 个特殊功能寄存器，离散在分布片内 RAM 80H ~ FFH 地址区域中，其中有 3 个为双字节寄存器，每一个殊功能寄存器的相应名称、标识符、地址等见表 2-4。其中字节地址的末位能够被 8 整除的，可以进行位操作，一共有 12 个特殊功能寄存器可以被位寻址。

表 2-4 MCS-51 单片机特殊功能寄存器位地址与字节地址

序号	标识符	名 称	字节地址	位地址
1	ACC	累加器	E0H	E0H ~ E7H
2	B	B 寄存器	F0H	F0H ~ F7H
3	PSW	程序状态字	D0H	D0H ~ D7H
4	SP	堆栈指针	81H	—
5	DPL	数据指针（低 8 位）	82H	—
6	DPH	数据指针（高 8 位）	83H	—
7	P0	P0 口	80H	80H ~ 87H
8	P1	P1 口	90H	90H ~ 97H
9	P2	P2 口	A0H	A0H ~ A7H
10	P3	P3 口	B0H	B0H ~ B7H
11	IP	中断优先级控制寄存器	B8H	B8H ~ BFH
12	IE	中断允许控制寄存器	A8H	A8H ~ AFH
13	T0MD	定时器 / 计数器方式控制寄存器	89H	—
14	TCON	定时器 / 计数器控制寄存器	88H	88H ~ 8FH
15	TH0	定时器 / 计数器 0（高字节）	8CH	—
16	TL0	定时器 / 计数器 0（低字节）	8AH	—
17	TH1	定时器 / 计数器 1（高字节）	8DH	—
18	TL1	定时器 / 计数器 1（低字节）	8BH	—
19	SCON	串行口控制寄存器	98H	98H ~ 9FH
20	SBUF	串行数据缓冲器	99H	—
21	PCON	电源控制及波特率选择寄存器	97H	—

第五节 MCS-51 单片机并行 I/O 端口

8051 单片机有 4 个 8 位的并行输入 / 输出接口：P0、P1、P2、P3 口。这 4 个端口按照字节的方式并行输入或输出 8 位数据，每一位也能独立地作为输入口或输出口使用。

一、P0 端口

（一）P0 口的结构

P0 字节地址为 80H，是一个三态双向口，具有双功能的 8 位并行端口，可作为地址 / 数据分时复用口，也可作为通用 I/O 接口，其结构原理如图 2-9 所示，P0 口由 8 个这样的电路组成。锁存器起输出锁存作用，8 个锁存器组成特殊功能寄存器 P0；上拉场效应管 T1 和驱动场效应管 T2 组成输出驱动器；三态门 1 是引脚输入缓冲器；三态门 2 用于读锁存器端口；与门 3、非门 4 及多路开关 MUX 构成了输出控制电路。

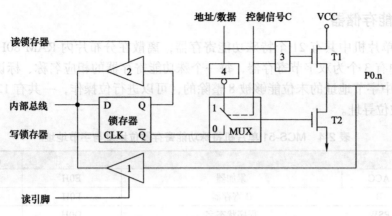

图 2-9　P0 接口的位结构

（二）P0 口的功能

1. 地址/数据总线

当 P0 口作为地址/数据分时复用总线时，可分为两种情况：一种是从 P0 口输出地址或数据；另一种是从 P0 口输入数据。

当 CPU 访问片外存储器时，控制信号 C 端应为高电平 1，使多路转换开关 MUX 接通非门 4，使场效应管 T2 与非门 4 的输出端接通，同时把与门 3 处于开启状态。当地址或数据为 1 时，经非门 4 使驱动场效应管 T2 截止，而经与门 3 使上拉场效应管 T1 导通，P0.n 引脚输出高电平 1；当地址或数据为 0 时，经非门 4 使场效应管 T2 导通而场效应管 T1 截止，引脚上输出低电平 "0"。这样即可将地址/数据的信号输出。

2. 通用 I/O 口

当单片机 P0 口作为通用 I/O 口使用时，控制信号 C 端输出 0，使多路转换开关 MUX 接到锁存器 $\overline{Q}$ 端，在控制信号 C 端的作用下，与门 3 输出为 0，上拉场效应管 T1 截止，此时，输出级是漏极开路电路。数据通过内部总线写入 D 锁存器中，当加载 D 锁存器时钟端 CLK 上出现脉冲时，D 锁存器将数据取反后从 $\overline{Q}$ 端输出，又经驱动场效应管 T2 反相输出，在 P0 引脚上出现的数据正好是内部总线的数据，当要输出高电平时，由于外部没有上拉电阻，输出电平是一个不确定状态，要 P0 口输出高电平信号，必须在引脚上外接一个上拉电阻。当 P0 口作为输入数据使用时，需要向 P0 口写入一次高电平，使得锁存器的 $\overline{Q}$ 端输出状态为 0，使输出级的两个场效应管 T1、T2 均截止，引脚处于悬浮状态，才可作高阻输入。

二、P1 端口

（一）P1 口的结构

P1 口的字节地址为 90H，与 P0 的结构基本一致，主要区别在于输出驱动部分是由场效应管 T1 与内部上拉电阻组成的，其结构原理图如图 2-10 所示。

（二）P1 口的功能

P1 口只有通用 I/O 接口一种功能，其工作原理与 P0 作为通用 I/O 接口使用时的工作原理一样。作为输入时，为避免锁存器 $\overline{Q}$ 端输出 1，使引脚 P1.n 钳位在低电平，要先写入一次高电平,使场效应管 T1 截止。P1 口作为输出时是无条件的,内部有上拉电阻无需外接。

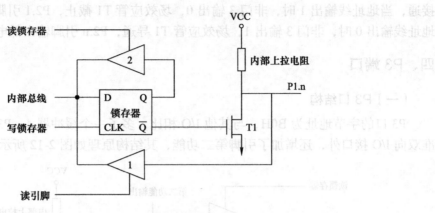

图 2-10　P1 接口的位结构

三、P2 端口

(一) P2 口结构

P2 口字节地址为 A0H,比 P1 口多一个多路开关 MUX,可以实现双功能,既可以作为通用 I/O,也可以作为高 8 位地址总线输出,内部具有上拉电阻,其结构原理如图 2-11 所示。

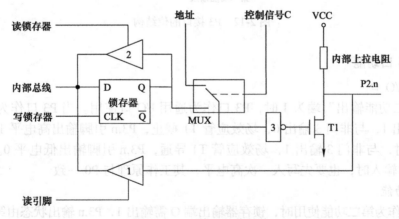

图 2-11　P2 接口的位结构

(二) P2 口功能

1. 通用 I/O 口

当 P2 口作为通用 I/O 口使用时,控制信号 C 端使多路转换开关 MUX 与下方锁存器 Q 端接通,锁存器 Q 端输出 1,场效应管 T1 截止,P2.n 引脚输出高电平 1,锁存器 Q 端输出 0,场效应管 T1 导通,P2.n 引脚输出低电平 0。当 P2 口输入时,也要先写一次高电平,其余与 P0 的工作原理一致。

2. 地址总线

当 P2 口作为地址总线使用时，控制信号 C 端使多路转换开关 MUX 与上方的地址线接通，当地址线输出 1 时，非门 3 输出 0，场效应管 T1 截止，P2.1 引脚输出高电平 1；当地址线输出 0 时，非门 3 输出 1，场效应管 T1 导通，P2.n 引脚输出低电平 0。

四、P3 端口

（一）P3 口结构

P3 口的字节地址为 B0H，与其他 I/O 相比，多了一个缓冲器 4。P3 口除了可作为通用准双向 I/O 接口外，还增加了引脚第二功能，其结构原理如图 2-12 所示。

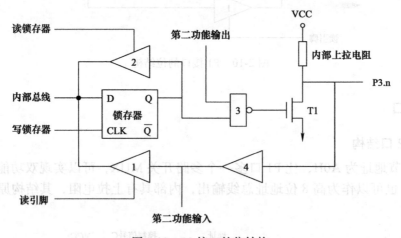

图 2-12　P3 接口的位结构

（二）P3 口功能

1. 通用 I/O 口

当"第二功能输出"端为 1 时，P3 口作为通用 I/O 口使用。当 P3 口作为输出时，锁存器 Q 端输出 1，与非门 3 输出 0，场效应管 T1 截止，P3.n 引脚输出高电平 1；当锁存器 Q 端输出 0 时，与非门 3 输出 1，场效应管 T1 导通，P3.n 引脚输出低电平 0。当 P3 口作为通用 I/O 口输入时，也要先写入一次高电平，其工作原理与 P0 一致。

2. 第二功能

当 P3 口作为第二功能使用时，锁存器输出端 Q 需输出 1，P3.n 输出状态由第二功能输出端控制。P3 口的引脚作为第二功能输入时，锁存器的 Q 端和"第二功能输出"线应置为高电平，使场效应管 T1 截止，第二功能信号由缓冲器 4 输入，通用输入信号仍经缓冲器 1 输入。

第六节　MCS-51 单片机的时序

一、时序的基本概念

单片机时序是指单片机执行指令时，会将指令分解成若干的位操作，控制这些位操作执行信号的时间序列就是 CPU 的时序。

二、MCS-51 单片机的工作时序

MCS-51 单片机的时序由 4 个单位构成：

（1）振荡周期　晶振或者外接振荡脉冲信号的振荡周期，又称节拍，用 P 表示。时钟脉冲频率的倒数是 MCS-51 单片机最小的时序单位，也称为时钟周期。

（2）状态周期　晶振信号经过时钟电路的二分频后，由两个振荡周期组成一个状态周期，用 S 表示。状态周期中的两个振荡周期分别称为节拍 P1 和节拍 P2。

（3）机器周期　晶振信号经过 12 分频后形成机器周期，一个机器周期由 6 个状态周期组成，是单片机执行指令的最短时间，用 S1、S2…S6 表示，共 12 个节拍，依次可表示为 S1P1、S1P2、S2P1、S2P2…S6P1、S6P2。

（4）指令周期　指令周期是指执行一条指令所需要的时间，它以机器周期为单位。8051 单片机中指令周期由 1~4 个机器周期组成，可以分为单周期指令、双周期指令、4 周期指令，其中只有乘法和除法是四周期指令。

若选用 12MHz 晶振，则单周期指令和双周期指令的指令周期时间分别为 1μs 和 2μs，乘法和除法指令为 4μs。执行单周期指令的 CPU 时序如图 2-13 所示。

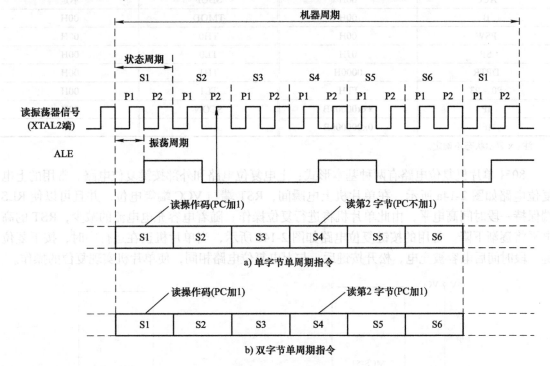

图 2-13　CPU 时序

CPU 按照规定时间执行内部操作，在指令的执行过程中，分别在 S1P2、S4P2 期间读取指令。指令码被读取后送入指令寄存器，供 CPU 执行，同时 PC 指针加 1。对于单周期双字节指令，CPU 在 S1P2 期间读取指令，同时 PC 加 1；在 S4P2 期间读取指令的第 2 个字节，然后 PC 加 1，此时 PC 将指向下一条指令。

对于单周期单字节指令，CPU 在 S1P2 期间读取指令，同时 PC 加 1，PC 指向下一条指令；而在 S4P2 期间 CPU 仍将执行读取指令操作，但 CPU 不进行任何操作，读取的指令将被丢

弃，同时 PC 也不执行加 1 操作。

如果是单字节双周期指令，则将在两个机器周期内分 4 次读取指令操作码，但是后 3 次的读取操作均丢弃不用。

第七节　MCS-51 单片机的辅助电路

一、复位电路

复位可以使单片机内部各功能部件处于一个确定的初始状态，当单片机程序进入死循环时，也需要复位来保证单片机正常运行。当单片机的复位引脚 RST 上保持两个机器周期以上的高电平信号，单片机即可执行复位操作。复位后各特殊功能寄存器的状态见表 2-5。

表 2-5　复位后各特殊功能寄存器和程序计数器 PC 状态表

寄存器	复位状态	寄存器	复位状态
PC	0000H	TCON	00H
ACC	00H	SBUF	不定
B	00H	TMOD	00H
PSW	00H	TH0	00H
SP	07H	TL0	00H
DPTR	0000H	TH1	00H
P0 ~ P3	FFH	TL1	00H
IP	xxx00000B	SCON	00H
IE	0x000000B		

注：x 表示状态不确定。

8051 单片机复位电路有两种基本形式：上电复位电路和外部按键复位电路。常用的上电复位电路如图 2-14a 所示，在单片机上电瞬间，RST 端与 VCC 端等电位，并且可以使 RES 端保持一段时间高电平，由此单片机将进行复位操作；随着电容充电电流的减少，RST 的高电平将逐渐下降。常用的按键复位电路如图 2-14b 所示，当单片机正在运行中时，按下复位键一段时间后电容被充电，松开按键后，与上电复位电路相同，使单片机实现复位的操作。

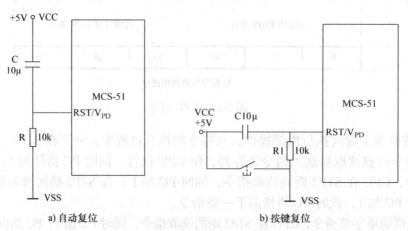

图 2-14　MCS-51 复位电路

二、时钟电路

CPU 工作时的时序是由单片机时钟电路产生的,常见的时钟信号产生方式有以下两种:

(1)内部时钟方式 内部时钟方式电路如图 2-15a 所示,是最常用的时钟方式,通过单片机内部的振荡电路实现。XTAL1 和 XTAL2 引脚端外接由晶振和电容组成的并联谐振电路,一般电容 C_1 和 C_2 的值为 30pF,晶体的振荡频率范围在 1.2~13MHz。

(2)外部时钟方式 外部时钟方式电路如图 2-15b 所示,由 XTAL2 引脚接外部振荡器,XTAL1 引脚接地。

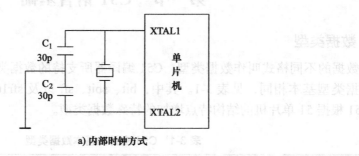

a)内部时钟方式

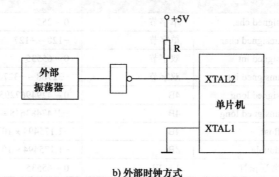

b)外部时钟方式

图 2-15 两种常见时钟方式

第三章

C51 程序设计

第一节 C51 语言基础

一、数据类型

数据的不同格式叫作数据类型，C51 编译器所支持的数据类型与标准 C 语言中所使用的数据类型基本相同，见表 3-1。其中，bit、sbit、sfr 以及 sfr16 不是标准 C 中所具有的，是 C51 根据 51 单片机的结构特点增加的特殊数据类型。

表 3-1 C51 支持的基本数据类型

数据类型		长度	值域
字符型（char）	signed char	单字节	0~255
	unsigned char	单字节	−128~+127
整型（int）	signed int	双字节	0~65535
	unsigned int	双字节	−32768~+32767
长整型（long）	signed long	4B	0~4294967295
	unsigned long	4B	−2147483648~+2147483647
浮点型（float）	float	4B	$-1.175494 \times 10^{-38} \sim 3.402823 \times 10^{38}$
	double	8B	$-1.175494 \times 10^{-38} \sim 3.402823 \times 10^{38}$
指针型	普通指针	1~3B	0~65535

（1）bit 位类型　利用 bit 可以定义一个在 RAM 位寻址区的位变量，但不能定义位指针和位数组，它的值域是 0 或者 1。

（2）sfr 特殊功能寄存器　sfr 可以定义 51 单片机片内数据存储器高 128B 中，所有 8 位特殊功能寄存器，sfr 型数据占用一个内存单元，其取值范围是 0~255。

（3）sfr16 特殊功能寄存器　sfr16 占用两个内存单元，取值范围是 0~65535，可以定义 MCS-51 单片机内部 16 位特殊功能寄存器。

（4）sbit 特殊功能位　sbit 可以定义特殊功能寄存器中的可寻址位。

二、数据存储类型与存储模式

（一）存储类型

在 MCS-51 单片机中，数据存储区域较多，有片内程序存储器、片外程序存储器、片内数据存储器、片外数据存储器，片内数据存储器又分为 SFR 区、位寻址区、字节寻址区、工作寄存器区等。为了能够将数据存储在单片机实际的区域中，C51 编译器将变量、常量定义成不同存储类型，与 MCS-51 的实际存储空间进行对应，见表 3-2。

表 3-2　C51 的存储类型与存储空间对应关系

存储类型	存储空间位置	字节地址
data	片内 RAM 直接寻址区，片内低 128B	00H ~ 7FH
bdata	片内可位寻址区	20H ~ 2FH
idata	片内 RAM 的 256B 存储区，要间接寻址	00H ~ FFH
pdata	片外数据存储区的 256B	00H ~ FFH
xdata	片外 RAM 64KB 空间	0000H ~ FFFFH
code	程序 ROM	0000H ~ FFFFH

单片机访问片外数据存储器的速度比访问片内数据存储器的速度要慢一些，因此可将较大或很少使用的数据置于片外数据存储器，将经常使用的数据置于片内数据存储器。常量一般采用 code 的数据存储类型，置于程序储存器中。

在 C51 程序设计和编写中定义变量时，如果不设置数据的类型，也可以通过 C51 编译器选择存储器模式，即通过 SMALL、COMPACT 和 LARGE 来选择存储器类型，从而确定变量的存储器空间。

（二）存储模式

存储模式决定了变量的默认存储类型、参数传递区和无明确存储类型说明变量的存储类型。存储模式及其说明见表 3-3。

表 3-3　存储模式及其说明

存储模式	说明
SMALL	变量定义在片内数据存储器中，与 data 定义的存储空间一致，访问速度最快
COMPACT	变量定义在分页寻址的片外数据存储器中（默认存储类型是 pdata），每页片外数据存储器的长度为 256B，通过寄存器 R0 和 R1（MOVX@Ri）进行间接寻址访问，堆栈位于片内数据存储器中
LARGE	变量定义在片外数据存储器中（最大 64KB，默认存储类型是 xdata），使用数据指针 DPTR 来间接访问变量（MOVX@DPTR）

三、C51 的基本运算

（一）C51 运算符

C51 基本运算主要包括算术运算、逻辑运算、关系运算和位运算等，具体运算符及说明见表 3-4。

表 3-4　C51 运算符

分类	符号	功能	范例	说明
算术运算符	+	加	A = x+y	将 x 与 y 的内容值相加，结果放入 A 内
	−	减	B = x−y	将 x 与 y 的内容值相减，结果放入 B 内
	*	乘	C = x*y	将 x 与 y 的内容值相乘，结果放入 C 内
	/	除	D = x/y	将 x 与 y 的内容值相除，商放入 D 内
	%	取余数	E = x%y	将 x 与 y 的内容值相除，余数放入 E 内

（续）

分类	符号	功能	范例	说明
关系运算符 （结果为1或0）	==	相等	x==y	比较x与y是否相等
	!=	不相等	x!=y	比较x与y是否不相等
	>	大于	x>y	比较x是否大于y
	<	小于	x<y	比较x是否小于y
	>=	大于等于	x>=y	比较x是否大于或等于y
	<=	小于等于	x<=y	比较x是否小于或等于y
逻辑运算符 （结果为1或0）	&&	及运算	(x>y)&&(y>z)	将（x>y）与（y>z）的结果做及运算
	||	或运算	(x>y)||(y>z)	将（x>y）与（y>z）的结果做或运算
	!	反相运算	!(x>y)	将（x>y）的结果做反相运算
位运算符	|	位或运算	A=x|y	将x与y做或运算，结果放入A内
	&	位与运算	B=x&y	将x与y做与运算，结果放入B内
	^	按位异或	C=x^y	将x与y做异或运算，结果放入C内
	~	按位取反	D=~x	将x取补码，结果放入D内
	<<	左移	E=x<<n	将x左移n个位元，结果放入E内
	>>	右移	F=x>>n	将x右移n个位元，结果放入F内

（二）运算符的运算优先级

运算符的运算优先级共分为15级（表3-5），其中1级最高，15级最低。在表达式中，优先级较高的先于优先级较低的进行运算。而在一个运算量两侧的运算符优先级相同时，则按运算符的结合性所规定的结合方向处理。

表3-5 运算符的运算优先级

优先级	运算符	名称或含义	使用形式	结合方向	说明
1	[]	数组下标	数组名[常量表达式]	左到右	
	()	圆括号	（表达式）/函数名（形参表）		
	.	成员选择（对象）	对象.成员名		
	->	成员选择（指针）	对象指针->成员名		
2	-	负号运算符	-表达式	右到左	单目运算符
	(类型)	强制类型转换	（数据类型）表达式		
	++	自增运算符	++变量名/变量名++		单目运算符
	--	自减运算符	--变量名/变量名--		单目运算符
	*	取值运算符	*指针变量		单目运算符
	&	取地址运算符	&变量名		单目运算符
	!	逻辑非运算符	!表达式		单目运算符
	~	按位取反运算符	~表达式		单目运算符
	sizeof	长度运算符	sizeof（表达式）		
3	/	除	表达式/表达式	左到右	双目运算符
	*	乘	表达式*表达式		双目运算符
	%	余数（取模）	整型表达式/整型表达式		双目运算符
4	+	加	表达式+表达式	左到右	双目运算符
	-	减	表达式-表达式		双目运算符
5	<<	左移	变量<<表达式	左到右	双目运算符
	>>	右移	变量>>表达式		双目运算符

第三章 C51 程序设计

（续）

优先级	运算符	名称或含义	使用形式	结合方向	说明
6	>	大于	表达式 > 表达式	左到右	双目运算符
	>=	大于或等于	表达式 >= 表达式		双目运算符
	<	小于	表达式 < 表达式		双目运算符
	<=	小于或等于	表达式 <= 表达式		双目运算符
7	==	等于	表达式 == 表达式	左到右	双目运算符
	!=	不等于	表达式 != 表达式		双目运算符
8	&	按位与	表达式 & 表达式	左到右	双目运算符
9	^	按位异或	表达式 ^ 表达式	左到右	双目运算符
10	|	按位或	表达式 | 表达式	左到右	双目运算符
11	&&	逻辑与	表达式 && 表达式	左到右	双目运算符
12	||	逻辑或	表达式 || 表达式	左到右	双目运算符
13	?:	条件运算符	表达式1? 表达式2：表达式3	右到左	三目运算符
14	=	赋值运算符	变量 = 表达式	右到左	
	/=	除后赋值	变量 /= 表达式		
	*=	乘后赋值	变量 *= 表达式		
	%=	取模后赋值	变量 %= 表达式		
	+=	加后赋值	变量 += 表达式		
	-=	减后赋值	变量 -= 表达式		
	<<=	左移后赋值	变量 <<= 表达式		
	>>=	右移后赋值	变量 >>= 表达式		
	&=	按位与后赋值	变量 &= 表达式		
	^=	按位异或后赋值	变量 ^= 表达式		
	|=	按位或后赋值	变量 |= 表达式		
15	,	逗号运算符	表达式，表达式，…	左到右	从左向右顺序运算

四、绝对地址的访问

（一）绝对宏

C51 编译器提供了一组宏定义来对 51 系列单片机的 code、data、pdata 和 xdata 进行绝对寻址。

这些宏定义放在 absacc.h 文件中，使用时须用预处理命令把该头文件包含到文件中，形式为：#include<absacc.h>。

其中，CBYTE 以字节形式对 code 区寻址，DBYTE 以字节形式对 data 区寻址，PBYTE 以字节形式对 pdata 区寻址，XBYTE 以字节形式对 xdata 区寻址，CWORD 以字节形式对 code 区寻址，DWORD 以字节形式对 data 区寻址，PWORD 以字节形式对 pdata 区寻址，XWORD 以字节形式对 xdata 区寻址。

（二）使用 C51 扩展关键字 _at_

使用 _at_ 对指定的存储器空间的绝对地址进行访问，一般格式如下：

[存储器类型] 数据类型说明符 变量名 _at_ 地址常数

其中，存储器类型为 data、bdata、idata、pdata 等 C51 能识别的数据类型。如不写储存类型，就按编译器中存储模式规定的默认存储器类型；数据类型为 C51 支持的数据类型；地址常数用于指定变量的绝对地址，必须位于有效的存储器空间之内；使用 _at_ 定义的变量必须为全局变量。

五、C51 控制语句与程序设计

（一）C51 的基本结构

1. 顺序结构

顺序结构是指程序按照自上而下的顺序执行各个代码及程序模块，程序只有一条路可走，没有语句的跳转。顺序结构最常用，也比较简单和容易理解。

2. 选择结构——if、switch 语句

选择结构一般用于有选择地执行操作，通过判断表达式条件是否成立来有选择性地执行相应程序。选择结构的程序一般由 if 条件语句、switch 开关语句等来构成。

（1）if 语句　if 语句用来判定所给定的条件是否成立，并根据判定条件的结果，决定执行哪种操作。C51 提供 3 种形式的 if 语句：

1）形式 1：

```
if（表达式）{语句}
```

形式 1 的流程图如图 3-1 所示，先判断括号中所给定表达式是否成立，如果表达式成立，则执行大括号中的语句，否则跳过大括号中的语句，直接执行后面的语句。

2）形式 2：

```
if（表达式）{语句 1；} else {语句 2；}
```

形式 2 的流程图如图 3-2 所示，先判断括号中的表达式是否成立。如果括号中的表达式成立，就执行第一个大括号中的语句 1，否则执行第二个大括号中的语句 2，相当于双分支选择结构。

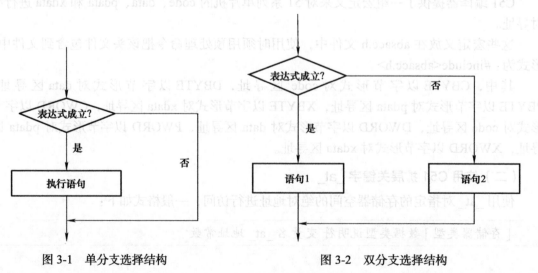

图 3-1　单分支选择结构　　　　　　　　　图 3-2　双分支选择结构

3）形式 3：

```
if（表达式 1）{语句 1;}
else if（表达式 2）{语句 2;}
else if（表达式 3）{语句 3;}
...
else if（表达式 m）{语句 m;}
else {语句 n;}
```

形式 3 的流程图如图 3-3 所示，本形式相当于串行多分支选择结构。先判断表达式 1 是否成立，如果表达式 1 成立则执行语句 1，如果表达式条件 1 不成立，则判断表达式 2 是否成立。如果表达式 2 成立，就执行语句 2，否则判断表达式 3 是否成立，直至判断到表达式 m 是否成立。如果都没有表达式成立，则执行最后的语句 n。

在 if 语句中含有一个或多个 if 语句，称为 if 语句的嵌套。if 总是与它后面最近的一个 else 语句相对应，不会与相隔 if 的 else 对应。

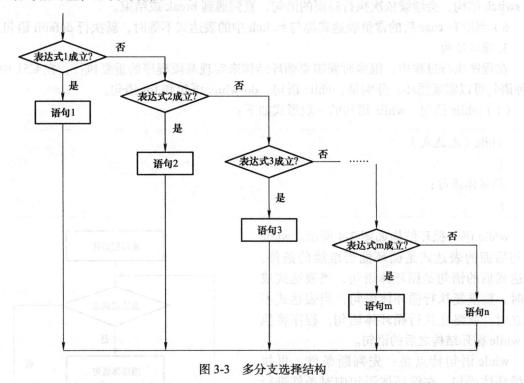

图 3-3 多分支选择结构

（2）switch 语句 if 语句一般只有两个分支可选择，如果要用 if 实现多分支选择，就要使用嵌套的 if 语句来完成，但嵌套的 if 语句多了，就会影响程序执行的效率和可读性。为了处理多分支结构，C51 提供了多分支选择语句 switch。switch 语句的一般形式如下：

```
switch（表达式 1）
{
    case 常量表达式 1：{语句 1；}break；
```

```
case 常量表达式 2：{语句 2；}break；
……
case 常量表达式 n：{语句 n；}break；
default：{语句 n+1；}
}
```

switch 语句的说明如下：

1）switch 后面括号内的表达式，可以是整型或字符型表达式。

2）当 switch 括号内表达式的值与某一"case"后面常量表达式的值相等时，就执行该"case"后面的语句，若遇到 break 语句就会退出 switch 选择结构；若表达式的值与所有 case 后的常量表达式的值都不相同，就执行 default 后面的语句，然后退出 switch 选择结构。

3）每一个 case 后面常量表达式的值必须互不相同。

4）case 语句和 default 语句的出现次序不会影响程序执行的结果。

5）当 case 语句后面没有 break 语句时，即使执行了相应的 case 语句，也不会退出当前 switch 结构，会继续依次执行后面的语句，直到遇到 break 或结束。

6）当所有 case 后的常量表达式都与 switch 中的表达式不等时，就执行 default 语句。

3. 循环结构

在程序执行过程中，很多时候需要循环结构来实现某段程序的重复执行，在 C51 中有 3 种语句可以实现循环，分别是：while 语句、do-while 语句和 for 语句。

（1）while 语句　while 语句的一般形式如下：

```
while（表达式）
{
循环体语句；
}
```

while 语句循环结构如图 3-4 所示。while 语句后面的表达式是循环能否继续的条件，表达式后的语句是循环体语句，当表达式成立时，就重复执行循环体语句；当表达式不成立时，就终止执行循环体语句，程序将执行 while 循环结构之后的语句。

while 语句特点是：先判断条件，再执行循环体语句，在循环体语句中对条件进行更新，然后判断条件是否成立。如条件成立，则继续执行循环体，如条件不成立，则退出循环。如条件第一次就不成立，则循环体一次也不执行。

（2）do-while 语句　do-while 语句的格式如下：

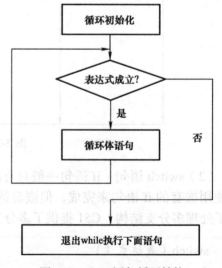

图 3-4　while 语句循环结构

```
do
{
    循环体语句;
}
while（表达式）
```

do-while 循环结构如图 3-5 所示，先执行一次大括号内的循环体语句，再判断表达式是否成立。当表达式成立时，再重复执行大括号内的循环体语句，直到表达式不成立时，直接跳出 do while 循环体执行后面的语句。

while 语句首先判断表达式是否成立，再决定是否执行循环体语句，而 do-while 语句要先执行一次循环体语句，再去判断表达式是否成立。因此无论表达式是否成立，在 do-while 语句中循环体至少已经被执行过一次。

（3）for 语句　for 语句经常使用在循环次数已知的循环体中，也可用于循环次数不确定而只给出循环条件情况的循环体中。for 语句的格式如下：

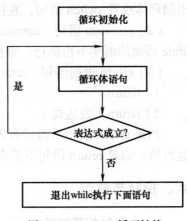

图 3-5　do-while 循环结构

```
for（表达式 1；表达式 2；表达式 3）
{
    循环体语句;
}
```

在 for 语句中，for 括号中的表达式 1 为初值赋值语句，用于把初值赋值给循环变量；表达式 2 为条件表达式，一般是一个逻辑或者关系表达式，用来判断循环变量的真假；表达式 3 为循环变量更新表达式，用于更新循环变量。

for 语句后面带 3 个表达式，它的执行过程如下：

第一步：先执行表达式 1 的赋值。

第二步：判断表达式 2 是否成立，如果表达式 2 成立，则执行一次循环体中的语句，然后再执行下一步（第三步）的操作，如果表达式 2 不成立，则直接执行第四步。

第三步：执行求解表达式 3，对循环变量的值进行更新，然后跳转到第二步继续执行。

第四步：退出 for 循环，执行循环体结构后面的语句。

for 语句程序流程图如图 3-6 所示。

for 语句中 3 个表达式都是可选项，可以任意省略，但 ";" 不能省略。省略表达式 1 是不对循环变量赋初值；

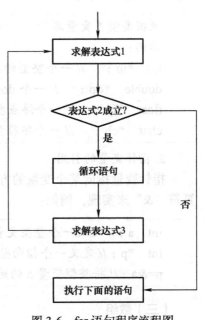

图 3-6　for 语句程序流程图

省略表达式2是不判断循环条件的真假；省略表达式3是不对循环变量操作。for（ ； ； ）表示无限循环，相当于while（1）或者do-while（1）。

4. break语句、continue语句、return语句

在循环语句执行过程中，可以用break和continue语句来跳出循环结构，但是二者又有所不同，下面分别介绍。

（1）break语句　　break语句只能在switch开关语句或者循环语句中使用，一般用来跳出循环体或者switch语句，直接执行循环结构后面或者switch语句之后的语句。

（2）continue语句　　continue语句用于结束本次循环，不再执行当前本轮循环，即continue后面的语句不再执行，直接从下一轮循环入口开始执行，直到判断条件不满足为止。

（3）return返回语句　　return返回语句有两种格式：

1）return。

2）return（表达式）。

如果return语句后面带有表达式，则要计算表达式的值，并将表达式的值作为函数的返回值；如果return语句不带表达式，则函数不返回任何值。

六、指针与数组

（一）指针的基本概念

在C51中指针是指单片机内存单元的地址，指针变量是指保存内存单元地址的变量。

（二）指针变量

1. 指针变量的定义

像其他变量或常量一样，在使用指针存储其他变量地址之前，必须对其进行声明。指针变量声明的一般形式为：

```
数据类型 *变量名
示例：
int    *ip；    //一个整型的指针
double *dp；    //一个double型的指针
float  *fp；    //一个浮点型的指针
char   *ch；    //一个字符型的指针
```

2. 指针变量的引用

指针变量指向某个变量的方法是将被指变量的地址赋值给该指针变量，要通过取址运算符"&"来实现，例如：

```
int  a；// 定义一个整型变量a
int  *p；// 定义一个指向整型变量的指针变量*p
p=&a；// 将整型变量a的地址给指针变量p
```

（三）数组

数组是指具有相同数据类型数据的有序集合。数组用数组名来表示，数组中的每一个

数据都称作一个数组元素，每一个数组元素都有一个下标。根据维数不同，数组可分为一维数组、二维数组和多维数组；根据数据类型不同，数组可分为字符型数组、整型数组、浮点型数组和指针型数组。

1. 一维数组

只有一个下标的数组元素组成的数组叫作一维数组，一维数组的一般定义格式如下：

> 类型说明符　数组名 [常量表达式]

其中，数组名是一个标识符，必须遵循标识符命名规则，在同一个程序中，数组名不能与变量名相同。方括号中的常量表达式表示数组中元素的个数，表达式可以是整型常数也可以是符号型常量，数组中每个元素都要与数组的数据类型保持一致。

一维数组定义举例如下：

> unsigned int num[3] ;

以上表示定义了一个无符号整型数组，数组名为 num，数组含有 3 个元素，并且每个元素类型均为无符号整型数据。该数组中的第 1~3 个元素分别用 num[0]~num[2] 表示。

C51 语言在定义数组时，可以同时指定数组中的各个元素的初始值，比如：

> unsigned int num[5]={1, 2, 4} ;
> unsigned int num1[5]={2, 16, 8, 0, 512} ;

在数组 num 中，num[0]=0，num[2]=4，num[3] 和 numb[4] 均未赋值，全部自动填 0。

2. 二维数组

具有两个下标的数组叫作二维数组，二维数组的一般定义形式如下：

> 类型说明符　数组名 [常量表达式 1][常量表达式 2]

常量表达式 1 表示行数，常量表达式 2 表示列数。

二维数组定义举例如下：

> unsigned int num[2] [3] ;

以上定义了一个无符号整型二维数组，数组名为 num，数组为 2 行 3 列，共 6 个元素，这 6 个元素依次用 num[0][0]、num[0][1]、num[0][2]、num[1][0]、num[1][1]、num[1][2] 表示。

二维数组可以按行连续赋值，也可以按行分段赋值：

1）按行连续赋值。例如，unsigned int num[2][3]={10, 20, 30, 40, 50, 60}。
2）按行分段赋值。例如，unsigned int num[2] [3]={{1, 2, 3}, {4, 5, 6}}。

3. 字符型数组

数组中存储的数据类型都是字符型的。字符数组的一般定义形式如下：

> unsigned char a [常量表达式]

字符型数组可以在定义时进行初始化赋值。例如：

```
char num[6]={ 'S', 'T', 'U', 'D', 'Y', '\0' } ;
```

以上定义了一个字符型数组，数组名为 num，数组中存放 6 个字符型元素（占用了 6 个字节的存储空间），分别是 S、T、U、D、Y 和结束符 \0。

4. 字符串数组

字符串数组有别于字符数组。字符数组是一个一维数组，而字符串数组是以字符串作为数组元素的数组，可以将其看成一个二维字符数组，字符串数组中各字符串在结束时，自动添加一个结束符 '\0'，下面定义一个简单的字符串数组。

```
char name[5][20] =
{
"Li",
"Wang",
"Zhao",
"Chen",
"Chao"
}
```

字符串数组 name 中含有 5 个字符串元素，每个字符串的长度要小于 20，在计算字符串长度时，字符串后面的 '\0' 也要考虑在内。

第二节　C51 的语言函数

函数是 C51 语言源程序的基本模块。实际上，C51 语言程序由一个主函数和若干个模块化的子函数构成，通过主函数模块调用子函数或者子函数的相互调用来实现特定的功能。

一、函数定义与分类

（一）函数定义

在 C51 中，函数定义的格式如下：

```
函数值类型 函数名称（形式参数表）
{
    函数体；
}
```

1. 函数类型

函数类型用来说明函数返回值的数据类型。函数类型在编程时可以省略，若省略，则系统默认函数返回值的数据类型是 int。

如果函数只执行操作，则不需要返回函数值，该函数类型就是空类型或者无类型，用 void 表示，它表示本函数是没有返回值的。

2. 函数名称

由用户命名，可以由任意字母、数字和下画线组成，但开头不能使用数字。在同一个文件中，函数是不允许与其他变量或者函数重名的，也不能是关键字，比如 int、if、else、for 等。

3. 形式参数列表

形式参数列表是函数调用时相互传递数据用的。有的函数不需要传递参数给它，则可以用 void 来替代，void 也可以省略，但是无参函数的函数名后面的（）不能省略。

4. 函数体

函数体包含了声明语句和执行语句两个部分。声明语句部分要放在执行语句之前，主要用于声明函数内部所使用的变量，执行语句部分主要是一些函数需要执行的语句。

例如定义一个用户函数，用于求三个整数中的最大值并返回其值，程序如下：

```
int max（int x，int y，int z）
{
    int max1；
    if（x>y）max1=x；
    else max1=y；
    if（z>max1）max1=z；
    return（max1）；
}
```

说明：由上面用户函数的定义可知，该函数返回值的类型为 int，函数名为 max，三个形式参数 x、y、z 都是 int 类型。另外，该函数体中还定义了 int 变量 max1，其他语句为求三个整数中最大值的程序段。

注意：该用户函数不能单独运行，只有在主函数调用后，才可实际运行。

（二）函数分类

C51 函数分为主函数、标准库函数和自定义函数。

1. 主函数

主函数的标准写法是 int main（void）。

前面的 int 是 main 函数的返回值类型，用于向操作系统说明程序的退出状态。返回值为 0 代表正常退出，1 代表异常。形式参数 void 用于说明主函数 main( ) 不需要传递参数。

2. 标准库函数

C51 编译器提供了丰富的库函数，使得 C51 语言编程效率高、功能强大。库函数是已经编写好的功能函数，可完成数学计算、输入输出等常用功能。

如果在 C51 编程中需要使用库函数，则应该在程序的开头处使用预处理命令 #include 包含语句，将所用的库函数头文件包含到程序中来，例如：

```
#include <reg51.h> 专用寄存器 SFR 定义
#include <absacc.h> 绝对地址定义
```

3. 自定义函数

可根据用户需要编写自定义功能函数，结构如下：

```
返回值类型函数名（类型形参）
{
    数据定义；
    执行语句；
    返回值；
}
```

形参和返回值是函数与外界联系的桥梁。形参是在函数调用时由外部传入函数体内的参数，形参可以没有，也可以有多个。

返回值是函数运行完毕时返回给调用该函数语句的值。如果函数没有返回值，那么应声明为 void 类型，凡不加返回值类型限定的函数，就会被编译器视为返回整型值处理。

二、函数参数与函数的值

在进行函数调用时，通过主调用函数的实际参数和被调用函数的形式参数来实现主调用函数与被调用函数之间的数据传递。

（一）形式参数和实际参数

定义一个参数时，位于函数名后面括号中的变量名被称为形式参数。在调用函数时，主调用函数名后面括号中的表达式被称为实际参数。

其中，形式参数在未发生函数调用之前，不占用内存单元，因而是没有值的。只有在发生函数调用时才为它分配内存单元，同时获得从主调用函数中实际参数传递过来的值。函数调用结束后，它所占用的内存单元也被释放。

实际参数可以是常数，也可以是变量或表达式，但它们需具有确定的值。进行函数调用时，主调用函数将实际参数的值传递给被调用函数中的形式参数。为完成正确的参数传递，实际参数的类型必须与形式参数的类型一致，否则会发生类型不匹配错误。

C语言中，对于不同类型的实际参数，有三种不同的参数传递方式，分别是：基本类型的实际参数传递、数组类型的实际参数传递和指针类型的实际参数传递。

（二）函数的返回值

通过函数调用使主调用函数获得一个确定的值，这就是函数的返回值。函数的返回值是通过 return 语句获得的，当被调用函数中含有 return 语句，主调函数可以获得被调用函数的返回值。需注意的是：

1）一个函数可以有多个 return 语句，但必须在选择结构 if 或 do/else 中使用，因为被调用函数次只能返回一个变量值。

2）return 语句中的返回值也可以是一个表达式，如使用冒号"："选择表达式：return (x>y?x：y)，即若 x>y，则返回 x 值；否则返回 y 值。

三、函数调用与声明

（一）函数调用

函数调用的一般形式如下：

函数名（实参列表）；

对于有参数的函数调用，若实参列表包含多个实参，多个实参之间可以用逗号隔开，按照函数调用在主调函数中出现的位置，函数调用方式有以下三种。

1. 函数语句

把被调用函数作为主调用函数的一个语句。

2. 函数表达式

函数被放在一个 表达式中，以一个运算对象的方式出现。这时的被调用函数要求带有返回语句，以返回一个明确的数值参加表达式的运算。

3. 函数参数

被调用函数作为另一个函数的参数。

（二）自定义函数的声明

在 C51 中，函数原型一般形式如下：

[extern] 函数类型 函数名（形式参数表）；

函数的声明是把函数的类型、名称和函数中形参的类型、个数和顺序通知编译系统，以便调用函数时系统能够准确匹配。函数的声明后面要加分号。

当在本文件内部声明函数时不需要用 extern，但如果声明的函数不在文件内部，而在另一个文件中，那么声明时须用 extern，指明使用的函数在另一个文件中。

第四章

中 断 系 统

第一节 中断的概念及优点

中断系统是单片机的重要组成部分,可以提高单片机的实时监测与运行效率,能够对某些突发事件做出快速响应和处理。

一、中断系统的概念

(一)什么是中断

在我们生活中,有许多与单片机系统相似的中断概念,比如你正在教室用计算机写一篇论文,突然有同学给你打电话,手机铃声响了,你首先把论文文件保存起来,然后拿手机接电话;当你正在跟同学电话交谈时,有老师走进教室,你暂停与同学的交谈和老师打了个招呼,然后又跟同学继续打电话;电话打完后,你再打开保存好的论文,继续写论文。这就是一个生活中常见的中断现象,即正常的工作过程被某个突发事件(内部的或外部的)打断,发生中断后执行另一项工作;当中断工作执行完成后,仍然可继续执行原来的工作任务。

所谓的中断,是指单片机在执行程序的过程中,在某一时刻的特定条件下,由于软件或者硬件产生某些信号,并以一定的方式向 CPU 发出中断申请,在 CPU 允许的情况下,CPU 暂时停止当前正在执行的程序而转去执行相应的中断服务子程序,待处理中断服务程序执行结束后,再继续执行原来被打断的程序。CPU 的这种处理突发事件的过程被称为"中断",中断响应过程流程图如图 4-1 所示。

(二)中断系统中的技术名词

1. 中断源

中断源是指引起中断事件的原因。

2. 中断请求

中断源向 CPU 发出的中断申请被称为中断请求。

3. 中断处理

CPU 暂时中止正在执行的主程序,转去处理中断事件的过程被称为中断处理。

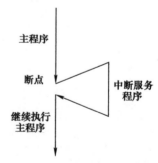

图 4-1 中断响应过程流程图

4. 中断返回

中断处理完毕,CPU 返回原程序继续执行被称为中断返回。

5. 中断子程序

响应中断之后执行的子程序。

二、中断系统的优点

（一）分时操作

单片机的中断系统可以使 CPU 和外部设备同时工作，解决 CPU 和外设之间的运行速度不匹配的矛盾，消除了 CPU 在查询方式中的等待。CPU 在启动外设后，可继续执行主程序，而外设在启动后也在工作，当外设有需求时就向中断发出请求信号，请求 CPU 中断，单片暂停执行现在运行的主程序，转去执行相应中断服务子程序，中断服务子程序处理完后返回执行主程序，外设也可以继续工作，提高了 CPU 的利用率。

（二）实时处理

在系统的实时控制中，各种事件会随时向 CPU 提出处理事件的请求。如果通过中断系统处理该事件，只要满足中断响应的条件，CPU 就立刻响应，进行相应的处理，从而实现实时处理。

（三）故障处理

在系统运行过程中会出现一些故障，如数据传输错误、运算溢出和电源断电等。当出现上述故障情况时，单片机在中断系统的作用下，就可以及时转去执行故障处理子程序，自行处理故障而无需停机。

第二节 中断系统的结构

一、中断源

中断源是指引起单片机产生中断的事件，8051 单片机中断系统有 5 个中断源，分别是：1 个串行通信中断源、2 个外部中断源、2 个定时器/计数器中断源，具体见表 4-1。

表 4-1 中断源

中断源名称	中断源触发信号	中断向量
外部中断 0（$\overline{INT0}$）	P3.2 引脚输入低电平或下降沿脉冲	0003H
外部中断 1（$\overline{INT1}$）	P3.3 引脚输入低电平或下降沿脉冲	000BH
定时器/计数器 T0	T0 计数到达最大值溢出	0013H
定时器/计数器 T1	T1 计数到达最大值溢出	001BH
串口中断 TI/RI	串行口完成一帧数据的发送或接收后	0023H

二、中断控制寄存器

（一）TCON 控制寄存器

TCON 为 T0 和 T1 以及外部中断 $\overline{INT0}$ 和 $\overline{INT1}$ 公用的特殊功能寄存器。它的字节地址是 88H，可以进行位寻址和字节寻址。TCON 寄存器的各位含义如下：

寄存器	地址	位	D7	D6	D5	D4	D3	D2	D1	D0
TCON	88H	位名	TF1	TR1	TF0	TR0	IE1	IT1	IE0	IT0

1）TF1：定时器/计数器T1的溢出中断请求标志位。定时器/计数器T1启动计数后，从初值开始加1计数，当最高位产生溢出后，由硬件将TF1置1，向CPU发出中断申请。当CPU响应中断申请后，由硬件自动将TF1置0；也可由软件置0。

2）TF0：定时器/计数器T0的溢出中断请求标志位，作用与TF1相同。

3）IE1：外部中断1中断请求标志位。当IT1=0时，单片机在每个机器周期检测到$\overline{INT1}$引脚出现低电平时，硬件将IE1置1，向CPU发出中断申请。当CPU响应中断后，由硬件自动将IE1标志位置0。当IT1=1时，单片机在每个机器周期检测到$\overline{INT1}$引脚出现高电平到低电平跳变时，硬件将IE1置1。

4）IT1：外部中断1的中断触发方式控制位。

当IT1置为0时，外部中断1被设为低电平触发，$\overline{INT1}$引脚出现低电平时有效。

当IT1置为1时，外部中断1被设置为负跳变触发方式，$\overline{INT1}$引脚出现高电平到低电平跳变时有效。

5）IE0：外部中断0中断请求标志位，作用与IE1相同。

6）IT0：外部中断0中断触发方式控制位，作用与IT1相同。

（二）SCON 控制寄存器

SCON是串行口控制寄存器，字节地址为98H，可以进行位寻址和字节寻址，SCON中TI和RI与中断控制有关，其格式及含义如下：

寄存器	地址	位	D7	D6	D5	D4	D3	D2	D1	D0
SCON	98H	位名							TI	RI

1）TI：串行口发送中断请求标志。CPU将数据写入发送缓冲器SBUF时，就启动发送，每发送完一帧串行数据后，由硬件将TI置1，向CPU发出中断请求。CPU响应中断时硬件不会清除TI，必须采用软件对TI清零。

2）RI：串行口接收中断请求标志。在串行口允许接收数据时，每接收完一帧数据，由硬件将RI置1。同样，RI必须由软件清零。

（三）IE 中断允许控制寄存器

IE是中断允许控制寄存器，字节地址是A8H，可以进行位寻址和字节寻址。用户可以通过软件对IE寄存器进行修改，控制中断源的允许与禁止，IE的格式及含义如下：

寄存器	地址	位	D7	D6	D5	D4	D3	D2	D1	D0
IE	A8H	位名	EA	—	—	ES	ET1	EX1	ET0	EX0

中断允许寄存器IE对中断的允许和关闭实行两级串联控制，第一级控制是EA总开关，第二级控制是5个中断源独立控制位，各位含义如下：

1）EA：中断总允许控制位。EA=1，CPU允许所有中断，它是各中断源的允许通过前提；EA=0，禁止所有中断申请，不允许响应任何中断。

2）ES：串行口中断允许控制位。ES=1，允许串行口中断请求；ES=0，禁止串行口中断请求。

3）ET1：定时器/计数器 T1 中断允许控制位。ET1=1，允许 T1 计数溢出中断请求；ET1=0，禁止 T1 计数溢出中断请求。

4）EX1：定时器/计数器外部中断 1 中断允许位。EX1=1，允许外部中断 1 中断请求；EX1=0，禁止外部中断 1 中断请求。

5）ET0：定时器/计数器 T0 中断允许位。ET0=1，允许 T0 中断请求；ET0=0，禁止 T0 中断请求。

6）EX0：定时器/计数器外部中断 0 中断允许位。EX0=1，允许外部中断 0 中断请求；EX0=0，禁止外部中断 0 中断请求。

8051 单片机系统复位后，EI 中断允许寄存器中的各标志位均被清零，即禁止所有中断。

（四）IP 中断优先级控制寄存器

CPU 在一个时刻只能响应一个中断请求，如果有多个中断源同时发生，并向 CPU 请求中断，CPU 就要对发生的中断源事件进行排序，优先响应重要的中断源。8051 单片机中断源分为高优先级和低优先级两个优先级，在中断优先级控制寄存器 IP 中设置，IP 字节的地址为 B8H，可以进行位寻址和字节寻址，其格式和含义如下：

寄存器	地址	位	D7	D6	D5	D4	D3	D2	D1	D0
IP	B8H	位名				PS	PT1	PX1	PT0	PX0

1）PS：串行口中断优先级控制位。PS=0，串行中断为低优先级中断；PS=1，串行中断为高优先级中断。

2）PT1：定时器/计数器 T1 中断优先级控制位。PT1=0，T1 为低优先级中断；PT1=1，T1 为高优先级中断。

3）PX1：外部中断 1 中断优先级控制位。PX1=0，外部中断 1 为低优先级中断；PX1=1，外部中断 1 为高优先级中断。

4）PT0：定时器/计数器 T0 中断优先级控制位。PT0=0，T0 为低优先级中断；PT0=1，T0 为高优先级中断。

5）PX0：外部中断 0 的中断优先级控制位。PX0=0，外部中断 0 为低优先级中断；PT0=1，外部中断 0 为高优先级中断。

在系统复位后，IP 寄存器所有标志位都置为 0，所有中断源都被设置为低优先级中断。

在 8051 单片机中断系统中，先响应高优先级中断申请，再响应低优先级中断申请。当多个同级中断源同时发出中断请求时，系统按照自然优先级顺序响应。自然优先级见表 4-2，自然优先级高的中断优先响应。

表 4-2 中断自然优先级

中断源	中断编号	中断优先级设置（IP）	中断请求标志位	中断允许控制位	自然优先级
外部中断 0 $\overline{INT0}$（P3.2）	0	PX0	IE0	EX0/EA	1（最高）
定时/计数器 T0（P3.4）	1	PT0	TF0	ET0/EA	2
外部中断 0 $\overline{INT1}$（P3.3）	2	PX1	IE1	EX1/EA	3
定时/计数器 T1（P3.5）	3	PT1	TF1	ET1/EA	4
串口 UART	4	PS	R1+T1	ES/EA	5（最低）

三、中断响应过程

中断处理过程包括：中断请求、中断响应、中断处理和中断返回。

（一）中断请求

当中断源发出中断请求时，CPU 才可能响应它产生中断，不同的中断源发出请求的方式不同，外部中断源的中断请求信号是 $\overline{INT0}$ 或 $\overline{INT1}$ 引脚上检测到低电平或负跳变时产生，定时器/计数器中断源的中断请求信号是 T0/T1 计数单元的最高位计满溢出时产生，串行口中断源的中断请求信号是串行口在完成一次发送或接收串行数据时产生。

（二）中断响应

1. CPU 响应中断的条件

1）有中断源发出中断请求信号。
2）中断总允许位 EA=1，同时相应的源允许也置为 1。
3）无同级或更高级的中断服务程序正在执行。
4）没有返回指令（RETI）或者访问 IP 寄存器以及 IE 寄存器的指令正在执行。有 RETI 返回指令或者 IE 寄存器以及 IP 寄存器访问指令正在执行，CPU 不会马上响应中断请求，要等执行到其他指令时，才会响应中断。

2. CPU 响应中断时的操作

1）中断优先级查询，对后来的同级或者低级中断请求不予响应。
2）中断系统自动把断点地址压入堆栈保护。
3）中断入口地址装入程序计数器 PC，使程序转向该中断入口，开始执行中断服务子程序。

（三）中断处理

当 CPU 响应中断源发出的中断请求后，CPU 暂停正在执行的主程序，将主程序运行的状态保存起来，开始执行中断服务子程序中的内容。

（四）中断返回

中断服务完成任务后，要返回原来被打断的程序位置继续执行。中断返回由专门的中断返回指令 RETI 实现。RETI 指令将程序断点地址从堆栈中取出，送回到程序计数器 PC 中，并通知中断系统已完成中断处理，及时清除 TCON 和 SCON 中相关中断请求标志位，其中串口中断请求标志位 TI 和 RI 需要用户软件清除。

第三节 C51 中断服务函数

C51 在函数中增加了 interrupt 关键字，定义中断服务子函数。
中断服务函数的一般定义形式为：

```
void 函数名（void）interrupt n using m
```

关键字 interrupt 后面的 n 是中断号，表示中断源。对于 8051 单片机，n 的取值为 0~4，分别代表 5 个中断源：外部中断 0、定时器 T0 中断、外部中断 1、定时器 T1 中断、串行口中断。编译器从 8n+3 处产生中断向量，8051 单片机中断源对应的中断号和中断向量见表 4-3。

表 4-3　MCS-51 单片机的中断号和中断向量

中断号	中断源	中断向量
0	外部中断 0	0003H
1	定时器 T0	000BH
2	外部中断 1	0013H
3	定时器 T1	001BH
4	串行口	0023H
其他值	保留	8n+3

8051 单片机在内部 RAM 中可使用 4 个工作寄存器区，每个工作寄存器区包含 8 个工作寄存器（R0～R7）。C51 扩展了一个关键字 using，using 后面的 n 专门用来选择 8051 单片机的 4 个不同的工作寄存器区。using 是一个选项，如果不选用该项，中断函数中的所有工作寄存器的内容将被保存到堆栈中。

编写 51 单片机中断程序时，应遵循以下规则：

1）中断函数没有返回值，如果在中断函数中定义了一个返回值，将会产生编译错误。因此建议将中断函数定义为 void 类型，以明确说明没有返回值。

2）中断函数不能进行参数传递，如果中断函数中包含任何参数声明，都将导致编译出错。

3）在任何情况下，不能在程序中直接调用中断服务子函数，否则会产生编译错误。因为中断函数的返回是由汇编语言指令 RETI 完成的，如果在没有实际中断请求的情况下，直接调用中断函数，系统就不会执行 RETI 指令，其操作结果就是一个不确定的状态，往往会产生一个致命的错误。

4）如果在中断函数中再调用其他函数，则被调用的函数所使用的寄存器区必须与中断函数使用的寄存器区不同。

第五章

定时器 / 计数器

第一节 定时器 / 计数器 T0 和 T1 的结构和工作原理

一、定时器 / 计数器 T0 和 T1 的结构

8051 单片机内部定时器 / 计数器结构原理框图如图 5-1 所示，定时器 / 计数器 T0 和 T1 是一个 16 位的计数器，由高 8 位和低 8 位两个计数器组成。TMOD 是定时器 / 计数器的定时工作方式寄存器，其作用是设置定时器 / 计数器的功能和工作方式。TCON 是控制寄存器，用于控制 T0、T1 两个寄存器的启动或停止以及设置溢出标志。

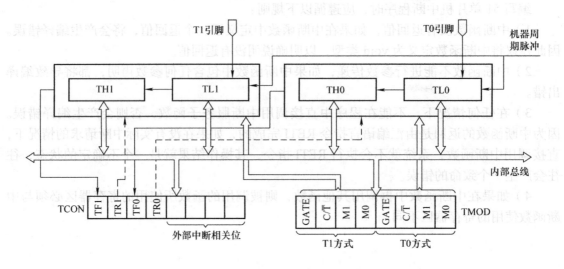

图 5-1 定时器 / 计数器结构原理框图

二、定时器 / 计数器 T0 和 T1 的工作原理

定时器 / 计数器 T0 和 T1 实质就是一个加 1 计数器（图 5-2）。只不过作为定时器和计数器时，两者计数脉冲来源不同：定时器的计数信号源是系统内部的时钟振荡器输出频率的 12 分频；计数器的计数信号源是单片机输入引脚 T0（P3.4）或 T1（P3.5）外接的脉冲源。计数器对接收到的脉冲进行计数，每检测到一个高电平到低电平负跳变时，计数器就自动加 1，当计数器达最大值产生溢出后，硬件将 TCON 的 TF0 或者 TF1 置 1 作为计数器的溢出中断标志。用作定时器使用时，溢出中断标志表示已经到达定时的时刻到了；用作计数器使用时，溢出中断标志表示计数回零。

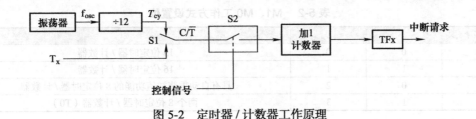

图 5-2　定时器/计数器工作原理

第二节　定时器/计数器控制的相关寄存器

8051 单片机定时器/计数器的工作由两个特殊功能寄存器 TMOD 和 TCON 控制，TMOD 用于设置其工作方式，TCON 用于控制其启动和中断申请。

一、工作方式寄存器 TMOD

定时方式控制寄存器 TMOD 用于设置定时/计数器的工作方式，字节地址是 89H，不可以位寻址，TMOD 寄存器的高 4 位用于控制 T1，低 4 位用于控制 T0，两部分的定义完全对称。TMOD 寄存器定义格式见表 5-1。

表 5-1　TMOD 定时方式控制寄存器

高 4 位控制 T1				高 4 位控制 T0			
门控位	定时/计数方式选择	工作方式选择		门控位	定时/计数方式选择	工作方式选择	
GATE	C/$\overline{T}$	M1	M0	GATE	C/$\overline{T}$	M1	M0

（一）门控位 GATE

门空位 GATE 是定时器启动方式选择位。当 GATE=0 时，只要设置 TCON 中的 TR0 或 TR1 为 1，就可以启动定时器/计数器工作，当 TR0 或者 TR1 等于 0 时，就可以使定时器/计数器停止工作；GATE=1 时，只有 TR0 或 TR1 为 1 并且外部中断引脚 $\overline{INT0}$ 或者 $\overline{INT1}$ 的输入也为高电平时，才能把定时器/计数器启动，这种方式可以用于测量外部中断引脚输入正脉冲的宽度。

（二）定时/计数方式选择位 C/$\overline{T}$

当 C/$\overline{T}$=0 时为定时模式，此时定时器对单片机片内晶振器输出信号 12 分频后信号计数，在每个机器周期内，计数器都会加 1，直到计满溢出。

当 C/$\overline{T}$=1 时为计数模式，通过引脚 T0（P3.4）和 T1（P3.5）对外部负跳变信号计数，每当检测一个负跳变时，计数器加 1，直至计满溢出。

（三）工作方式设置位 M1、M0

定时器/计数器有 4 种工作方式，由 M1、M0 进行设置，见表 5-2。

在设置 TOMD 寄存器时，需要注意 TMOD 不能进行位寻址，只能采用字节操作。另外，当单片机复位时，TMOD 所有位清 0。

表 5-2　M1、M0 工作方式设置位

M1	M0	工作方式	方式说明
0	0	0	13 位定时器/计数器
0	1	1	16 位定时器/计数器
1	0	2	具有自动重装初值功能的 8 位定时器/计数器
1	1	3	两个 8 位定时器/计数器（T0）

二、控制寄存器 TCON

TCON 为定时器/计数器控制寄存器，字节地址为 88H，可以位寻址，低 4 位用于控制外部中断，已在第 4 章中断系统中做过介绍。高 4 位用于控制定时器/计数器的启动与中断请求。TCON 的定义格式见表 5-3。

表 5-3　TCON 定时器/计数器控制寄存器

TCON	D7	D6	D5	D4	D3	D2	D1	D0
位名称	TF1	TR1	TF0	TR0	IE1	IT1	IE0	IT0
位地址	8FH	8EH	8DH	8CH	8BH	8AH	89H	88H

（一）T1 溢出中断请求标志位 TF1

当定时器/计数器 T1 计数溢出后，由硬件自动将 TF1 置 1，并向 CPU 发出中断请求。当 CPU 响应该中断后，TF1 由硬件自动置 0。TF1 的状态可由软件程序查询，也可以通过软件置 0 或 1。

（二）T0 溢出中断请求标志位 TF0

TF0 的作用与 TF1 一致。

（三）定时器/计数器 T1 运行控制位 TR1

当 GATE=0 时，定时器/计数器 T1 仅由 TR1 控制，TR1=1 时启动 T1 计数，TR1=0，停止 T1 计数。

当 GATE=1 时，定时器/计数器 T1 由 TR1 和 $\overline{INT1}$ 共同控制。当 TR1=1 并且 $\overline{INT1}$ 有高电平输入时，启动 T1 计数；当 TR1=1 或 $\overline{INT1}$ =0 时，停止 T1 计数。

（四）定时器/计数器 T0 运行控制位 TR0

TR0 的工作原理与 TR1 一致。

第三节　定时器/计数器的工作方式及应用

8051 单片机定时器/计数器有 4 种工作方式，通过对 TMOD 中 M1、M0 两位设置确定定时器/计数器工作在哪种方式，T0 和 T1 除所使用的寄存器、有关控制位、标志不同外，其他操作完全相同。下面以 T0 为例加以说明。

一、工作方式 0

当 M1=0、M0=0 时，定时器/计数器工作于方式 0，如图 5-3 所示。当定时器/计数器工作在方式 0 下，内部是一个 13 位计数器，TL0 的高 3 位没有使用，由 TL0 的低 5 位和 TH0 的 8 位组成，当 TL0 低 5 位计数满溢出时不向 TL0 的第 6 位进位，而是向 TH0 进位。当 13 位计满时溢出，TF0 标志位由硬件置 1，向 CPU 发出中断请求。13 位计数器下最大计数值 $2^{13}=8192$（计数器初值为 0）。

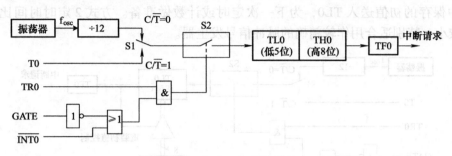

图 5-3　方式 0 的逻辑结构

当门控位 GATE=0 时，GATE 信号经非门输出 1，或门输出恒为 1，使外部中断引脚 $\overline{INT0}$ 信号无效，与门只受 TR0 控制，TR0 单独控制 T0 的启动与关闭。当 TR0=1 时，闭合控制开关 S2，定时器 / 计数器开始工作；当 TR0=0，断开控制开关 S2，定时器 / 计数器停止工作。当门控位 GATE=1 时，开关 S2 由 TR0 和外部中断引脚 $\overline{INT0}$ 两个条件共同控制。当启动位 TR0=1 并且外部中断引脚 $\overline{INT0}$ 有高电平时，闭合控制开关 S2，定时器 / 计数器开始计数。当计数产生溢出时，TF0 由硬件置 1，向 CPU 发出中断请求。CPU 执行相应的中断子程序时，TF0 由硬件清零，也可由软件查询和清零。

二、工作方式 1

当 M1=0、M0=1 时，定时器 / 计数器工作于方式 1，如图 5-4 所示。定时器 / 计数器工作在方式 1 时，为一个 16 位计数器，由低 8 位 TL0 寄存器和高 8 位 TH0 寄存器组成，当计数器计满溢出时，TF0 将被硬件置 1。

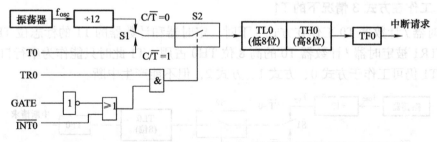

图 5-4　方式 1 的逻辑结构

方式 1 工作过程与方式 0 基本一致，两者之间的主要区别在于计数器的位数不同，方式 0 是 13 位计数器，最大计数值 $2^{13}=8192$；而方式 1 是 16 位计数器，最大计数值为 $2^{16}=65536$，方式 1 初值装载更为简单，一般采用方式 1 进行定时或计数。

三、工作方式 2

当 M1=1、M0=0 时，定时器 / 计数器处于工作方式 2 模式，如图 5-5 所示。定时器 / 计数器工作在方式 0 和方式 1 时，初值不能自动恢复，定时器 / 计数器计满溢出后，初值均为 0，必须通过软件重新赋值才能恢复原来的初值。当定时器 / 计数器工作在方式 2 时，具有自动恢复初值的功能。方式 2 只使用低 8 位 TL0 计数，因此最大的计数值为 $2^8=256$。当 TL0 寄存器计满溢出后，由硬件使 TF0 置 1，向 CPU 发出中断请求，同时将在高 8 位 TH0 寄存器中保存的初值送入 TL0，为下一次定时或计数做准备。方式 2 定时时间比较精确，但范围较小，特别适合用作较精确的脉冲信号发生器。

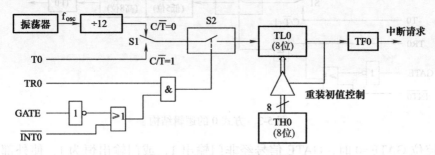

图 5-5　方式 2 的逻辑结构

四、工作方式 3

当 M1=1、M0=1 时，定时器 / 计数器工作于方式 3。该方式适用于定时器 / 计数器 T0，定时器 / 计数器 T1 在方式 3 将停止计数。

（一）工作在方式 3 情况下的 T0

当定时器 / 计数器 T0 工作在方式 3 下时，T0 被分成 2 个独立的 8 位计数器 TL0 和 TH0，如图 5-6 所示。其中定时器 / 计数器 T0 的低 8 位 TL0 可以作为定时器或者计数器使用，仍使用 T0 原有的控制寄存器 TCON 中 TR0、TF0、GATE 等资源。定时器 / 计数器的高 8 位 TH0 作为定时器使用，由定时器 / 计数器 T1 中的标志位 TR1 控制启动，中断溢出将定时器 / 计数器 T1 的标志位 TF1 置 1。

（二）工作在方式 3 情况下的 T1

当定时器 / 计数器 T0 工作在方式 3 下时，定时器和计数器的 T1 的标志位 TF1 以及启动控制位 TR1 被定时器 / 计数器 T0 的高 8 位 TH0 占用，T1 此时只能作为串行口波特率发生器，但 T1 仍可工作于方式 0、方式 1、方式 2，但不能产生中断。

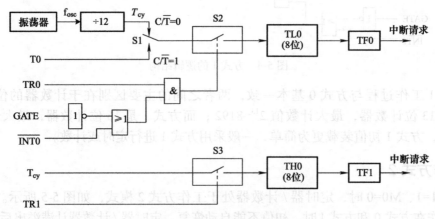

图 5-6　方式 3 的逻辑结构

第六章

串行通信的使用及编程

第一节 串行通信的概念

一、概述

串行通信是单片机最常用的一种通信技术，主要用于单片机与单片机或者单片机与计算机之间的信息交互。

（一）并行通信和串行通信

根据数据传输方式的不同，可将通信分为并行通信和串行通信两种。

并行通信使用多条数据总线，能够同时传输多位数据，如图6-1a所示。在并行通信方式下，单片机中的8位数据如01001001通过8条数据线同时送到外部设备中。并行通信的特点是数据的传输速度快、效率高，但由于每位数据都需要一根传输线，传输线多，远距离传输时成本大，只适合近距离的数据通信。

串行通信使用一条传输线将数据字节一位一位地传输，如图6-1b所示。在串行通信方式下，单片机中的8位数据通过一条数据线一位一位地传送到外部设备中。串行通信的特点是数据传输速度慢，不适合高速通信，但传输线较少，长距离传输时成本低，在通信系统中应用广泛。

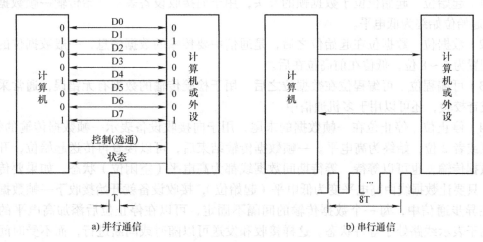

图6-1 通信方式

（二）串行通信的两种方式

串行通信可以分为两种方式：异步通信和同步通信。MCS-51系列单片机采用异步通信方式。

1. 异步通信

异步通信是指通信中发送和接收数据的设备，使用各自的时钟控制数据的接收和发送，这两个时钟相互独立，但要尽量保持一致。

在进行串行异步通信时，数据是以帧为单位，一帧一帧地进行发送和接收，称为帧数据格式。异步通信的帧数据格式如图6-2a所示。从图中可以看出，一帧数据由4部分组成：起始位、数据位、可编程位和停止位。一帧数据传送完成后，才能接着传送下一帧数据，也可以等待，等待期间为空闲位（高电平）。

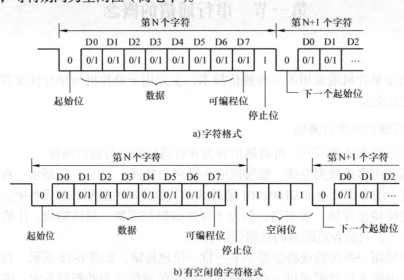

图6-2 异步通信的帧数据格式

（1）起始位 起始位位于数据帧的开头，用于向接收设备表示开始传输一帧数据，占1位，起始位始终为低电平。

（2）数据位 数据位在起始位之后，是通信中要传输的数据信息，一般数据位的数据可以配置为5~8位，低位在前高位在后。

（3）可编程位 可编程位在数据位之后，用于检验传输的数据有无错误，通常采用偶校验或奇校验，还可以用于多机通信中。

（4）停止位 停止位在一帧数据的末尾，用于向接收设备表示一帧数据传输的结束，占1位或者2位，始终为高电平。一帧数据传输结束后，可以接着再传送起始位，开始第二帧数据传输，也可以等待，等待期间数据线都为高电平（空闲位）状态。如果要传送下一帧，只要让数据线由高电平变为低电平（起始位），接收设备就开始接收下一帧数据。

在异步通信中，每一个数据传输的间隔不固定，可以在停止位后添加高电平的空闲位，用于表示线路处于等待状态。这样接收和发送可以随时或间断进行，而不受时间的限制，有空闲的字符格式如图6-2b所示。

2. 同步通信

同步通信中数据以块为单位连续进行传送，相比于异步通信，在发送开始和结束时，不需要添加启动位和停止位，可以提高数据传输速度，多用在计算机与一些高速设备之间。其发送端和接收端同用一个时钟源控制，从而提高通信的速率。同步通信的帧数据格式如

图 6-3 所示。

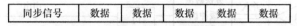

图 6-3 同步通信的帧数据格式

从图 6-3 可以看出，同步通信中的数据无停止位和起始位标志，采用同步信号代替，在同步信号后面可以跟很多位数据，因此同步通信传输速度快、效率高。但由于在通信时要求发送端和接收端严格保持同步，需要的硬件电路比异步通信复杂，所以同步通信适合的场合较少。

二、串行通信的数据传送方向

根据数据的传输方向和时间关系，串行通信可以可分为三种方式：单工方式、半双工方式和全双工方式。这三种传送方式如图 6-4 所示。

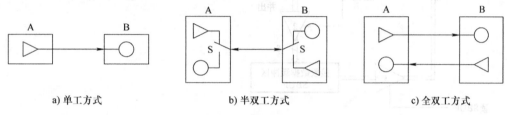

图 6-4 数据传送方式

（一）单工方式

数据只能从一个方向单向传输给另外一个方向。单工方式如图 6-4a 所示，只能由 A 传输数据给 B 端。例如，汽车遥控钥匙、车载收音机都是单工通信方式。

（二）半双工方式

数据可以双向传送，但在同一时刻，数据不能同时传输，只能向一方传送，另一方接收，当一方的数据传送完成后，另一方才能传送数据。半双工方式如图 6-4b 所示，A、B 双方都有发送器和接收器，一方发送时，另一方接收，由于只有一条数据线，所以双方不能在发送的同时进行接收。例如，对讲机就是通过半双工方式通信。

（三）全双工方式

双方可以同时发送和接收数据，通信的双方都有发送器和接收器并且有两条数据线。全双工方式如图 6-4c 所示，A、B 双方各有一个接收端和发送端，可以同时发送和接收。例如，手机通话就是全双工的方式。

第二节　串行通信口的结构与相关寄存器

一、串行通信口的结构

MCS-51 单片机串行通信口的结构如图 6-5 所示。

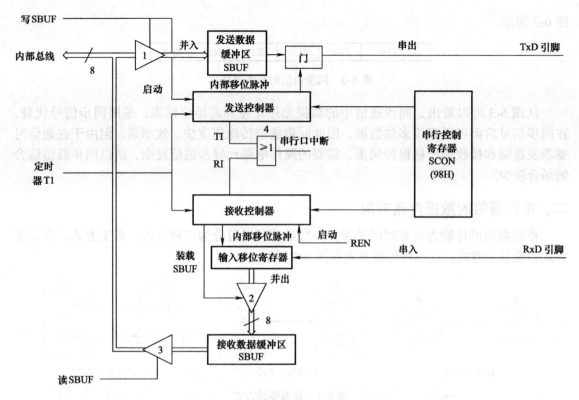

图 6-5 MCS-51 单片机串行通信口的结构

与串行通信口有关的部件主要如下：

（一）两个数据缓冲器 SBUF

8051 单片机中有两个串行口数据缓冲器 SBUF，一个用于发送数据，一个用于接收数据。两个数据缓冲器在物理上相互独立，共用一个地址 99H，可以通过字节寻址，不可以位寻址。发送 SBUF 用来发送串行数据，只能写入不能读，接收 SBUF 用来接收数据，只能读不能写入，通过读指令或者写指令就可以区别是对哪个 SBUF 进行操作，从而实现全双工通信，并且相互之间不会干扰。

（二）发送控制器

发送控制器是在三态输出门电路和定时器 T1 的作用下，将发送 SBUF 中并行输出数据转化为串行数据，并在数据中添加起始位、奇偶校验位、停止位。当上述过程完成后，可以将 TI 置为 1，向 CPU 发送中断请求。

（三）接收控制器

接收控制器可以将从 RXD 引脚读入的串行数据转为并行数据，并过滤数据中的起始位、可编程位、停止位。当上述过程完成后，可以将 RI 置为 1，向 CPU 发出中断请求。

（四）输入移位寄存器

输入移位寄存器在接收控制器的控制下，将外界输入的数据逐位移入接收 SBUF。

（五）定时器 T1

T1 用作波特率发生器，产生串行通信收发数据所需的移位脉冲。在发送数据过程中，对应移位脉冲的下降沿，在接收数据过程中，对应移位脉冲的上升沿。移位脉冲的频率越高，接收和传送数据的速率越快。

二、串行通信口的控制寄存器

串行通信口的工作受 2 个寄存器的控制分别为：串行控制寄存器 SCON 和电源控制寄存器 PCON 的控制。

（一）串行控制寄存器 SCON

串行控制寄存器 SCON 是一个 8 位的寄存器，字节地址为 98H，可以位寻址，SCON 用来选择串行通信的工作方式以及标识串口的工作状态。SCON 寄存器各位的名称和地址如图 6-6 所示。

	9FH	9EH	9DH	9CH	9BH	9AH	99H	98H	位地址
SCON	SM0	SM1	SM2	REN	TB8	RB8	TI	RI	字节地址 98H

图 6-6 SCON 寄存器各位的名称和地址

1. 串行口工作方式选择设置位 SM0、SM1

串行通信口有 4 种不同的工作方式，可以通过设置 SM0 和 SM1 两位进行选择，具体见表 6-1。其中，方式 0 不属于异步通信方式，主要用于 I/O 口拓展。

表 6-1 串行通信口工作方式控制位

SM0	SM1	工作方式	功　能
0	0	方式 0	8 位同步移位寄存器方式，用于 I/O 扩展
0	1	方式 1	10 位异步收发方式（包含起始位和停止位）
1	0	方式 2	11 位异步收发方式（包含起始位、停止位、可编程位）
1	1	方式 3	11 位异步收发方式（包含起始位、停止位、可编程位）

2. 多机通信控制位 SM2

SM2 位用于单片机与多个外部设备进行通信时的设置，当 SM2=1 时，允许多机通信；当 SM2=0 时，不允许多机通信。

3. 允许接收控制位 REN

当 REN=1 时，允许串口接收数据；当 REN=0 时，禁止串口接收数据。

4. 方式 2、3 中要发送数据的第 9 位 TB8

当串口工作在方式 2、3 时，TB8 为要发送数据的第 9 位，可以用作奇偶校验位，在多机通信时，也可以用作地址帧或数据帧的标志位。当串口工作在方式 0 和方式 1 时，该位不使用。

5. 方式 2、3 中接收数据的第 9 位 RB8

当串口工作在方式 2、3 时，RB8 为接收到数据的第 9 位，一般可用作奇偶校验位，在多机通信时，也可以用作地址帧或数据帧的标志位。在方式 0 中，不使用 RB8，在方式

51

1中，若SM2=0，RB8接收到的是停止位。

6. 发送中断标志位 TI

当串行通信工作在方式0时，发送完8位数据后，该位由硬件自动置1，向CPU发出中断申请，在CPU响应中断后，必须通过用户软件清0；当串口工作在方式1、方式2、方式3时，在发送停止位开始前，由硬件自动将TI置1，表示一帧数据发送结束，向CPU发出中断请求；在CPU响应中断后，在中断服务子函数中，向SBUF写入下一帧数据，TI必须通过用户软件清0。

7. 接收中断标志位 RI

当串行通信口工作在方式0时，接收完8位数据后，该位由硬件自动置1，向CPU发出接收中断申请，在CPU响应中断后，必须通过用户软件清0；当串口工作在方式1、方式2、方式3时，在接收到停止位时，RI由硬件自动置1，表示一帧数据发送完毕，向CPU发出中断请求，在CPU响应中断中，从SBUF中取走数据，必须通过软件对该位清0，以准备开始接收下一帧数据。

在上电复位时，SCON 各位均为0。

（二）电源控制寄存器 PCON

电源控制寄存器PCON是一个8位寄存器，字节地址为87H，不可以位寻址，并且只有最高位SMOD与串行通信口控制有关。PCON寄存器各位的名称和字节地址如图6-7所示。

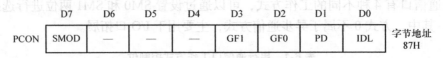

图6-7 PCON 寄存器各位的名称和字节地址

SMOD 位为波特率选择位，也称为波特率倍增位，用于决定波特率是否加倍。

第三节 串口的工作方式

串行通信口有4种基本工作方式，由串行控制SCON寄存器的设置，可以控制串行口工作在其中一种方式。

一、方式 0

当SCON寄存器中的SM0=0、SM1=0时，串行通信口工作在方式0。

串行口工作在方式0时，为8位移位寄存器输入/输出方式，不是异步串行通信，常用于外接移位寄存器，实现串并转换，扩展单片机I/O端口。

在方式0中，串口发送数据和接收数据都是以8位为1帧，没有起始位和停止位，先输出或者接收低位，方式0的帧格式如图6-8所示。数据从RXD端以固定频率（$f_{soc}/12$）接收或者发送，TXD端送出数据传输所需的移位脉冲。

图6-8 方式0的帧格式

(一) 方式 0 输出

当串行通信口作为输出工作在方式 0 时，输出时序如图 6-9 所示。当 TI=0 时，CPU 将待发送的数据写入 SBUF 寄存器后，单片机就会启动发送过程，将数据按低位到高低，一位一位地从 RXD 引脚输出，同时同步移位信号（$f_{osc}/12$）从 TXD 引脚输出。一帧数据发送完毕后，中断标志位 TI 被硬件自动置 1，向 CPU 发出中断请求，发送下一个数据之前，需要通过软件对中断标志位 TI 清零。

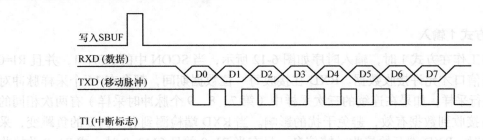

图 6-9　串行通信口在方式 0 时的输出时序

(二) 方式 0 输入

当串行通信口作为输入工作在方式 0 时，RXD 引脚为串行数据输入端，TXD 引脚为同步脉冲信号输出端。当 SCON 控制寄存器中的 REN 置为 1，并且 RI 置为 0 时，允许串行口输入。RXD 引脚上的数据在移位脉冲的控制下，以 $f_{osc}/12$ 的固定频率开始送入移位寄存器。当接收完 8 位数据后，接收控制器控制将 8 位数据并行送入 SBUF 中，中断标志位 RI 被硬件置 1，在接收下一个数据之前，需要用户通过软件将标志位 RI 清零。

二、方式 1

当 SCON 寄存器中的 SM0=0、SM1=1 时，串行通信口工作在方式 1。

串行通信口工作在方式 1 时，为全双工串行通信。TXD 引脚为串行数据输入端，RXD 脚为串行数据输出端。串行通信口每帧可以发送或接收 10 位的串行数据，10 位数据包括 1 位起始位 0、8 个从低位到高位的数据位和 1 位停止位 1，方式 1 的帧格式如图 6-10 所示。

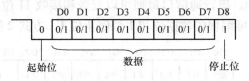

图 6-10　方式 1 的帧格式

(一) 方式 1 输出

方式 1 输出时序如图 6-11 所示。当 TI=0 并且 CPU 执行写数据到 SBUF 指令时，串口启动发送过程。发送控制器在移位时钟脉冲信号的控制下，每有一个移位脉冲就从 TXD 端送出一位数据，当第 8 位数据发送完成后，发送控制器马上将 SCON 的 TI 标志位置 1，向 CPU 发出中断请求，同时从 TXD 端输出高电平的停止位，下一次发送前需要通过软件对 TI 清零。

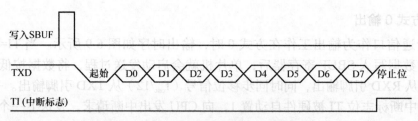

图 6-11　串行通信口在方式 1 时的输出时序

（二）方式 1 输入

当串口工作在方式 1 时，输入时序如图 6-12 所示，当 SCON 中的 REN=1，并且 RI=0 时，串行通信口才允许接收数据。RXD 在接收每一位数据期间，都会有 16 个采样脉冲对输入数据进行采样，如果在连续的三次采样中（第 7、8、9 个脉冲时采样）有两次相同的值，就认为接收到数据有效，避免干扰的影响。当 RXD 端检测到有 1 到 0 的负跳变，采样检测有效时，RXD 端开始接收一帧信息，只有当 RI=0 并且 SM2=0 时，或 RI=0 并接收到停止位时，串口接收的 8 位数据才会装入缓冲器 SBUF。当第 9 位停止位装入 SCON 的 RB8 位中，标志位 RI 位就会被硬件置 1，向 CPU 发出中断请求，让 CPU 取走 SBUF 中的数据，如果条件不满足，就会把数据丢弃，等待重新接收新的数据。

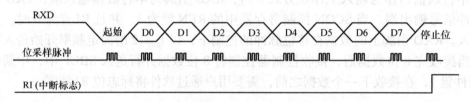

图 6-12　串行通信口在方式 1 时的输入时序

三、方式 2

当 SCON 寄存器中的 SM0=1、SM1=0 时，串行通信口工作在方式 2。

串行通信口工作在方式 2 时，为 9 位的全双工串口通信，TXD 引脚为串行数据输入端，RXD 脚为串行数据输出端。串行通信口每帧可以发送和接收 11 位的串行数据，其中 1 位起始位 0、8 位数据位、1 位可编程的数据位和 1 位停止位 1，方式 2 的帧格式如图 6-13 所示。

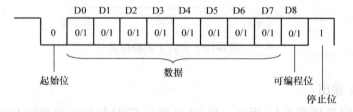

图 6-13　方式 2 的帧格式

（一）方式 2 输出

串行通信口工作在方式 2 时，输出时序如图 6-14 所示，由 TXD 端输出的一帧数据有 11 位，其中数据位的第 9 位数据取自 SCON 中的 TB8 位。在串行口发送数据前，先用软件设置 TB8 位的值，然后执行写数据到 SBUF 指令，串行口就启动发送器发送，从 TXD 端从低电平起始位开始发送，然后逐位送出各位数据，发送一帧信息后，TI 标志位由硬件置 1，向 CPU 发出中断申请。

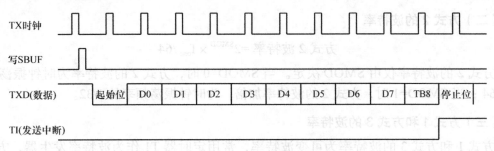

图 6-14　串行通信口在方式 2 时的输出时序

（二）方式 2 输入

串行通信口工作在方式 2 时，输入时序如图 6-15 所示，串行通信口在 REN=1 和 RI=0 时才允许接收数据。数据由 RXD 端输入，当 RXD 端检测到有 1 到 0 的负跳变并且位检测采样有两次值相同时，认为起始位有效，串口开始接收一帧信息。当 SM2 位为 0（SM2 不为 0，但接收到的第 9 位数据为 1），串口接收的 8 位数据就会装入 SBUF 中，第 9 位数据会装入 SCON 的 RB8 位，同时由硬件将 RI 位置 1，向 CPU 发出中断申请，让 CPU 取走 SBUF 中的数据，否则就会将数据舍弃。

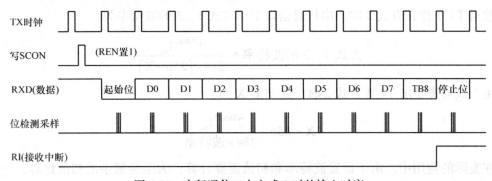

图 6-15　串行通信口在方式 2 时的输入时序

四、方式 3

当 SCON 中的 SM0=1、SM1=1 时，串行通信口工作在方式 3。

方式 3 与方式 2 一样，工作控制原理相同，一帧传输数据位数一样，两者的区别仅在于波特率不同。

五、波特率的设置

在串口通信中，数据的发送端和接收端必须保持速率一致，才能保证数据能够被成功地发送和接收。波特率表示通信传输数据过程中串行口每秒传送的二进制数的位数，其单位符号是 bit/s。

（一）方式 0 的波特率

方式 0 为同步移位寄存器方式，波特率固定为时钟振荡频率 f_{osc} 的 1/12，不受 SMOD 位值的影响。

（二）方式 2 的波特率

$$\text{方式 2 波特率} = 2^{SMOD} \times f_{osc}/64$$

方式 2 的波特率仅由 SMOD 决定。当 SMOD=0 时，方式 2 的波特率为时钟振荡频率的 1/64；当 SMOD=1 时，方式 2 的波特率加倍，为时钟振荡频率的 1/32。

（三）方式 1 和方式 3 的波特率

方式 1 和方式 3 的波特率为可变波特率，常用定时器 T1 作为波特率发生器，方式 1 和方式 3 的波特率可用下式计算：

$$\text{方式 1、3 的波特率} = 2^{SMOD} \times \text{T1 的溢出率}/32$$

T1 的溢出率是指定时器/计数器 T1 在单位时间内计数产生的溢出次数，由 T1 预设初值和计数速率决定。在实际单片机系统中，设置波特率时，定时器 T1 一般工作在方式 2，因为定时器 T1 工作在方式 2 时，具有初值自动重新装载功能，可以避免重装初值带来的定时误差，提高波特率的准确性。设 X 为定时器的初值，那么 T1 的溢出周期为

$$\text{T1 的溢出周期} = \frac{12}{f_{osc}} \times (256 - X)$$

故当 T1 工作在方式 2 时，串行通信口工作方式 1、3 的波特率为

$$\text{方式 1、3 的波特率} = \frac{2^{SMOD} f_{osc}}{384 \times (256 - X)}$$

由上式可推导出 T1 在方式 2 时，其初值 X 为

$$X = 256 - \frac{2^{SMOD} f_{osc}}{384 \times \text{波特率}}$$

在实际的应用中，由于设置波特率和初值需要计算，为避免繁杂的初值计算，一般情况下可查表来进行设置，常见的波特率及对应的寄存器配置见表 6-2。

表 6-2 常用的波特率及对应的寄存器配置

波特率	f_{osc}	SMOD 位	C/$\overline{T}$	T1 工作方式	T1 计数初值
62.5kbit/s	12MHz	1	0	2	FFH
19.2kbit/s	11.0592MHz	1	0	2	FDH
9.6kbit/s	11.0592MHz	0	0	2	FDH
4.8kbit/s	11.0592MHz	0	0	2	FAH
2.4kbit/s	11.0592MHz	0	0	2	F4H
1.2kbit/s	11.0592MHz	0	0	2	E8H

第七章

单片机接口技术

第一节 数码管显示器及其接口

LED 数码管作为一种价格低廉的显示器,在单片机系统中应用非常普遍。LED 数码管是由发光二极管构成的字段组成的显示器,因此被称为 LED 显示器。

一、LED 数码管的显示原理

LED 数码管一般由 8 个或者 7 个发光二极管组成,每一个发光二极管称为一段,因此,LED 数码管一般称为 8 段数码管或者 7 段数码管,8 段数码管相比于 7 段数码管多了一个小数点,如图 7-1a 所示,8 个数码管分别用字母 a、b、c、d、e、f、g、dp 来表示。根据 LED 连接方式的不同,LED 数码管分为共阳极和共阴极,如图 7-1b、c 所示。共阳极 LED 显示器

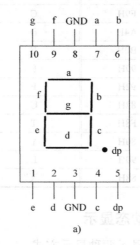

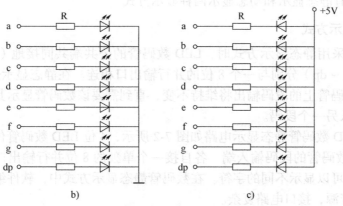

图 7-1　8 段 LED 数码管结构及外形

内部的发光二极管的阳极是共同接一个 +5V 的电源,当发光二极管的阴极接低电平时,相应的发光二极管被点亮。同样,共阴极 LED 显示器内部的发光二极管的阴极共同连接地,当发光二极管的阳极接高电平时,相应的发光二极管被点亮。在实际单片机系统中,LED 数码管中的每个发光二极管都会串联一个限流电阻,以防电路中电流过大,击穿二极管。

为了使 LED 数码管显示不同的字符,需要点亮数码管不同的段,与显示段对应的 LED 数码管引脚输入状态组合称为字形码或者段码,8 段 LED 数码管输入口是 8 位,正好需要一个字节,字段与字节中各位对应关系见表 7-1。如果数码管采用的是共阳极接法,要显示"7"字形,就需要把 a、b、c 段点亮,其余的段不点亮,LED 数码管显示器需要的字形码为 11111000B;如果数码管采用的是共阴极接法,则字形码与共阳极的字形码互为反码。常用 8 段 LED 数码管的字形码见表 7-2。

表 7-1 字段与字节中各位对应关系

位	D7	D6	D5	D4	D3	D2	D1	D0
显示段	dp	g	f	e	d	c	b	a

表 7-2 8 段 LED 数码管的字形码

显示字符	共阴极	共阳极	显示字符	共阴极	共阳极
0	3FH	C0H	B	7CH	83H
1	06H	F9H	C	39H	C6H
2	5BH	A4H	D	5EH	A1H
3	4FH	B0H	E	79H	86H
4	66H	99H	F	71H	8EH
5	6DH	92H	P	73H	8CH
6	7DH	82H	U	3EH	C1H
7	07H	F8H	T	31H	CEH
8	7FH	80H	Y	6EH	91H
9	6FH	90H	L	38H	C7H
A	77H	88H	"灭"	00H	FFH

二、LED 数码管的静态显示与动态显示

LED 数码管有静态显示和动态显示两种显示方式。

(一)静态显示方式

LED 数码管采用静态显示方式时,LED 数码管的公共端共同接地(或接 +5V);LED 数码管段码线(a~dp)分别与一个 8 位的并行输出口相连。在静态显示过程中,并行 I/O 口输出到 LED 数码管上的段码输出将维持不变,直到需要该数码管显示其他字形时,才通过并行 I/O 口送入另一个段码。

一个 4 位 LED 数码管静态显示电路如图 7-2 所示,4 位 LED 数码管位选控制段,共同接一个地,每个数码管的段码输入端,各自接一个单独的 8 位并行输出口,同一时刻,每一位 LED 数码管可以显示不同的字符。在数码管静态显示方式中,软件编程较为简单,但占用较多的 I/O 资源,接口电路复杂。

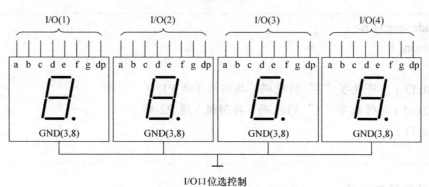

图 7-2　4 位 LED 数码管静态显示电路

【案例】

单片机控制两只数码管，静态显示两个数字"1"和"2"。

本例的原理电路如图 7-3 所示。单片机利用 P1 口与 P2 口分别控制两个 LED 数码管 DS0 与 DS1 的段码，两个数码管的公共端，共阳极接 +5V 电源，数码管 DS0 与 DS1 始终处于导通状态，可以静态显示"1"和"2"。

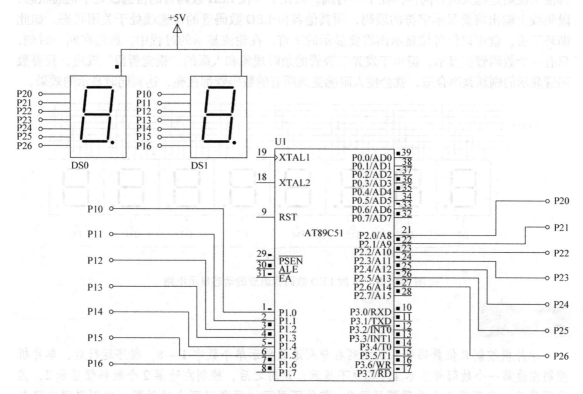

图 7-3　两位数码管静态显示原理电路与仿真

参考程序：

```c
#include<reg51.h>
void main( )
{
  P1=0xf9 ; // 将数字"2"的段码(共阳极)送P1口
  P2=0xa4 ; // 将数字"1"的段码(共阳极)送P2口
  while(1) ;
}
```

（二）动态显示方式

在静态显示中，当有多个LED数码管时，占用I/O资源较多，接口电路复杂，此时数码管动态显示方式可以很好地解决这个问题。LED数码管动态显示就是所有LED数码管相同的段都并接在一起，形成段码线的多路分时复用，而各位的公共端分别由单独的I/O线控制，分时选通。

8个8段LED数码管组成的动态显示电路原理如图7-4所示，8个数码管并接的段码线共占用一个8位I/O口，而位选线占用一个8位I/O口。在动态显示方式中，分时轮流选通各个数码管，某一时刻，只有一位数码管的位选线被选通，显示此时段码线输出段码，而其他7位则是熄灭的。同样，在下一时刻，只让下一位LED数码管的位选线处于选通状态，段码线上输出将要显示字符的段码，而其他各位LED数码管的位选线处于关闭状态。如此循环下去，就可以使各位显示出将要显示的字符。在轮流显示的过程中，虽然在同一时刻，只有一个数码管在显示，但由于发光二极管的余晖现象和人眼的"视觉暂留"效应，只要数码管显示的刷新频率合适，就会使人眼感觉到所有的数码管都在亮，达到同时显示的效果。

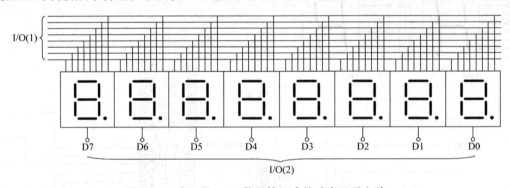

图7-4　8个8段LED数码管组成的动态显示电路

【案例】

单片机控制8位数码管，从左到右分别滚动显示单个数字1～8。程序运行后，单片机控制左边第一个数码管显示1，其他不显示；延时之后，控制左边第2个数码管显示2，其他不显示；直至第8个数码管显示8，其他不显示；反复循环上述过程。本例原理电路与仿真如图7-5所示。

第七章 单片机接口技术

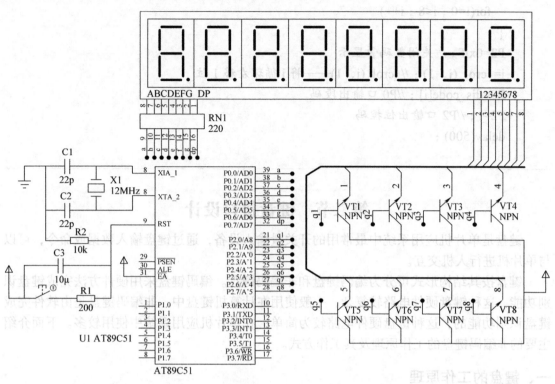

图 7-5　8 位数码管动态显示原理电路与仿真

参考程序：

```
#include<reg51.h>
#include<intrins.h>
#define uchar unsigned char
#define uint unsigned int
uchar code dis_code[]={0xc0，0xf9，0xa4，0xb0，0x99，0x92，0x82，0xf8，0x80，
0x90，0x88} ; //共阳数码管段码表
void delay(uint y)// 延时子函数
{
uchar i ;
while(y--) for(i=0 ; i<110 ; i++) ;
}

void main( )
{
    uchar j=0x80 ;
    while(1)
    {
```

```
        for(i=0；i<8；i++)
    {
    P2=0xff；// 关闭数码管显示
    j=_crol_(j，1)；//_crol_(j，1)——将j循环左移1位
    P0=dis_code[i]；//P0口输出段码
    P2=j；//P2口输出位控码
    delay(500)；
    }
```

第二节 键盘接口设计

键盘是单片机应用系统中最常用的开关量输入设备，通过键盘输入数据或命令，可以与单片机进行人机交互。

键盘按其结构形式可分为编码键盘和非编码键盘。编码键盘采用硬件方法完成键盘识别功能，这种键盘硬件电路较复杂，一般使用在计算机键盘中。非编码键盘是由软件完成键盘识别功能的，这种键盘硬件电路较为简单，在单片机应用系统中使用较多。下面介绍主要的非编码键盘的工作原理及其工作方式。

一、键盘的工作原理

键盘实质上是一组开关电路的组合，按键开关接口电路如图7-6a所示，行线连接与带有上拉电阻的+5V电源相连接，列线与地相连。单片机中所使用键盘一般都是机械式弹性按键，按键闭合或者断开的瞬间，由于其触点存在弹性作用，会产生抖动，导致按键键盘在闭合或断开过程中输出信号，会存在波动期，有高低电平的几次变化，然后才稳定输出，如图7-6b所示。为了能够准确地检测到键盘按下次数，一次闭合或者断开只处理一次按键子程序，必须要对按键进行去抖处理。

消除按键抖动有两种方法：硬件去抖和软件去抖。硬件去抖通过硬件电路实现，如采用R-S触发器或者并联电容的方法；软件去抖通过延时程序实现，当系统检测到按键闭合后，

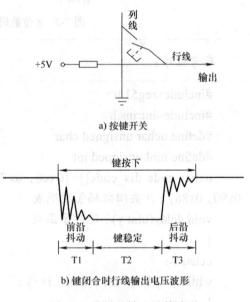

图7-6 按键的输入及其波形

延迟一小段时间，大概10ms左右，再次检测按键键盘输出信号，如果还是检测到按键闭合，就认为按键已经闭合，否则认为按键没有真正闭合。

二、键盘的接口电路

常用的键盘接口有两种形式：独立式键盘接口和矩阵式键盘接口。

（一）独立式键盘的工作方式

独立式键盘比较简单，每个按键单独接一条单片机 I/O 输入线，所有按键都有一个共同的电源或者接地端，通过检测单片机 I/O 输入线输入电平信号的状态，就可以判断出哪些按键已经闭合；独立键盘中各个按键之间相互独立、互不影响。

独立式键盘有两种工作方式，分别为查询式和中断式。图 7-7a 所示为查询方式的独立式键盘接口电路，每个按键直接与单片机的 I/O 口线相连，单片机通过 I/O 口读取相应信号线的电平状态，即可识别出按下的按键。图 7-7b 所示为中断方式的独立式键盘接口电路，与查询方式每隔一段时间就要去读取 I/O 输入信号不同，中断方式中只有按键闭合触发中断后，I/O 口才会读取信号，处理按键信息，所以程序处理效率高。

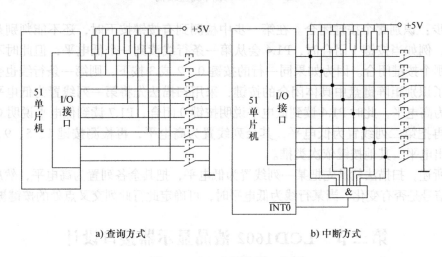

图 7-7 独立式键盘接口电路

独立式按键的检测以及程序编写相对简单，只要把按键输出的电平信号从相应 I/O 读入即可，如果输入的为高电平信号，则按键没有闭合，如果输入的为低电平信号，则先执行 10ms 延时子程序去抖，再次读取该按键输入的信号状态，若仍为低电平，则认为该按键已经闭合。

（二）矩阵式键盘的工作方式

由于独立式键盘中每个按键都需要对应一个单独的 I/O 口，在按键较多的情况下，会占用大量的 I/O 资源，所以独立式按键不适合在按键较多的场景下使用。矩阵式键盘又被称为行列键盘，由行线和列线组成，按键位于由行、列线组成的交叉点上。一个 4×4 的行列结构就可以构成一个 16 位矩阵式按键键盘，如图 7-8 所示。与独立式键盘相比，矩阵式键盘可以节省很多硬件资源，因此多用于按键数目较多的场合。

矩阵键盘一般采用扫描法对矩阵式键盘的按键进行识别，可分两步进行。

第一步：检测是否有按键闭合。首先把 P1.0~P1.3 口的 4 个列线置为低电平，然后检查 P1.4~P1.7 口各行线电平是否都为高电平，如果不全为高电平，则说明有按键闭合，如果全为高电平，则说明没有按键闭合。当检测到有按键按下时，进入到第二步，判断是哪个按键闭合。

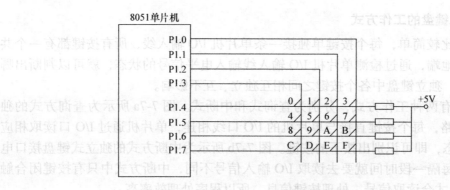

图 7-8 4×4 矩阵键盘结构

第二步：识别哪个按键闭合。在第一步中检测到有按键按下时，还不能判别是哪个按键被按下。例如当按键 1 闭合时，P1.4 会从第一条行线读到一个低电平，但此时不能确定是第一行哪个按键闭合。因为如果同一行的按键 0、2 或 3 按下，则第一条行线也会呈现低电平。为了识别矩阵键盘中具体闭合的按键，采用扫描法先将第一列线置为低电平，其余各列线置为高电平，此时 P1.4 读到低电平说明按键 0 闭合，P1.7 读到低电平说明 C 按键闭合，然后再把第二列线置为低电平，其余列线置为高电平，再检测按键 1、5、9、D 对于行线的输出电平，其他按键依次类推。

综上所述，扫描法就是先把某一列线置为低电平，把其余各列置为高电平，然后检测各行线电平信号是否有变化。当某行线为低电平时，可确定此行此列交叉点处的按键被按下。

第三节 LCD1602 液晶显示器接口设计

一、液晶显示器简介

（一）液晶显示原理

液晶显示的原理是利用液晶的物理特性，通过电压对其显示区域进行控制，有电就有显示，这样就可以显示出图形。液晶显示器（LCD）具有厚度薄、适用于大规模集成电路直接驱动、易于实现全彩色显示的特点，目前已经被广泛应用在便携式计算机、数字摄像机、PDA 移动通信工具等众多领域。

（二）液晶显示器的分类

液晶显示器的分类方法有很多种，通常可按其显示内容分为笔画式、字符式、点阵式等。除了黑白显示外，液晶显示器还有多灰度有彩色显示等。如果根据驱动方式来分，可以分为静态驱动、单纯矩阵驱动和主动矩阵驱动三种。

（三）液晶显示器各种图形的显示原理

1. 线段的显示

点阵图形式液晶由 M×N 个显示单元组成，假设 LCD 显示屏有 64 行，每行有 128 列，每 8 列对应 1 字节的 8 位，即每行有 16 字节，共 16×8=128 个点组成，屏上 64×16 个显示单元与显示 RAM 区 1024 字节相对应，每一字节的内容和显示屏上相应位置的亮暗对应。

例如，屏的第一行的亮暗由 RAM 区的 000H～00FH 的 16 字节的内容决定，当（000H）=FFH 时，屏幕的左上角显示一条短亮线，长度为 8 个点；当（3FFH）=FFH 时，屏幕的右下角显示一条短亮线；当（000H）=FFH、（001H）=00H、（002H）=00H……（00EH）=00H、（00FH）=00H 时，则在屏幕的顶部显示一条由 8 段亮线和 8 条暗线组成的虚线。这就是 LCD 显示的基本原理。

2. 字符的显示

用 LCD 显示一个字符时比较复杂，因为一个字符由 6×8 或 8×8 点阵组成，既要找到和显示屏幕上某几个位置对应的显示 RAM 区的 8 字节，还要使每字节的不同位为"1"，其他的为"0"，为"1"的点亮，为"0"的不亮，这样一来就组成某个字符。但对于内带字符发生器的控制器来说，显示字符就比较简单了，可以让控制器工作在文本方式，根据在 LCD 上开始显示的行列号及每行的列数找出显示 RAM 对应的地址，设立光标，在此送上该字符对应的代码即可。

3. 汉字的显示

汉字的显示一般采用图形的方式，事先从微机中提取要显示的汉字的点阵码（一般用字模提取软件），每个汉字占 32B，分左右两半，各占 16B，左边为 1、3、5……右边为 2、4、6……根据在 LCD 上开始显示的行列号及每行的列数可找出显示 RAM 对应的地址，设立光标，送上要显示的汉字的第一字节，光标位置加 1，送第二个字节，换行按列对齐，送第三个字节……直到 32B 显示完，就可以在 LCD 上得到一个完整的汉字。

二、1602 字符型 LCD 简介

字符型液晶显示模块 1602 是一种专门用于显示字母、数字、符号等的点阵式 LCD。1602 中的 16 代表液晶显示器每行可以显示 16 个字符，02 代表可以显示 2 行。典型的 1602 字符型液晶显示器实物如图 7-9 所示。

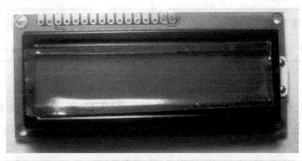

图 7-9　1602 字符型液晶显示器实物

（一）LCD1602 的基本参数及引脚功能

LCD1602 分为带背光和不带背光两种，其控制器大部分为 HD44780，带背光的比不带背光的厚，是否带背光在应用中并无差别，两者尺寸差别如图 7-10 所示。

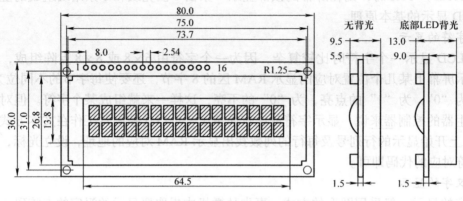

图 7-10　LCD1602 尺寸

1. LCD1602 主要技术参数

LCD1602 液晶显示器主要技术参数见表 7-3。

表 7-3　LCD1602 液晶显示器主要技术参数

参　　数	参数值
显示容量	16×2 个字符
芯片工作电压	4.5～5.5V
工作电流	2.0mA（5.0V）
模块最佳工作电压	5.0V
字符尺寸（宽×高）	2.95mm×4.35mm

2. 引脚功能说明

LCD1602 液晶显示器（含背光）引脚排列如图 7-11 所示，一共有 16 个引脚，包括 8 条数据线、3 条控制线、3 条电源线和 2 条背光控制线，其引脚具体功能见表 7-4。

图 7-11　LCD1602 液晶显示器（含背光）引脚排列

表 7-4　LCD1602 引脚功能

编号	符号	引脚说明
1	VSS	VSS 为地电源
2	VDD	VDD 接 5V 正电源
3	VEE	液晶显示器对比度调整端，可接 0～5V 电压调节显示对比度
4	RS	RS 为寄存器选择，RS=1 时选择数据寄存器、RS=0 时选择指令寄存器
5	R/W	读写信号线，高电平时对液晶显示器进行读操作，低电平时对液晶显示器进行写操作
6	E	E 端为使能端，当 E 端由高电平跳变成低电平时，液晶模块执行命令
7～14	D0～D7	8 位双向数据线，用于输入显示数据
15	BLA	背光源正极
16	BLK	背光源负极

三、LCD1602 的指令说明

1602 液晶模块内部的控制器共有 11 条控制指令，见表 7-5。

表 7-5　控制指令

序号	选择状态		指令控制字								指令说明
	RS	R/W	E	D7	D6	D5	D4	D3	D2	D1	D0	
1	0	0	1	0	0	0	0	0	0	0	1	清屏
2	0	0	1	0	0	0	0	0	0	1	×	光标归位
3	0	0	1	0	0	0	0	0	1	I/D	S	进入模式设置
4	0	0	1	0	0	0	0	1	D	C	B	显示器 ON/OFF 控制
5	0	0	1	0	0	0	1	S/C	R/L	×	×	显示器或光标移动方向
6	0	0	1	0	0	1	DL	N	F	×	×	功能设定
7	0	0	1	0	1	CGRAM 地址（6 位）						设定 CGRAM 地址
8	0	0	1	1	DDRAM 地址（7 位）							设定 DDRAM 地址
9	0	1	1	BF	AC 的内容 7 位（AC0～AC6）							读取忙碌信号或地址
10	1	0	1	写入液晶显示模块的 8 位数据（D7～D0）								数据写入
11	1	1	1	读出的 8 位显示数据（D7～D0）								读出数据

（一）清屏指令

清屏指令的指令编码如下：

RS	R/W	E	D7	D6	D5	D4	D3	D2	D1	D0
0	0	1	0	0	0	0	0	0	0	1

具体功能如下：

1）清除显示屏所有的显示内容，清除显示指令将空位字符码 20H 送入全部 DDRAM 位址中，使 DDRAM 中的内容全部清除。

2）DDRAM 地址计数器 AC=0。

3）游标或者闪烁回到原点，返回到地址 00H（显示屏左上角）。

（二）光标返回指令

光标返回指令编码如下：

RS	R/W	E	D7	D6	D5	D4	D3	D2	D1	D0
0	0	1	0	0	0	0	0	0	1	×（0或1）

具体功能如下：

1）光标所在位的字符回到显示屏左上角第一个显示位。

2）地址计数器 AC=0。

3）DDRAM 中的内容不做改变。

（三）显示模式设置指令

显示模式设置指令的指令编码如下：

RS	R/W	E	D7	D6	D5	D4	D3	D2	D1	D0
0	0	1	0	0	0	0	0	1	I/D	S

具体功能如下：

1）当 I/D=1 时，完成一个字符码传送后，光标右移，AC 自动加 1；当 I/D=0 时，完成一个字符码传送后，光标左移，AC 自动减 1。

2）当 S=1 时，显示屏的全部显示移动一位，I/D=1 时全部向右移动一位，I/D=0 时全部向左移动一位；当 S=0 时，全部显示不发生移位。

（四）显示开关及光标设置指令

显示开关及光标设置指令的指令编码如下：

RS	R/W	E	D7	D6	D5	D4	D3	D2	D1	D0
0	0	1	0	0	0	0	1	D	C	B

具体功能如下：

1）当 D=1 时，显示屏开显示；当 D=0 时，显示屏关显示；关显示后，显示数据仍保持在 DDRAM 中，立即开显示可以再现。

2）当 C=1 时，光标显示；当 C=0 时，光标不显示，不显示光标并不影响模块其他显示功能。

3）当 B=1 时，光标所指位置上，交替显示全黑点阵和显示字符，产生闪烁效果；当 B=0 时，光标不闪烁。

（五）光标和字符移位指令

光标和字符移位指令的指令编码如下：

RS	R/W	E	D7	D6	D5	D4	D3	D2	D1	D0
0	0	1	0	0	0	1	S/C	R/L	×	×

光标和字符移位指令可使游标或显示在没有读写显示数据的情况下，向左或向右移动，具体功能如下：

1）S/C：光标或字符移位选择控制位。S/C=1 移动显示字符，S/C=0 移动光标。

2）R/L：移动方向选择控制位。R/L=0 左移，R/L=1 右移。

（六）功能设置指令

功能设置指令的指令编码如下：

RS	R/W	E	D7	D6	D5	D4	D3	D2	D1	D0
0	0	1	0	0	1	DL	N	F	×	×

具体功能如下：

1）DL 是数据接口宽度标志。当 DL=1 时，使用 8 位数据总线 DB7~DB0；当 DL=0 时，使用 4 位数据总线 D7~D4，D3~D0 不用，使用此方式传送数据，需分两次进行。

2）N 是显示行数标志。当 N=1 时，两行显示模式；当 N=0 时，单行显示模式。

3）F 是显示字符点阵字体标志。当 F=1 时，5×10 点阵＋光标显示模式；当 F=0 时，5×7 点阵＋光标显示模式。

（七）CGRAM 地址设置指令

CGRAM 地址设置指令的指令编码如下：

RS	R/W	E	D7	D6	D5	D4	D3	D2	D1	D0
0	0	1	0	1	\multicolumn{6}{c}{CGRAM 地址（6 位）}					

具体功能如下：

该指令将 6 位的 CGRAM 地址写入地址指针计数器 AC 内，随后的读写操作则是针对 CGRAM 的读写操作。

（八）DDRAM 地址设置指令

DDRAM 地址设置指令的指令编码如下：

RS	R/W	E	D7	D6	D5	D4	D3	D2	D1	D0
0	0	1	1	\multicolumn{7}{c}{DDRAM 地址（7 位）}						

具体功能如下：

该指令将 7 位的 DDRAM 地址写入地址指针计数器 AC 内，随后的读写操作则是针对 DDRAM 中该地址的读写操作。

（九）读忙标志 BF 和 AC 地址指令

读忙标志 BF 和 AC 地址指令的指令编码如下：

RS	R/W	E	D7	D6	D5	D4	D3	D2	D1	D0
0	1	1	BF	\multicolumn{7}{c}{AC 的内容 7 位（AC0~AC6）}						

具体功能如下：

1）当 RS=0 和 R/W=1 时，在 E 信号高电平的作用下，从 BF 和 AC6~AC0 被读到数据总线 DB7~DB0 的相应位。

2）BF 是内部操作忙标志。当 BF=1 时，表示模块内部正忙，此时模块不接收单片机发送过来的指令和数据；当 BF=0 时，表示模块内部空闲，可以接收单片机发送的指令和数据。

3）AC6~AC0 是地址计数器 AC 内的当前内容，由于地址计数器 AC 中地址为 CGROM、

CGRAM 和 DDRAM 的共用，因此当前 AC 内容所指区域由前一条指令操作区域决定；当只有 BF=0 时，从 DB7~DB0 读取的数据才有效。

（十）写数据到 CGRAM 或 DDRAM 指令

写数据到 CGRAM 或 DDRAM 指令的指令编码如下：

RS	R/W	E	D7	D6	D5	D4	D3	D2	D1	D0
1	0	1	写入液晶显示模块的 8 位数据（D7~D0）							

具体功能如下：

写数据到 CGRAM 或 DDRAM 指令功能是将用户自定义字符的字模数据写到已经设置好的 CGRAM 的地址中，或者是将欲显示字符的字符码写入 DDRAM，让显示屏显示字符。欲写入的数据 D7~D0 首先暂存在 DR 中，再由模块的内部操作自动写入地址指针所指定的 CGRAM 单元或者 DDRAM 单元中。

（十一）从 CGRAM 或 DDRAM 中读数据指令

从 CGRAM 或 DDRAM 中读数据指令的指令编码如下：

RS	R/W	E	D7	D6	D5	D4	D3	D2	D1	D0
1	1	1	读出的 8 位显示数据（D7~D0）							

具体功能如下：

从 CGRAM 或 DDRAM 中读数据指令，是从位址计数器 AC 指定的 CGRAM 或者 DDRAM 单元中，读出数据 D7~D0。需要注意的是，在读数据之前，应先通过地址计数器 AC 正确指定读取单元的地址。

四、LCD1602 的 RAM 地址映射

LCD1602 液晶显示器模块内部有 80 个字节的 DDRAM：显示屏上字符显示位置分为上下两行：第一行的地址是 00H~0FH，第二行的地址 40H~4FH。显示字符时，要先输入显示字符地址，LCD1602 内部显示地址如图 7-12 所示。

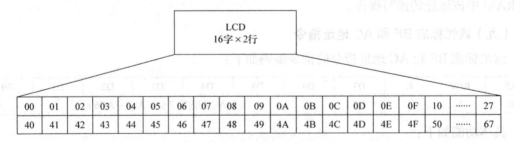

图 7-12 LCD1602 内部显示地址

例如，第二行第一个字符的地址是 40H，但是写入字符到 DDRAM 的地址却不是 40H，因为写入显示地址时要求最高位 D7 恒定为高电平 1，所以实际写入的数据应该是 01000000B（40H）+10000000B（80H）=11000000B（C0H）。

在对液晶模块进行初始化时要先设置其显示模式，在液晶模块显示字符时光标是自动右移的，无需人工干预。每次输入指令前都要判断液晶模块是否处于忙的状态。

五、LCD1602 的一般初始化（复位）过程

（一）LCD1602 的复位

LCD1602 上电后复位状态为：
1）清除屏幕显示。
2）设置为 8 位数据长度，单行显示，5×7 点阵字符。
3）显示屏、光标、闪烁功能均关闭。
4）输入方式为整屏显示不移动，I/D=1。

（二）LCD1602 的初始化

使用 LCD1602 前，需要对其进行初始化设置，初始化函数如下：

```
Void LCD_initiate(void)
{
    WrieInstruction(0x38) ; // 两行显示，5×7 点阵，8 位数据接口
    _nop_( ) ;
    WrieInstucion(0x0C) ; // 显示开，无闪烁，无光标
    _nop_( ) ;
    WieInstnetion(0x05) ; // 光标右移
    _nop_( ) ;
    WieInstnection(0x01) ; // 清屏幕指令
    _nop_( ) ;
}
```

（三）LCD1602 的读写操作

LCD 显示一个字符的操作过程为"读状态、写指令、写数据、自动显示"。LCD1602 的读写操作规定见表 7-6。

表 7-6 LCD1602 的读写操作规定

操作	单片机发给 LCD1602 的输入	LCD1602 的输出
读状态	RS=0，RW=1，E=1	D0~D7 为状态字
写指令	RS=0，RW=0，E=下降沿脉冲，D0~D7 为指令码	无
读数据	RS=1，RW=1，E=1	D0~D7 为数据
写数据	RS=1，RW=0，E=下降沿脉冲，D0~D7 为数据	无

1. 读状态

```
unsigned char busy_check (void)
{
    unsigned char status ;
    P0=0xff ;
    RS =0 ; // 可以读状态
    RW=1 ;
```

```
    do
    {
    E=1；
    _nop_()；//空操作等待一段时间
    status=P0；//将忙碌标志电平赋给result
    }
    while(status&0x80)
        E=0；
    }
```

2. 写指令

```
Void WriteInstruction (unsigned char com)
{
busy_check()；//如果忙就等待
RS=0；//选择发送命令
RW=0；
E=0；//使能
_nop_()；
P0=com；//写入命令
_nop_()；
    E=1；//写入时序
    E=0；
}
```

3. 写数据

写数据就是要将显示字符的 ASCII 码写入 LCD 中的 DDRAM 中。

```
void WriteData (usigned char y)
{
    busy_check()；//如果忙就等待
    RS=1；//写入数据
    RW=0；
    E=0；//使能清 0
    P0=data；//写入数据
    _nop_()；
    E=1；//写入时序
    E=0；
```

4. 自动显示

数据写入 LCD1602 模块后，控制器会自动读出 CGROM 中的字型点阵数据，并将字型点阵数据送到液晶显示器上显示，该过程是自动完成的。

第八章

单片机在汽车中的应用实例

第一节 自动防抱死制动装置

一、自动防抱死制动系统介绍

在汽车防抱死制动系统（ABS）出现之前，汽车所用的都是开环制动系统。其特点是制动器制动力矩的大小仅与驾驶员的操纵力、制动力的分配调节以及制动器的尺寸和型式有关。在汽车制动过程中，车轮运动状态没有相应的反馈信号，车辆无法知道在制动过程中汽车车轮的相关状态量，就不能自动去调节轮缸或气室制动压力的大小。因此，车辆在紧急制动时，车轮总会在地面上出现抱死拖滑的现象。当车轮抱死时，地面的侧向附着能力会变得很差，所能提供的侧向附着力很小，车辆在此种情况下容易会出现方向失稳失控等问题，极易造成交通事故，特别是极端天气条件下，如雨天或者下雪天，更容易发生这种情况。

为了避免汽车在制动过程中出现车轮抱死拖滑的问题，英国人霍纳摩尔于1920年发明了车轮防抱死制动系统，早期这种系统应用在铁路机车制动系统中。20世纪中旬，车轮防抱死制动系统开始应用于汽车工业生产中。20世纪80年代，由于单片机的快速发展，奔驰汽车公司与博世公司合作研制出三通道带有数字式控制的ABS，并在奔驰汽车上大量应用，此时ABS已经开始具有智能化特点。随着汽车电气化、电子化发展，现在的ABS在汽车上的应用越来越广泛，已成为现代汽车的标准配置。

汽车防抱死制动系统的基本功能就是通过传感器实时检测车辆运行时车轮的运动状态，在车辆接收到制动踏板发出的制动信号后，ABS会根据车轮的运动状态自动地调节制动器制动力矩的大小，防止车辆出现车轮抱死拖滑的现象，因而是一个闭环制动系统。汽车防抱死制动系统可有效缩短车辆制动时的制动距离，提高行车运行的稳定性和安全性。在标准路面上，ABS可以将车辆的滑移率控制在5%～20%的范围内，不过ABS并不是每次都工作，只有在接近车轮滑动的临界点时才会工作。据相关资料统计，在防抱死技术应用到车载工具上后，摩托车交通事故减少10%，轿车和轻型货车交通事故减少8%，公共汽车交通事故减少4%，重型货车事故减少10%，平均减少7.5%。上述数字显示，ABS对提高车辆的安全性能有着很大的功用。

二、防抱死制动系统的控制原理

ABS主要由电子控制单元、传感器和电磁阀三部分组成，其系统原理结构如图8-1所示。轮速传感器是车轮轮速的检测元件，一般安装在车轮上，在车辆行驶时，车辆传感器能够产生与车轮速度成正比的近似正弦电信号，ABS电子控制单元能够根据车轮传感器提供的信号计算出车轮速度。ABS在接收到传感器送来的轮速信号后，会根据各个车轮的速度来自动调节对各个车轮的制动液压力,并把相应的控制信号输出给各个车轮的液压控制单元。各个车轮的液压控制单元在接收到 ABS 的输出信号后,通过电磁阀对车轮分泵的压力进行调节。在整个 ABS 中,传感器的作用是为电子控制单元提供各个车轮的运动情况,电子控制单元是控制中心,液压控制单元是执行机构。

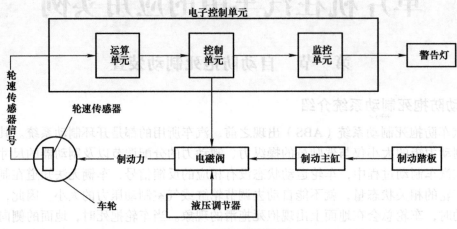

图 8-1 ABS 原理结构

三、防抱死制动系统的组成

ABS 由单片机控制单元、电源电路、制动导航、轮速传感器、故障诊断电路、电磁阀、液压源电机和故障指示灯组成,如图 8-2 所示,分为输入部分、控制部分和输出部分三个部分。单片机控制单元是整个防抱死制动系统的核心,它接收车轮速度传感器、故障诊断电路以及制动导航送来的信号,ABS 电子控制单元在对以上信号进行处理后,会输出相应的控制信号,比如命令电磁阀打开或闭合,从而调节制动轮缸压力,使得轮速变化,将汽车车轮滑移率控制在一定范围之内;当液压压力不足时,ABS 也会发出液压源电机启动信号;在接收到故障诊断电路的故障信号后,控制故障指示灯亮起。

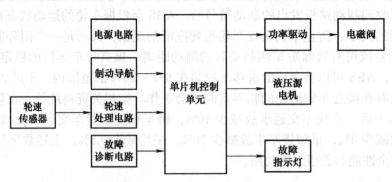

图 8-2 ABS 电子硬件框图

电磁阀是防抱死制动系统的执行部件,在 ABS 没有输出控制信号的情况下,该制动系统相当于常规制动系统,会根据制动踏板开度按比例输出制动压力;当制动压力处于最大值并且 ABS 向电磁阀发出控制信号时,电磁阀动作,对轮缸压力进行调节,从而调节车轮的滑移率,使制动力在接近峰值区域内波动,但又不达到峰值制动力,从而实现最佳制动效率。ABS 就是在汽车制动过程中不断检测车轮速度的变化，按一定的控制方法，通过电磁阀调节制动轮缸压力，以获得最高的纵向附着系数，使车轮始终处于较好的制动状态。

第二节　电动汽车电池管理系统

一、电池管理系统介绍

电池管理系统（BMS）是一个电子系统或电路，监测充电、放电、温度和其他影响电池或电池组状态的因素。

电池管理系统由主控制器、各种传感器、执行器和相关算法构成。其主要任务是确保电池组安全可靠地运行，并且在电池组发生故障时，对电池组采取相应的处理措施，通过电池管理芯片和采样电路实时采集电池组中单体电池的电压、电池组的电流和温度等信息，并将信息运用相应的算法和策略估计出电池组的 SOC、SOH 以及剩余寿命等，然后将相关参数发送给汽车的整车控制器（VCU），为新能源汽车的动力分配控制和能量管理控制提供数据支持。

二、电池管理系统的功能

电池管理系统主要有以下功能（图 8-3）：

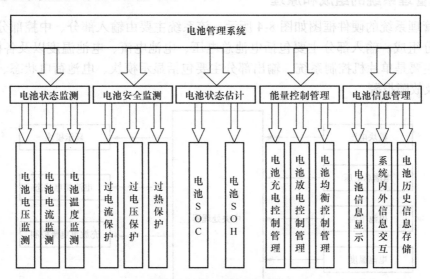

图 8-3　电池管理系统功能

（1）数据采集功能　锂离子动力电池在新能源汽车中的工作条件和环境十分复杂。新能源汽车的外部环境复杂多变，因此锂离子动力电池需要面对外部温湿度的变化等。此外，由于汽车行驶时的工况不同和驾驶员操作的不同，锂离子动力电池需要实时应对急剧变化的负载。为了使电池能够更好地应对各种情况，需要采集电池的工作状况，通过采样电路和采集芯片获取电池组内部单体电池的电压、电池组的电流和温度等数据。

（2）状态监测功能　锂离子动力电池是复杂非线性系统，具有多个实时变化的状态量。精确高效地计算出电池的状态量对电池管理系统、新能源汽车能量管理和动力分配起到关键作用。因此，电池管理系统需要实时精确地采集电池数据，通过固有的算法和策略对电池组进行状态估计，从而得到电池组每一时刻的信息，具体包括电池组的SOC、SOH等。

（3）均衡管理功能　由于电池的制造工艺、循环使用等因素，随着时间的积累，单体电池间的不一致性差距越来越大。为了充分发挥电池组的性能，延长电池组的寿命，同时保证电池组的安全，电池管理系统需要采集锂离子动力电池的单体信息，根据信息和相应的算法判断需要均衡的电池，采用主动均衡或者被动均衡来尽可能降低电池组在使用过程中的不一致性，从而发挥电池组的最大性能，并延长电池组的寿命。

（4）充电控制功能　电池组的充电过程影响着电池组的安全和使用寿命。因此，电池管理系统需要根据电池组的实时特性、温度高低等信息，计算出合适的充电功率，并将信息发送给充电机，使充电机按照指定功率对电池组进行充电，达到保护电池组的目的。

（5）安全保护功能　电池组的安全保护功能主要是指在线故障诊断及故障处理。电池组的在线故障诊断是指通过传感器采集的信息，采用故障诊断算法判断故障类型。电池组需要诊断的故障主要包括过电压、欠电压、过电流、超高温、短路故障、断路故障、烟雾、绝缘能力降低以及电池物理损伤等故障，除此之外还有传感器故障、执行器故障以及控制器的故障。电池管理系统诊断出故障类型后，应及时预警，并采用恰当的措施使风险降到最低，保证行车安全。

三、电池管理系统的组成和原理

电池管理系统的硬件框图如图8-4所示，该系统主要由输入部分、中控部分和输出部分三个部分组成。输入部分主要包括电池总电压、电池电流、电池温度以及各模块电压，控制单元主要是单片机控制系统，输出部分主要包括显示模块、电池荷电状态、充放电电流控制以及故障报警。

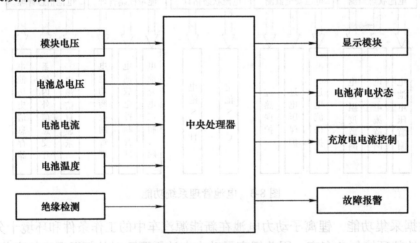

图8-4　电池管理系统硬件框图

单片机控制单元是电池管理系统的核心，电池管理系统通过电压传感器、电流传感器和温度传感器将采集到的信息发送到单片机控制单元中，单片机控制单元根据系统制定的控制策略来估计电池的SOC，并控制充放电的电流。当采集到的信号超出相应的限定值时，单片机控制单元发出故障报警信号，进行故障处理。

第三节 汽车主动悬架控制系统

一、汽车悬架介绍

悬架是车身与车轮之间的一切传力连接装置的总成。汽车悬架的主要作用是缓冲和吸收来自车轮传递的路面振动，在汽车行驶过程中还要承受传递车轮与路面之间的驱动力和制动力，以及汽车转向时来自车身的侧向力。

汽车悬架一般分为被动悬架与主动悬架。被动悬架是指悬架中包括弹簧和阻尼器系统，结构比较简单，一旦设计制造好后，其参数性能就不能改变。

主动悬架是指悬架参数不是固定，可以通过主动执行机构对悬架的参数进行实时修改。主动悬架通常包括三部分：传感器、控制器单元以及执行机构，并由它们与汽车系统组成闭环控制系统。其中，控制器单元是整个系统的信息处理和控制中心，汽车悬架加速度传感器以及其他相关传感器的信息都会传输到控制器中，控制器根据整车传感器传输过来的信号以及本身内部已经固化的程序，控制执行机构的动作，从而达到改变悬架参数进而控制减振的运动状态。

主动悬架一般采用闭环控制。所谓闭环控制，就是说输出量反过来又对系统的控制作用有直接影响的控制，也就是悬架的运动状态会对弹簧刚度和减振阻尼有影响。在闭环控制系统中，反馈系统把信息传递给计算机，再由计算机进行分析和修正，以达到最佳的控制效果。主动悬架具有诸多优点，因而在现代汽车上得到了广泛的应用。

二、主动悬架控制系统的组成

主动悬架控制系统的硬件框图如图 8-5 所示，该系统主要由输入部分、中控部分和输出部分组成。输入部分主要包括悬架行程检测电路以及悬架加速度检测电路，中控部分包括中央处理控制单元，输出部分主要包括显示模块、执行机构和故障报警。

图 8-5 主动悬架控制系统的硬件框图

三、主动悬架控制系统的控制原理

主动悬架控制系统原理如图 8-6 所示。加速度传感器检测悬架上下运动的加速度，行程传感器检测悬架的位移，并将加速度和行程转化成相应的电信号，通过硬件电路对加速度传感器送过来的电信号进行放大、滤波、A/D 转换等处理，然后将处理好的数据送入单片

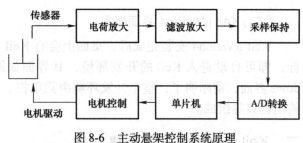

图 8-6 主动悬架控制系统原理

机控制系统中，单片机控制系统根据已经写好的程序，对采集的汽车悬架加速度信号进行分析，并控制驱动电机工作，主动干预改变汽车悬架的阻尼或者弹簧刚度，从而改变后续汽车悬架的行程以及运行加速和速度，达到保证汽车运行稳定性与舒适性。

第九章

Keil μVision 与 Proteus ISIS

第一节 Keil μVision 使用介绍

一、Keil μVision4 运行环境介绍

在单片机的程序开发中，最常使用的是德国 Keil Software 公司开发的 Keil μVision 系列软件。该软件用于 51 系列兼容单片机软件系统的开发。Keil μVision4 是基于 Windows 的开发平台，包含一个高效的编译器、一个项目管理器和一个 MAKE 工具。μVision4 支持所有的 Keil C51 工具，包括 C 编译器、宏汇编器、连接/定位器、目标代码到 HEX 的转换器。

（一）Keil μVision4 简介

Keil μVision4 具有 Windows 风格的可视化操作界面，集成了丰富的库函数和各种编译工具。Keil μVision4 能够完成 51 系列单片机以及与 51 系列兼容的绝大部分类型单片机的程序设计和仿真。Keil μVision4 是一个非常优秀的编译器，用户常使用 Keil μVision4 来开发工程、调试程序，最终生成的 hex 文件是可执行的代码文件，受到广大单片机设计者的广泛使用，其主要特点如下：

1）支持 C51 语言、汇编语言等多种单片机程序设计语言的开发。
2）可视化的项目管理，界面友好。
3）支持最为丰富的产品线，可以使用 51 系列及其兼容内核的单片机。
4）具有完善的编译、连接工具。
5）具备丰富的仿真调试功能，可以仿真并口、串口、A/D、D/A、定时器/计数器以及中断等资源。
6）支持在线调试。
7）支持在一个工作空间中进行多项目的程序设计。

（二）Keil μVision4 界面概览

Keil μVision4 安装完成后，桌面上会有 Keil μVision4 软件的快捷图标，双击该快捷图标，即可自动进入 Keil 的开发环境，其界面如图 9-1 所示。Keil μVision4 是标准的 Windows 界面，清晰明了，整个开发环境由菜单栏、工具栏、文件编辑窗口、项目管理窗口和输出窗口等组成。

二、Keil μVision4 工程创建

Keil μVision4 软件的启动界面如图 9-2 所示，可以在该集成开发环境中编写 C51 程序，并生成单片机的烧录程序。下面通过一个实例来讲解如何使用 Keil μVision4 集成开发环境进行 C51 程序的设计。

第九章 Keil μVision 与 Proteus ISIS

图 9-1　μVision4 集成开发环境用户界面

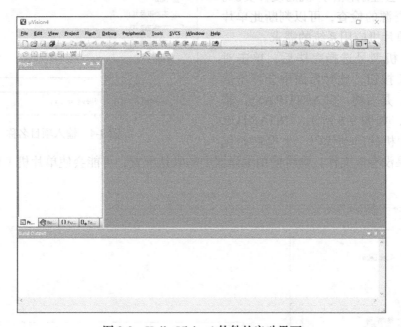

图 9-2　Keil μVision4 软件的启动界面

（一）工程的创建

在使用 Keil 对程序进行调试、编译之前，C51 程序需要在一个项目中进行管理。因此，需要首先创建一个新的工程，操作步骤如下所示：

1）单击菜单栏中 Project 命令，然后在下拉菜单中单击 New μVision Project 命令，如图 9-3 所示。

79

2）单击 New μVision Project 命令后，系统弹出 Create New Project 对话框，如图 9-4 所示。此时可以选择计算机硬盘中一个文件夹作为工程的保存路径，最好把一个工程建立在专用的文件中，不要与其他文件夹混用，以避免造成工程管理混乱。例如，这里新建一个命名为"作业"的文件夹专门作为工程保存位置，然后需在"文件名"文本框中输入新建工程的名字，保存类型默认，然后单击对话框中的保存按钮。

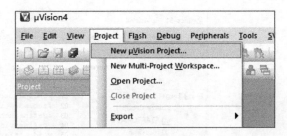

图 9-3 选择新建项目命令

3）单击保存按钮后，系统弹出 Select Device for Target 对话框，选择单片机型号，如图 9-5 所示。这里单片机按照生产厂家进行了分组。我们可以选择 Atmel 公司的单片机 AT89C51，此时右侧的 Description 栏中会显示该单片机的硬件资源。通过对硬件资源的检查，可以判断此单片机是否适合单片机应用系统的需求。

4）单片机型号选择完毕后，单击对话框中的 OK 按钮，此时界面中会弹出信息提示窗口，是否将"STARTUP.A51"添加到工程中，如图 9-6 所示。"STARTUP.A51"是单片机的启动代码，上电初始化单片机。如果没有该文件，则将使用编译器中的默认配置，可能会使单片机工作异常。

图 9-4 输入项目名称

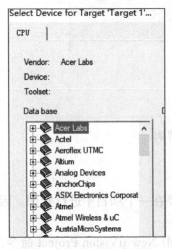

图 9-5 单片机型号对话框

图 9-6 将启动代码添加到项目中

5)单击"是"按钮,选择添加启动文件,此时工程创建完毕,右侧的 Project Window 里有一个 Target1。

(二)创建源文件

当一个新的工程创建完成后,需要将用户编写的程序文件添加到这个工程中。用户添加程序文件通常有两种形式:一种是新建文件;另一种是添加已创建的文件。新建文件的流程如下:

1)单击菜单栏 File,选择 New 命令,此时工作区中打开了一个名为"Text1"的文本编辑窗口,如图9-7所示。文本编辑窗口中有光标闪烁,用户可以在其中编写 C51 的源代码,但此时对输入程序的对错没有加亮提示功能,需要先保存,再编程。

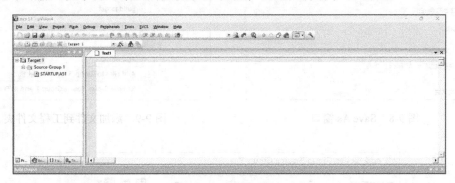

图9-7 源代码编辑窗口

2)单击菜单栏 File,选择 Save 命令或者单击工具栏的 Save 按钮,系统弹出 Save As 对话框,如图9-8所示。可以在路径栏中修改文件保存位置,在"文件名"文本框中输入程序的命名。因为我们采用 C51 编程,拓展名一定要以".c"结尾,比如命名为 mcs-51.c,然后单击保存命令,如果采用使汇编语言,则以 asm 结尾。

3)在项目管理窗口中,单击 Target1 左边的 + 号,再选中出现的 Source Group1 并且单击鼠标右键,在出现的下拉菜单中,选择 Add Files to Group 'Source Group 1' 命令,如图9-9所示。在弹出的对话框中选择刚才保存的工程源文件 MCS-51.c,如图9-10所示。单击 MCS-51 文件后,单击 Add 按钮,最后单击 Close 按钮,文件就在工程中添加完成了。此时,项目管理窗口中的 MCS-51.c 文件出现在 Source Group 1 目录下。

(三)程序编译与调试

工程及 C51 源文件都准备好后便可以编译项目了。Keil μVision4 集成开发环境提供了多个源代码编译命令,分别介绍如下:

1)单击菜单栏 Project,选择 Translate 命令,可以完成对当前 C51 程序源代码的翻译。
2)单击菜单栏 Project,选择 Build target 命令,即可对该项目进行编译。
3)单击菜单栏 Project,选择 ReBuild all target files 命令,可以重新编译所有的项目文件。
单击快捷按钮中的 ,对当前 C51 源文件进行编译。如果源程序无误,则编译完成后,将在编译信息窗口显示"0 个错误、0 个警告",如图9-11所示。如果程序有错误,则在编译信息窗口中会给出错误所在的行、错误代码和错误原因。双击该错误信息,程序中该错误行的左侧会出现一个箭头标记。

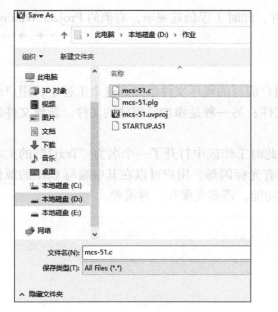

图 9-8 Save As 窗口

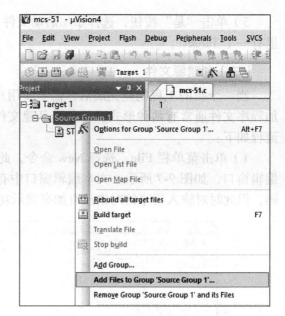

图 9-9 添加文件到工程文件夹

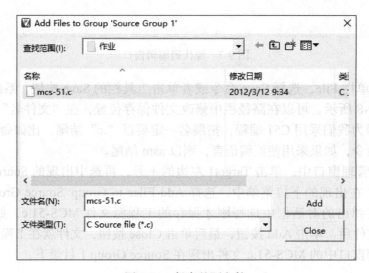

图 9-10 保存的源文件

（四）仿真调试

（1）步骤 Keil μVision4 集成开发环境具有强大的程序仿真调试功能。在硬件平台运行程序之前，可以先通过 Keil μVision4 对程序进行仿真，快速得到某些运行结果。利用 Keil μVision4 来进行 C51 仿真调试的具体操作步骤如下：

1）编译成功后，单击菜单栏 Debug，下拉选择 Start/Stop Debug Session 命令（或单击开始/停止调试的工具按钮 ），此时可以进入仿真调试模式，如图 9-12 所示。在该模式下，显示出串行输出窗口、反汇编窗口、堆栈窗口、主调试窗口、寄存器窗口。若不需要查看反汇编对话窗口，则直接单击该窗口右上角的 × 按钮关闭即可。

第九章 Keil μVision 与 Proteus ISIS

图 9-11 输出窗口显示编译结果

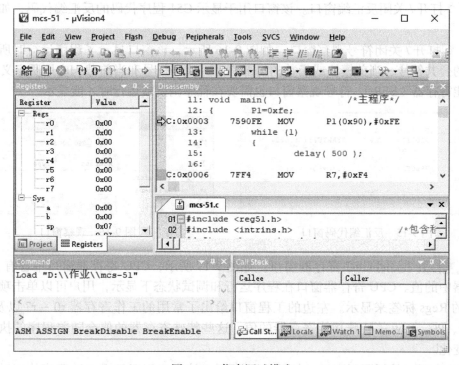

图 9-12 仿真调试模式

2)选择菜单栏 Peripherals，单击 I/O-Ports，选中 Port 0 命令，打开 Parallel Port 0 仿真窗口，如图 9-13 所示。

3)选择菜单栏 Peripherals，单击 I/O-Ports，选中 Port 1 命令，打开 Parallel Port 1 仿真窗口，如图 9-14 所示。

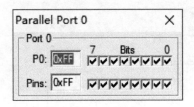

图 9-13　P0 口仿真窗口

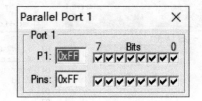

图 9-14　P1 口仿真窗口

4)单击 工具按钮，开始单步执行程序，当遇到子程序就进入。可以观察到 P0 口由右至左的各个引脚电平的变化，同时也可以观察到 P1、P2、P3 口各个引脚电平的状态。

在程序仿真调试状态下，可运用工具按钮进行全速运行、单步、跟踪、断点等方式的调试，也可观察单片机资源的状态，如特殊功能寄存器、程序存储器、数据存储器、变量寄存器和 I/O 口的状态。

（2）常用的工具按钮

1) 打开 / 关闭编译输出窗口。该窗口用于输出项目编译链接的信息，如图 9-11 所示。如果程序在编译链接的过程中有错误，则在窗口显示具体的错误信息及其在程序中所在的位置。同时，编译输出窗口还显示输出代码的大小。

2) 打开 / 关闭反汇编窗口。该窗口用于显示 C51 程序代码的反汇编代码，如图 9-15 所示。

3) 打开 / 关闭符号观察窗口。如图 9-16 所示，该窗口显示了程序运行时所有函数和模块的公共符号、当前模块或函数的局部符号，代码行号和当前载入应用所定义的 CPU 特殊功能寄存器（SFR）。符号观察窗口也需要在程序调试或运行时才能显示。

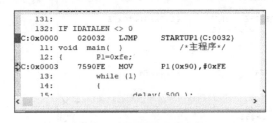

图 9-15　反汇编代码窗口

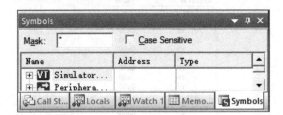

图 9-16　观察窗口

4) 打开 / 关闭 CPU 寄存器窗口。如图 9-17 所示，CPU 寄存器窗口中含有 CPU 各个寄存器中的值。CPU 寄存器窗口在程序运行和调试状态下显示，用户可以单击项目管理窗口下的 Regs 标签来显示。左边的工程窗口给出了常用的工作寄存器 r0～r7 以及 a、b、sp、dptr、PC、psw 等特殊功能寄存器的值，这些特殊寄存器的值会随着程序的执行发生相应的变化。

5) 打开 / 关闭调用窗口。如图 9-18 所示，该窗口用于显示 C51 程序执行过程中对各个子程序的调用情况，观察该窗口也是在程序执行和调试模式下。

第九章 Keil μVision 与 Proteus ISIS

6）[图标]-打开/关闭变量观察窗口。如图 9-19 所示，该窗口用于显示程序执行过程中各个变量的值。

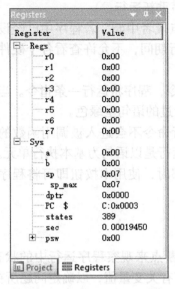

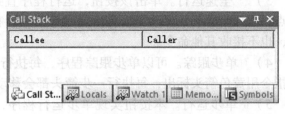

图 9-18 调用窗口

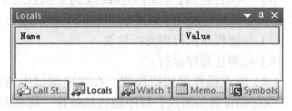

图 9-17 CPU 寄存器窗口　　　　　　　　图 9-19 变量观察窗口

7）[图标]-打开/关闭控制存储器窗口。如图 9-20 所示，存储器窗口用于显示不同存储器的数据，该窗口也是在程序运行和调试状态才有的。在存储器窗口的地址栏处输入"0000H"后按回车键，则可以调出单片机片内程序存储器相应地址的内容，单元地址前有"C"表示程序存储器。如果在存储器窗口的地址栏处输入"D:00H"后按回车键，则可以调出单片机片内数据存储器相应地址的内容，单元地址前有"D"表示数据存储器。

8）[图标]-打开/关闭串行口窗口。如图 9-21 所示，该窗口用于显示串行口各个 I/O 的信息。

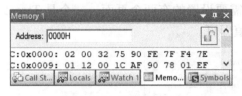

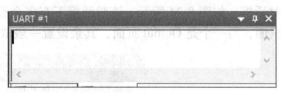

图 9-20 存储器窗口　　　　　　　　　　图 9-21 串行口窗口

9）[图标]-打开/关闭逻辑分析窗口。如图 9-22 所示，该窗口用于显示程序运行时变量的波形图，逻辑分析窗口只在程序运行或调试状态下显示。

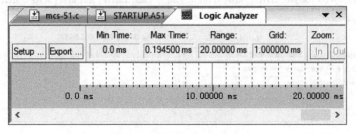

图 9-22 逻辑分析窗口

85

(3)各调试功能的工具按钮

1)调试状态进入/退出。

2)复位 CPU。单击该按钮即可使单片机复位,程序重新运行。

3)全速运行。单击该按钮,运行程序直到遇到断点或者中断。若程序中已经设置断点,程序将执行到断点处,并等待调试指令。在全速运行期间,不允许查看各个硬件资源,也不接收其他命令。

4)单步跟踪。可以单步跟踪程序,每执行一次此命令,程序将运行一条指令。当前的指令用黄色箭头标出,每执行一步箭头都会移动,已执行过的语句呈绿色。

5)单步运行。本按钮实现单步运行程序,单步运行命令不会进入被调用函数的内部,把函数和函数调用当作一行 C 语句来执行,因此单步运行是以语句为基本执行单元。

6)执行返回。在用单步跟踪到子函数或子程序内部时,使用本按钮即可将程序的 PC 指针返回到调用此子程序或函数的下一条语句。

7)使程序执行到光标位置。

8)停止程序运行。

(4)断点操作的快捷按钮 在程序调试中通常要设置断点来观察程序运行中的状态。一旦执行到设置的断点,程序运行就停止。可在断点处观察有关变量值,以确定问题所在。

1)插入/清除断点。

2)使能/禁止断点,开启或暂停光标所在行的断点功能。

3)清除所有的断点设置。

4)禁止所有断点,暂停所有断点。

(五)工程设置

工程创建完毕后,还需对工程进行进一步的设置,以满足要求。右击工程管理窗口的 Target 1,选择 Options for Target 'Target 1' 命令,如图 9-23 所示,即出现对工程进行设置的对话框,如图 9-24 所示。该对话框下有多个页面,需要设置的有两个页面,一个是 Target 页面,另一个是 Output 页面,其余设置一般取默认值即可。

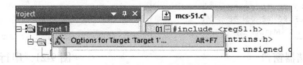

图 9-23 项目设置选择

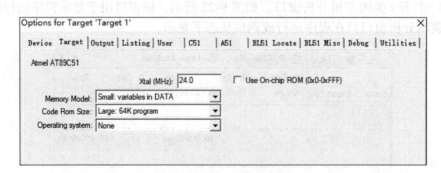

图 9-24 项目设置对话框

1. Target 页面

（1）Xtal（MHz） 设置单片机晶振频率值，默认值是所选目标 CPU 的最高可用频率值，可根据系统的需要重新设置。该设置频率值与最终产生的目标代码无关，用于改变模拟调试时显示程序执行时间。

（2）Memory Model 设置 RAM 的存储器模式，有 3 个选项：
1）Small：所有变量都在单片机的内部 RAM 中。
2）Compact：可以使用 1 页外部 RAM。
3）Large：可以使用全部外部的扩展 RAM。

（3）Code Rom Size 设置 ROM 空间的使用，即程序的代码存储器模式，有 3 个选项：
1）Small：只使用低于 2KB 的程序空间。
2）Compact：单个函数的代码量不超过 2KB，整个程序可以使用 64KB 的程序空间。
3）Large：可以使用全部 64KB 的程序空间。

（4）Use On-chip ROM 是否仅使用片内 ROM 选项，注意，选中该项并不会影响最终生成的目标代码量。

（5）Operating 操作系统选项，Keil 提供了 Rtx tiny 和 Rtx full 两种操作系统，通常不选用操作系统，所以选用默认项 None。

（6）Off-chip COD MEMORY 可以指定外扩展的程序存储器的地址范围。

（7）Off-chip XDATA MEMORY 可以指定扩展的数据存储器的地址范围。

上述（5）~（7）选项与所用硬件平台有关，如果是最小应用系统，则不进行任何扩展，则按默认值设置。

2. Output 页面

单击 Options for Target 'Target 1' 窗口中的 Output 页面命令，就会出现 Output 页面，如图 9-25 所示。

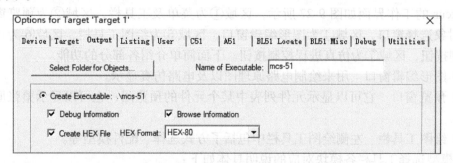

图 9-25 输出 HEX 格式文件选项

（1）Create HEX File 生成可以烧录的程序文件，选择此项后即可生成单片机可以运行的二进制文件（.hex 格式文件）。

（2）Select Folder for Objects 选择最终的目标文件所在的文件夹，默认与工程文件在同一文件夹中，通常选默认。

（3）Name of Executable 确定最终生成的目标文件的名字，默认是与创建的工程文件相同，通常选默认。

（4）Debug Information　将会生成程序的调试信息，如果需要对程序进行调试，则应选中该项。其他选项选默认即可。

完成上述设置后，就可以在程序编译时单击编译按钮，结果输出窗口会产生如图 9-26 所示的提示信息。该信息中说明最终编译的程序占用片内 RAM 共 9B，片外 RAM 共 0B，占用程序存储器共 62B。最后生成的 .hex 文件名为“MCS-51.hex”，至此，整个程序编译过程就结束了，生成的 .hex 文件就可烧录到单片机中运行。

```
Build Output
compiling mcs-51.c...
linking...
Program Size: data=9.0 xdata=0 code=62
creating hex file from "mcs-51"...
"mcs-51" - 0 Error(s), 0 Warning(s).
```

图 9-26　输出编译信息

第二节　Proteus ISIS 介绍

Proteus 是英国 Labcenter Electronics 公司开发的电子设计自动化（EDA）软件，是一个集模拟电路、数字电路、模 / 数混合电路以及多种微控制器系统为一体的系统设计和仿真平台，是目前同类软件中最先进、最完整的电子类仿真平台之一。

Proteus 软件运行于 Windows 操作系统上，能够实现从原理图、电路分析与仿真、单片机代码调试与仿真、系统测试与功能验证到印制电路板（PCB）生成的完整的电子产品研发过程。

一、Proteus 功能简介

Proteus 的工作界面如图 9-27 所示，区域①为菜单及工具栏，区域②为预览窗口，区域③为对象选择窗口，区域④为图形编辑窗口，区域⑤为绘图工具栏，区域⑥为预览对象方位控制按钮，区域⑦为仿真进程控制按钮。下面简单介绍各部分的功能。

（1）图形编辑窗口　用来绘制电路原理图以及电路仿真显示。

（2）预览窗口　它可以显示元件列表中某个元件的预览图；也可以显示整张原理图的缩略图。

（3）绘图工具栏　左侧绘图工具栏中包括了方式选择、配件模型等。

1）模型选择工具栏各模块对应的说明具体如下：

① ：用于单击任意元器件并编辑元件参数。

② ：选择元器件（默认选择）。

③ ：在原理图中放置连接点。

④ ：标注标签。

⑤ 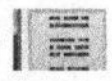：放置文本。

⑥ 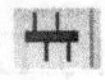：用于绘制总线。

⑦ ：用于绘制子电路。

第九章　Keil μVision 与 Proteus ISIS

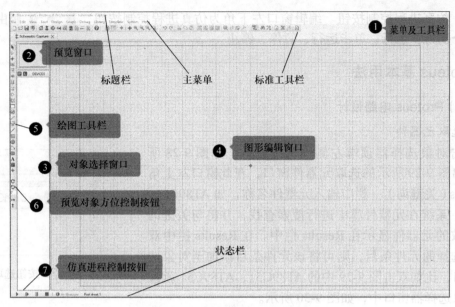

图 9-27　仿真软件的主界面

2）配件模型工具栏各模块对应的说明具体如下：

① ：终端接口，有输入/输出、电源、地等终端。
② ：器件引脚，用于绘制各种引脚。
③ ：仿真分析图表。
④ ：调试弹出模式。
⑤ ：激励信号源。
⑥ ：电压探针，电路进入仿真模式时可显示各探针处的电压值。
⑦ ：电流探针，电路进入仿真模式时可显示各探针处的电流值。
⑧ ：虚拟仪表，有示波器等。

3）2D 图形（2D graphics）各模块对应的说明具体如下：

① ：绘制直线。
② ：绘制方框。
③ ：绘制圆。
④ ：绘制圆弧。
⑤ ：绘制任意形状图形。
⑥ A ：文本编辑。
⑦ ：画符号。
⑧ ：画原点等。

（4）对象选择窗口　用于显示所挑选元件、终端接口、信号发生器、仿真图表等。
（5）方向工具栏　用于器件调整方向，具体如下：

1）旋转：↻ 顺时时针旋转 90°；↺ 逆时针旋转 90°。
2）翻转：↔ 水平方向翻转；↕ 垂直方向翻转。
3）使用方法：先右击元件，再单击（左击）相应的旋转图标。

（6）仿真进程控制按钮　编辑窗口左下角为仿真进程控制按钮，▶ ▷ ❙❙ ■由左往右的功能分别为：运行、单步运行、暂停、停止。

二、Proteus 基本用法

（一）Proteus 电路设计

1. 选取元器件

单击对象选择器顶端左侧中的按钮[P]，如图 9-28 所示，弹出图 9-29 所示的选取元器件窗口，在此窗口左上角 Keywords（关键词）一栏中输入元器件名称，如 AT89C51、CAP 等，系统在元器件库中进行搜索查找，并将与关键词匹配一致的元器件显示在 Results 栏中。在 Results 栏中双击需要选择的元件条目，则可将该元件条目添加至对象选择器窗口，比如双击图 9-29 中的 AT89C51，AT89C51 就添加到对象选择器窗口中，如图 9-30 所示。

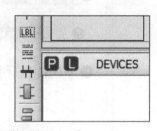

图 9-28　单击 P 按钮选取元器件

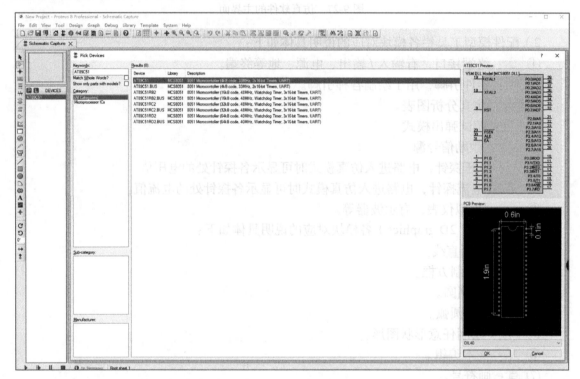

图 9-29　选取元器件窗口

2. 放置元器件至图形编辑窗口

单击绘图工具栏中的元器件放置，在对象选择器窗口元器件条目中选中 AT89C51，此时预览窗口会有 AT89C51 元器件符号。若需要调整元器件的方向，就单击工具栏中的方向调整按钮，然后将光标移动到图形编辑窗口中，单击一次出现 AT89C51 元件，调整该对象要摆放的位置，再次单击就可以完成该元件的放置，如图 9-30 所示。

第九章 Keil μVision 与 Proteus ISIS

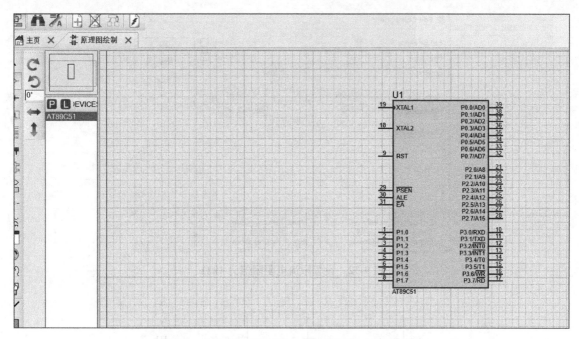

图 9-30　放置元器件时的对象选择器窗口和编辑窗口

3. 放置终端（电源、地）操作

单击绘图工具栏中的终端接口按钮 ，在对象选择器窗口中有 POWER 和 GROUND，分别为电源的正和接地，选中 POWER 或 GROUND，按照前述方法，将其放置到图形编辑窗口中，如图 9-31 所示。

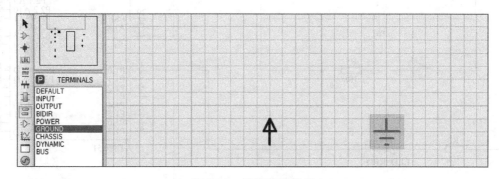

图 9-31　放置终端符号

4. 元器件之间的连线

将元器件放置到图像编辑区后，需要把相应的元器件绘制连接线，在 Proteus 中把鼠标移动到元器件引脚时，鼠标会变为绿色的笔，同时引脚端会自动显示连线标志粉红色的方框，此时单击鼠标便可以拉出引线。

5. 修改、设置元器件的属性

Proteus 库中的元器件都有相应的属性，要对元器件的属性设置修改，把鼠标移动到元器件上，当元器件出现粉红色的方框时，双击该元器件，例如双击发光二极管的限流电阻器 R2，Proteus 就会弹出图 9-32 所示的属性窗口，在窗口中可以将 Resistance 的阻值修改为 1kΩ。编辑完成的案例电路如图 9-33 所示。

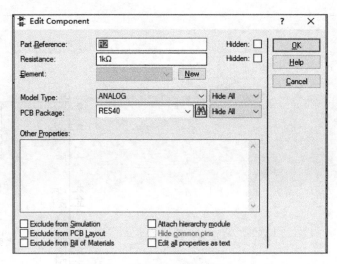

图 9-32 设置限流电阻阻值为 1kΩ

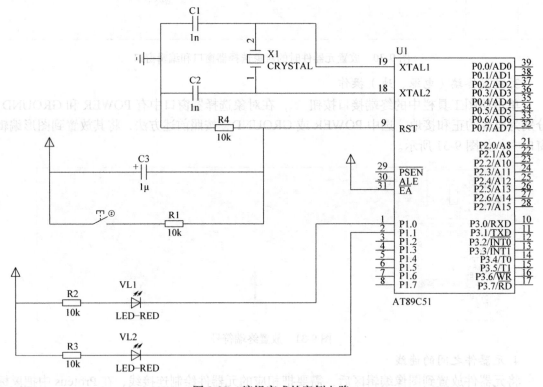

图 9-33 编辑完成的案例电路

(二) Proteus 仿真

1. 加载目标代码文件

双击图形编辑窗口中的 AT89C51 器件,系统弹出图 9-34 所示的 Edit Component 对话框。再单击对话框 Program File 一栏中右侧的文件打开按钮,打开文件浏览对话框,找到在 Keil 中生成的 HEX 文件,如在第九章第一节中 Keil 操作生成 MCS-51.HEX 文件,单击"打开"按钮,完成文件添加。

第九章 Keil μVision 与 Proteus ISIS

图 9-34 加载目标代码文件窗口

2. 仿真

单击仿真工具栏中第一个运行按钮 ▶，启动仿真，仿真运行片段如图 9-35 所示。发光二极管间隔 500ms 闪烁。

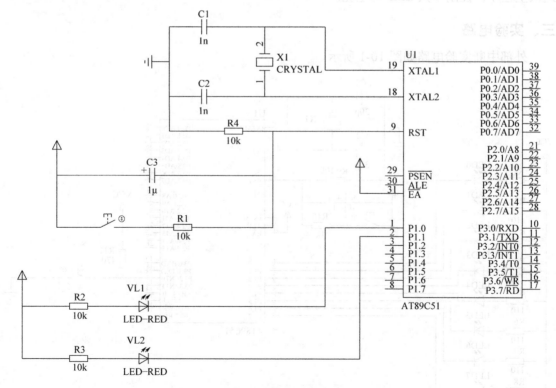

图 9-35 仿真运行片段

93

第十章

课 内 实 验

第一节 外部中断实验

一、实验目标

1）掌握外部中断系统的基本使用方法。
2）掌握中断处理程序的编写方法。

二、实验内容

1）单片机 I/O 的 P1.0～P1.7 接 LED0～LED7 共 8 个 LED 灯。
2）外部中断 0 输入引脚 INT0（P3.2）接有一只按钮开关 K1。
3）程序启动时，P1 口上的 8 只 LED 全亮，外部中断 0 设置为负跳变触发，每按一次按钮开关 K1，产生外中断 0 中断请求，在中断服务程序中，让 8 只 LED 灯交替闪烁 5 次后，返回主程序，控制 8 只 LED 灯全亮。

三、实验电路

外部中断实验电路如图 10-1 所示。

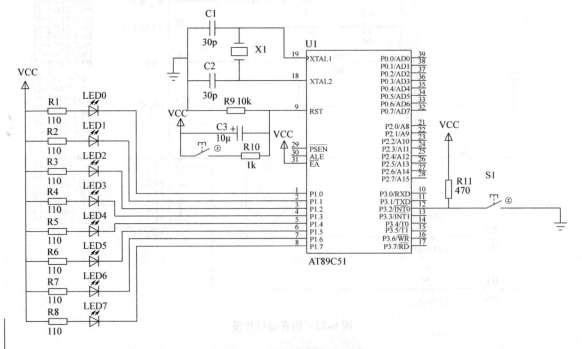

图 10-1 外部中断实验电路

四、程序流程框图

外部中断实验程序流程框图如图10-2所示。

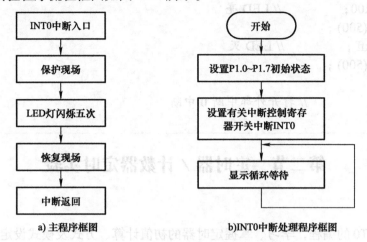

图10-2 外部中断实验程序流程框图

五、参考程序

```c
#include <reg51.h>
#define uchar  unsigned char
void delay(unsigned int i)    // 延迟函数
{
   unsigned int j ;
while(i--)
{
   for (j=0 ; j < 300 ; j++)
   }
}
void  main( )
{
   IT0=1 ;      // 外部中断0的触发方式为跳沿触发方式
   EA=1 ;       // 打开总中断
   EX0= 1 ;     // 打开外部中断0中断
   while (1)
   {
     P1=0 ;  // 点亮P1口的8只LED灯
   }
}
void exint0( ) interrupt 0     // 外中断0的中断服务函数
{
   uchar m ;
   EX0=0 ;           // 禁止外部中断0中断
```

```
        for (m=0 ; m < 5 ; m++)
        {
          P1=0x00 ;              // LED 亮
          Delay(500) ;
          P1=0xff ;              // LED 灭
          Delay(500) ;
        }
        EX0=1 ;                  // 打开外部中断 0 中断
     }
```

第二节　定时器/计数器定时实验

一、实验目标

1）通过对 T0 的编程，学习、掌握定时器的初值计算、方式及模式设定等初始化方法。
2）掌握定时器中断的使用方法。

二、实验内容

设计电路并编程，在 P1.0 引脚上输出一个周期为 2ms 的方波，在一个周期内方波中高电平和低电平时间相等，都为 1ms。使用定时器/计数器 T0，工作方式采用方式 1，晶振的频率设为 12MHz。

三、实验电路

定时器/计数器定时实验电路如图 10-3 所示。

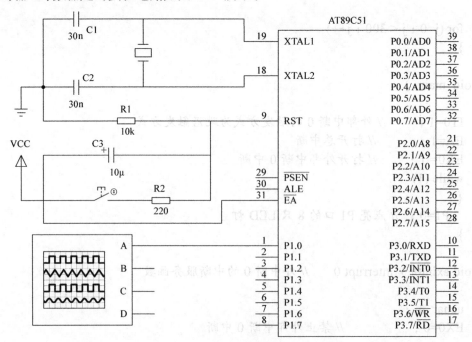

图 10-3　定时器/计数器定时实验电路

四、程序流程框图

定时器/计数器定时实验程序流程如图 10-4 所示。

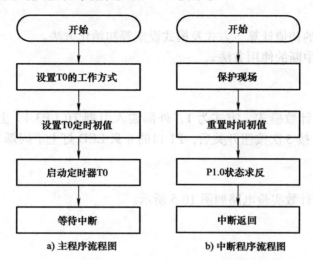

图 10-4 定时器/计数器定时实验程序流程框图

五、参考程序

```c
#include<reg51.h>
void main( )
{
    TMOD=0x01 ;           //设置定时器 T0 为方式 1
    TH0=0xfc ;            //设置定时器初值
    TL0=0x18 ;
    P1=0x00 ;             //点亮 8 个 LED
    EA=1 ;                //打开总中断
    ET0=1 ;               //打开定时器 T0 中断
    TR0=1 ;               //启动定时器 T0
    while (1) ;           //循环等待
    {
        ;
    }
}
void timer0( ) interrupt 1    //T0 中断
{
    TH0=0xfc ;            //重新赋初值
    TL0=0x18 ;
    P1=~ P1 ;             //P1 口按位取反
}
```

第三节 定时器/计数器计数实验

一、实验目标

1）掌握计数器的初值计算、方式及模式设定等初始化方法。
2）掌握计数器中断的使用方法。

二、实验内容

定时器 T0 采用计数模式，方式为 1，外部输入引脚 T0（P3.4）上外接按钮开关 K1，作为计数输入信号。按 5 次按钮开关后，P1 口的 8 只 LED 灯上下闪烁 5 次。

三、实验电路

定时器/计数器计数实验电路如图 10-5 所示。

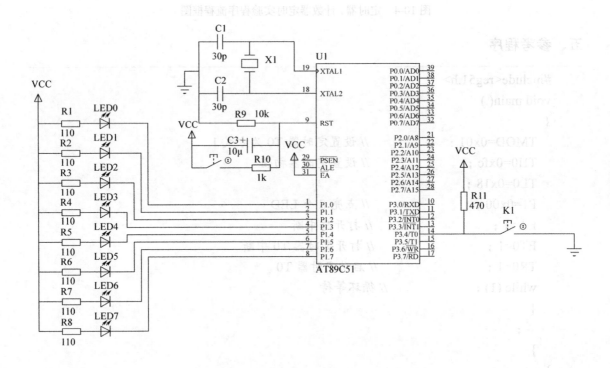

图 10-5 定时器/计数器计数实验电路

四、程序流程框图

定时器/计数器计数实验程序流程框图如图 10-6 所示。

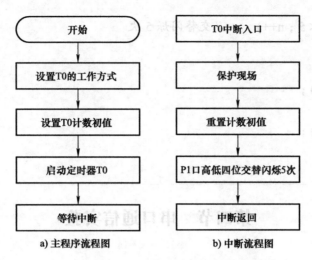

图 10-6 定时器 / 计数器计数实验程序流程框图

五、参考程序

```c
#include <reg51.h>
#define uchar unsigned char
void Delay (unsigned int i)        // 延时函数
{
    unsigned int j ;
    for ( ; i > 0 ; i—)
    {
        for (j=0 ; j < 125 ; j++)
        { ; }
    }
}
void  main ( )
{
    TMOD=0x05 ;       // 设置定时器 T0 为计数模式，工作在方式 1
    TH0=0xff ;         // 设置初值
    TL0=0xfb ;
    EA=1 ;            // 打开总中断
    ET0=1 ;           // 打开定时器 T0 中断
    TR0=1 ;           // 启动定时器 T0
    while (1) ;       // 等待定时中断
}
void int0 (void)  interrupt 1 // 中断服务子程序
{
    uchar n ;
```

```
    for (n=0 ; n < 5 ; n++)        // 交替闪烁 5 次
    {
      P1=0x0f ;
      Delay(500) ;
      P1=0xf0 ;
      Delay(500) ;
    }
}
```

第四节　串口通信实验

一、实验目标

1）掌握 51 单片机的串行接口编程原理，掌握串行接口模块的初始化方法，掌握串行通信中"波特率"的计算方法。

2）掌握单片机串口通信的控制方法。

二、实验内容

单片机 A、B 双机进行串行通信，分别承担"发送"和"接收"任务，发送方的 TXD 端连接到接收端的 RXD 端，A 机的 P1 口接 8 个开关（S0~S7），B 机的 P1 口接 8 个 LED（D0~D7）。A 机读入 P1 口的 8 个开关状态后，通过串行口发送到 B 机，B 机将接收到的 A 机的 8 个开关状态数据送到 P1 入口，通过 P1 口的 8 个 LED 二极管显示 8 个开关的状态。

三、实验电路

串口通信实验电路如图 10-7 所示。

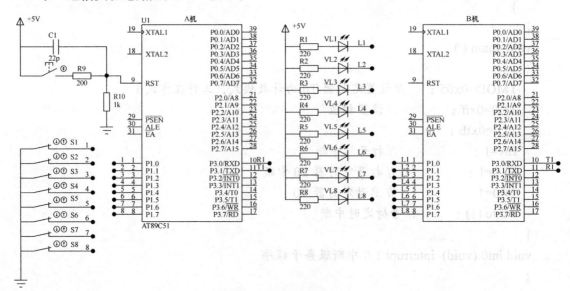

图 10-7　串口通信实验电路

四、程序流程框图

串口通信实验程序流程框图如图 10-8 所示。

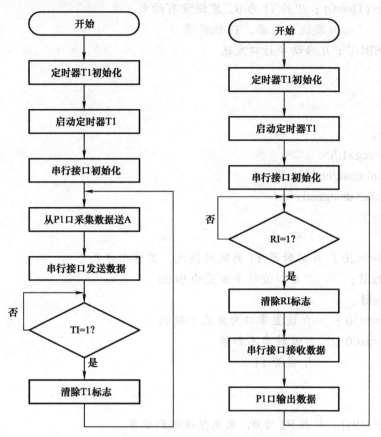

图 10-8 串口通信实验程序流程框图

五、参考程序

```
#include <reg51.h>
#define uint unsigned int
#define uchar unsigned char
void main( )
{
    TMOD=0x20 ;     // 定时器 T1 为定时模式，工作在方式 2
    TH1=0xfd ;      // 串口波特率设置为 9600
    TL1=0xfd ;
    SCON=0x40 ;     // 设置串口工作在方式 1，只发送
    PCON=0x00 ;     // 波特率不加倍
    TR1=1 ;         // 启动 T1
    P1=0xff ;       // 置一次高平，P1 为输入
```

```c
    while (1)
    {
        while (TI==0);  // 若TI为0,发送没有结束
TI=0;               // 发送完数据,TI软件清0
        P1=SBUF;    // 启动串行口发送
    }
}
```

接收程序:
```c
#include <reg51.h>
#define uint unsigned int
#define uchar unsigned char
void main( )
{
   TMOD=0x20;   // 定时器T1为定时模式,工作在方式2
   TH1=0xfd;    // 串口波特率设置为9600
   TL1=0xfd;
   SCON=0x50;   // 设置串口为方式1接收
   PCON=0x00;   // 波特率不加倍
   TR1=1;       // 启动T1
while (1)
   {
      while (!RI);  // 若RI为0,未完整接收到数据
      RI=0;         // 接收到数据,则把RI清0
      P1=SBUF;      // 把接收的数据送P1口
   }
}
```

第五节 流水灯实验

一、实验目标

1) 初步了解单片机I/O口输出高低电平的方法。
2) 掌握"软件延时"方法。
3) 掌握流水灯的设计方法。

二、实验内容

单片机P2口连接8个发光二极管LED0~LED7,二极管阳极共同接高电平。编写程序控制发光二极管由上往下再由下往上反复循环点亮,每次点亮两个发光二极管。

三、实验电路

流水灯实验电路如图 10-9 所示。

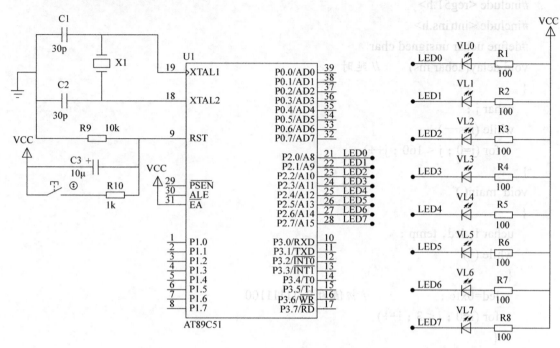

图 10-9　流水灯实验电路

四、程序流程框图

流水灯实验程序流程框图如图 10-10 所示。

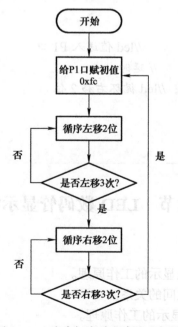

图 10-10　流水灯实验程序流程框图

五、参考程序

```c
#include <reg51.h>
#include <intrins.h>
#define uchar unsigned char
void delay(uchar ms)          // 延时
{
    uchar j ;
    while (ms--)
        for (j=0 ; j < 160 ; j++) ;
}
void  main( )
{
    uchar i, led, temp ;
    while (1)
    {
        led=0xfc ;                // 初值为 0x11111100
        for (i=0 ; i < 3 ; i++)
        {
            P1=temp ;             // temp 值送入 P1 口
            delay(100) ;          // 延时
            led=_crol_(led, 2) ;  //led 循环左移 2 位
        }
        for (i=0 ; i < 3 ; i++)
        {
            P1=led ;              //led 值送入 P1 口
            delay(100) ;          // 延时
            led=_cror_(led, 2) ;  //led 循环右移 2 位
        }
    }
}
```

第六节　LED 数码管显示实验

一、实验目标

1）了解数码管的组成以及显示的工作原理。
2）掌握段码与显示字形之间的关系。
3）掌握 LED 数码管动态显示的工作原理。

二、实验内容

单片机 P2 口控制 6 只 LED 数码管，以动态显示方式显示自己学号的后 6 位。程序运行后，单片机控制左边第 1 个数码管显示第 1 位学号，其他不显示；等待一段时间，控制左边第 2 个数码管显示第 2 位学号；直至第 6 个数码管显示最后一个学号，其他不显示；反复循环上述过程。

三、实验电路

LED 数码管显示实验电路如图 10-11 所示。

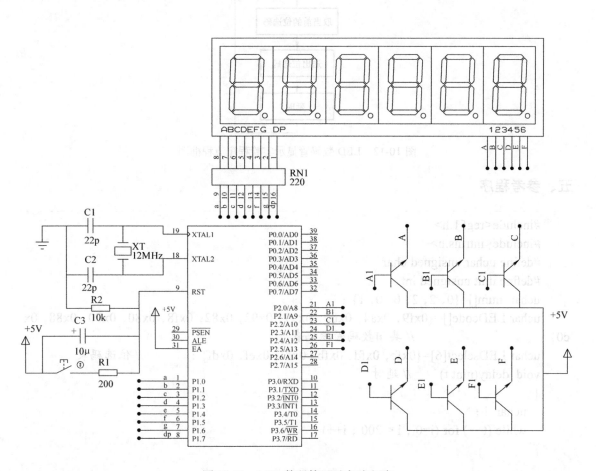

图 10-11　LED 数码管显示实验电路

四、程序流程框图

LED 数码管显示实验程序流程框图如图 10-12 所示。

105

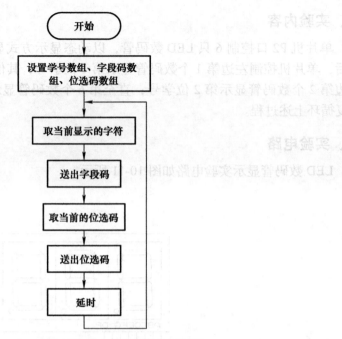

图 10-12 LED 数码管显示实验程序流程框图

五、参考程序

```
#include<reg51.h>
#include<intrins.h>
#define uchar unsigned char
#define uint unsigned int
uchar num[]={0, 2, 2, 0, 0, 1} ;
uchar LEDcode[]={0xf9, 0xa4, 0xb0, 0x99, 0x92, 0x82, 0xf8, 0x80, 0x90, 0x88, 0xc0} ;          // 共阳数码管段码表
uchar LEDselect[6]={0xfe, 0xfd, 0xfb, 0xf7, 0xef, 0xdf} ;          // 位选码表
void  delay(uint t)      // 延时
{
   uchar i ;
   while (t—) for (i=0 ; i < 200 ; i++) ;
}

void  main ( )
{
   uchar n, i, temp ;
   while (1)
   {
      for (i=0 ; i < 6 ; i++)
      {
         n=num[i] ;
```

```
            P1=LEDcode[i] ;        //P0 口输出段码
            temp=LEDselect[i] ;
            P2=temp ;              //P2 口输出位选码
            delay(200) ;           // 延时
        }
    }
}
```

第七节 矩阵键盘扫描实验

一、实验目标

1）理解矩阵键盘扫描的原理。
2）掌握矩阵键盘的使用和控制方法。

二、实验内容

单片机 P2 口接 4×4 矩阵式键盘的行线和列线，其中 P2.0 ~ P2.3 接矩阵键盘 4 位列接口，P2.4 ~ P2.7 接矩阵键盘 4 位行接口；P1.0 ~ P1.7 接数码管的 8 位段接口，数码管的显示由矩阵键盘控制。当矩阵键盘的某一按键按下时，数码管显示对应的按键号。

三、实验电路

矩阵键盘扫描实验电路如图 10-13 所示。

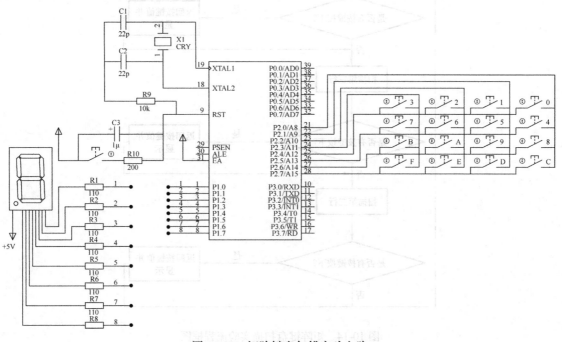

图 10-13 矩阵键盘扫描实验电路

四、程序流程框图

矩阵键盘扫描实验流程框图如图 10-14 所示。

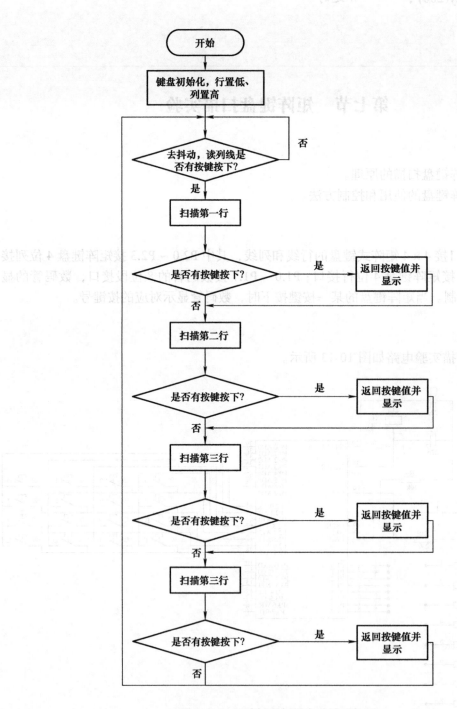

图 10-14 矩阵键盘扫描实验流程框图

五、参考程序

```c
#include <reg51.h>
#define uchar unsigned char
uchar  LEDcode[16]={0xc0, 0xf9, 0xa4, 0xb0,
            0x99, 0x92, 0x82, 0xf8,
            0x80, 0x90, 0x88, 0x83,
            0xc6, 0xa1, 0x86, 0x8e
            } ;   //定义共阳数码管 0～F 对应的段码值
unsigned int time ;
void delay( )           // 延时子程序
{
  unsigned int i, j ;
  for (i=0 ; i < 20 ; i++)
     for (j=0 ; j < 250 ; j++) ;
}


void keyscan( )
{
   uchar temp ;
   uchar i ;
   P2=0xef ;      // 行扫描初值
   for (i=0 ; i <= 3 ; i++) //按键阵行扫描，一共四行
   {
       if (P2 ^ 0 == 0) P1=LEDcode[i * 4 + 0] ; //检测第一行有无按键按下，若有，则显示对应的按键值
       if (P2 ^ 1 == 0) P1=LEDcode[i * 4 + 1] ; //检测第二行有无按键按下，若有，则显示对应的按键值
       if (P2 ^ 2 == 0) P1=LEDcode[i * 4 + 2] ; //检测第三行有无按键按下，若有，则显示对应的按键值
       if (P2 ^ 3 == 0) P1=LEDcode[i * 4 + 3] ; //检测第四行有无按键按下，若有，则显示对应的按键值
       delay( ) ;
       temp=P2 ;
       temp=temp | 0X0f ;
       temp=temp << 1 ;
```

```
            temp=temp | 0X0f ;
            P2=temp ;              // 下一行扫描的值，将P1.0～P1.3的值左移一位
        }
    }
    void main( )                   // 主程序
    {
        int key_h ;
        while (1)
        {
            P2=0x0f ;
            key_h=P2 & 0x0f ;
            if (key_h != 0x0f)
                delay( ) ;
            if (key_h != 0x0f)
            {
                keyscan( ) ;
            }
        }
    }
```

第八节　LCD1602 液晶显示实验

一、实验目标

1）了解 LCD1602 显示屏的工作原理。

2）掌握 LCD1602 显示屏的控制方法。

二、实验内容

用单片机控制 LCD1602 液晶显示器显示个人信息，使用 P1 口 8 个 I/O 口连接 LCD1602 模块的数据线 D0～D7，使用单片机的 P2.0～P2.2 管脚来依次控制液晶模块的 RS、RW 以及 E 管脚。在单片机工作后，使 LCD1602 显示两行文字，第一行显示文字 "XUEHAO"，第二行显示 "20221111"。

三、实验电路

LCD1602 液晶显示实验电路如图 10-15 所示。

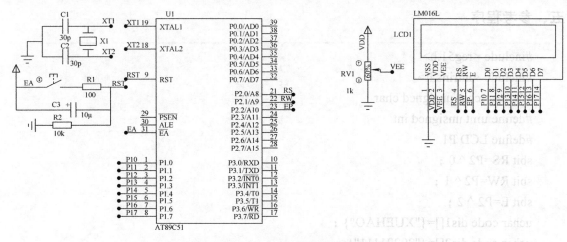

图 10-15　LCD1602 液晶显示实验电路

四、程序流程框图

LCD1602 液晶显示实验流程框图如图 10-16 所示。

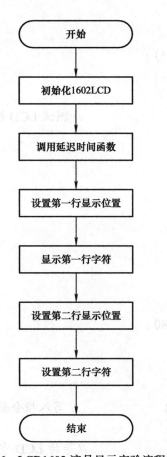

图 10-16　LCD1602 液晶显示实验流程框图

五、参考程序

```c
#include <reg51.h>
#include <intrins.h>
#define uchar unsigned char
#define uint unsigned int
#define LCD P1
sbit RS=P2 ^ 0 ;
sbit RW=P2 ^ 1 ;
sbit E=P2 ^ 2 ;
uchar code dis1[]={"XUEHAO"} ;
uchar code dis2[]={"20221111"} ;
void delay(uchar ms)                    // 延时子程序

{
   uchar i ;
   while (ms--)
   {
     for (i=0 ; i < 120 ; i++) ;
   }
}
uchar Busy_Check(void)                  // 测试 LCD 忙碌状态
{
   uchar LCD_Status ;
   RS=0 ;
   RW=1 ;
   E=1 ;
   _nop_( ) ;
   _nop_( ) ;
   _nop_( ) ;
   _nop_( ) ;
   LCD_Status=LCD & 0x80 ;
   E=0 ;
   return LCD_Status ;
}
void lcd_wcmd(uchar cmd)                // 写入指令数据到 LCD
{
   while (Busy_Check( )) ;              // 等待 LCD 空闲
   RS=0 ;
```

```c
        RW=0 ;
        E=0 ;
        _nop_( ) ;
        _nop_( ) ;
        LCD=cmd ;
        _nop_( ) ;
        _nop_( ) ;
        _nop_( ) ;
        _nop_( ) ;
        E= 1 ;
        _nop_( ) ;
        _nop_( ) ;
        _nop_( ) ;
        _nop_( ) ;
        E=0 ;
}
void lcd_pos(uchar pos)              //设定显示位置
{
    lcd_wcmd(pos | 0x80) ;            //设置 LCD 当前光标的位置
}

void lcd_wdat(uchar dat)             //写入数据
{
    while (Busy_Check( )) ; //等待空闲
    RS=1 ;
    RW=0 ;
    E=0 ;
    LCD=dat ;
    _nop_( ) ;
    _nop_( ) ;
    _nop_( ) ;
    _nop_( ) ;
    E=1 ;
    _nop_( ) ;
    _nop_( ) ;
    _nop_( ) ;
    _nop_( ) ;
    E=0 ;
}
```

```c
void LCD_on(void)
{
    lcd_wcmd(0x0E) ;        //设置显示格式2行
    delay(200) ;
}
void LCD_off(void)
{
    lcd_wcmd(0x08) ;
    delay(200) ;
}
void LCD_disp(void)              //移位显示
{
    uchar i ;
    lcd_pos(0x1) ;                           //指定第1行起始地址
    i=0 ;
    lcd_wcmd(0x06) ;                         //向右移动光标
    while (dis1[i] != '\0')
    {
        lcd_wdat(dis1[i]) ;                  //在第1行显示字符串"XUEHAO"
        i++ ;
        delay(10) ;
    }
    lcd_pos(0x42) ;                          //指定第2行起始地址
    i=0 ;
    lcd_wcmd(0x06) ;                         //向右移动光标
    while (dis2[i] != '\0')
    {
        lcd_wdat(dis2[i]) ;                  //在第2行显示字符串"20221111"

        i++ ;
        delay(10) ;
    }
    delay(1000) ;
    LCD_off( ) ;        //闪烁3次
    LCD_on( ) ;
    LCD_off( ) ;
    LCD_on( ) ;
    LCD_off( ) ;
    LCD_on( ) ;
```

```c
    lcd_wcmd(0x01) ;          // 清屏
}
void lcd_init(void)           // LCD 初始化设定
{
    lcd_wcmd(0x38) ;          // 设置显示格式
    delay(1) ;
    lcd_wcmd(0x0c) ;          // 光标为移位模式
    delay(1) ;
    lcd_wcmd(0x06) ;          // 整屏显示右移
    delay(1) ;
    lcd_wcmd(0x01) ;          // 清屏
    delay(1) ;
}
void main(void)
{
    lcd_init( ) ;  // 初始化 LCD
    delay(10) ;
    while (1)
    {
        LCD_disp( ) ;
        delay(2000) ;
        lcd_wcmd(0x01) ;      // 清屏
    }
}
```

第十一章

课外实践

第一节 汽车信号灯控制器的设计

一、项目目标

汽车信号灯是车辆安全驾驶的重要辅助装置,设计一套汽车信号灯控制系统,可以模拟实际驾驶中车辆信号灯的显示逻辑。

二、项目功能要求

汽车信号灯控制器系统主要实现以下功能:
1)汽车夜间行驶亮白灯。
2)汽车左转弯闪左侧黄灯。
3)汽车右转弯闪右侧黄灯。
4)汽车制动亮红灯。
5)汽车打开雾灯亮蓝灯。
6)汽车倒车亮红灯和后面白灯。
7)汽车喇叭按下就会响。
8)汽车停车全部灯灭掉。

三、总体方案设计

本设计以 51 单片机为核心控制器,加上其他模块一起组成基于单片机的汽车信号灯控制器整个系统,其中包含中控部分、输入部分和输出部分,如图 11-1 所示。中控部分采用了 51 单片机,其主要作用是获取输入部分数据,经过内部处理,控制输出部分。输入由两部分组成:第一部分是独立按键,通过 8 个独立按键控制灯和喇叭;第二部分是供电电路,给整个系统进行供电。输出由两部分组成:第一部分是 18 个 LED 灯,按下按键,相应的灯亮或灭;第二部分是蜂鸣器,当按键 7 按下时,蜂鸣器报警。

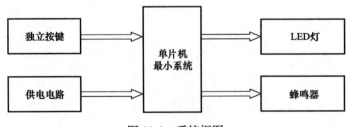

图 11-1 系统框图

四、硬件电路设计

（一）蜂鸣器

蜂鸣器是一种一体化结构的电子讯响器，采用直流电源供电，广泛应用于计算机、打印机、复印机、报警器、电子玩具、汽车电子设备、电话机、定时器等电子产品中作为发声器件。比如电饭煲、洗衣机等按下按键都会发出滴滴的声响，这些声音都是通过蜂鸣器来发出的。

蜂鸣器按驱动方式可分为有源蜂鸣器（内含驱动电路）和无源蜂鸣器（外部驱动）。这里的"源"指的是激励源。

无源蜂鸣器内部没有激励源，只有给它一定频率的方波信号，才能让蜂鸣器的振动装置起振，从而实现发声。同时，输入的方波频率不同，发出的声音也不同（所以无源蜂鸣器可以模拟曲调实现音乐效果）。

有源蜂鸣器则不需要外部的激励源，只需要接入直流电源，即可自动发出声音（声音频率相对固定）。

本项目采用有源蜂鸣器作为报警器，只需要控制蜂鸣器的高低电平即可控制其工作发声。

（二）系统硬件电路图

汽车信号灯控制器硬件电路如图 11-2 所示。

五、系统程序设计

（一）主程序流程设计

系统的主程序流程图如图 11-3 所示。在 while 主循环中，首先进入第一个函数——按键函数，该函数主要分为两部分，第一部分为调用按键扫描函数获取相关按键键值，第二部分通过相关按键进行相应的处理操作，比如控制灯和喇叭的状态；紧接着进入第二个函数——处理函数，如果左右转向灯亮了，则每隔 0.5s 亮一次；最后，通过一个延时函数和计数公式，限制各函数扫描时间。

（二）按键函数子流程设计

按键函数子流程图如图 11-4 所示。按键设置函数首先通过按键扫描函数获取按键按下的相关信息，通过不同的键值，进行相应变量的改变。如果获取的键值为 1，则控制 LED1 的亮灭。如果获取的键值为 2，则控制左转向灯的亮灭。如果获取的键值为 3，则控制右转向灯的亮灭。如果获取的键值为 4，则控制 LED4 和 LED6 的亮灭。如果获取的键值为 5，则控制 LED5 的亮灭。如果获取的键值为 6，则控制 LED4、LED6 和 LED7 的亮灭。如果获取的键值为 7，则控制喇叭的开关。如果获取的键值为 8，则左右转向灯灭，LED1～LED7 亮。

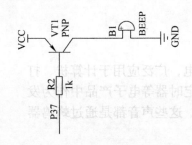
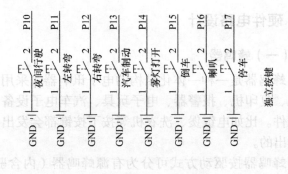
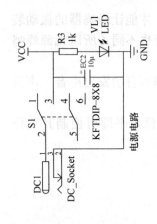
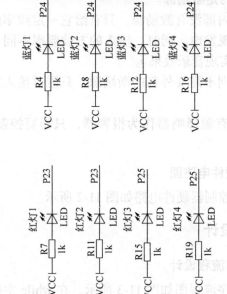
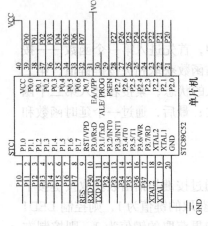
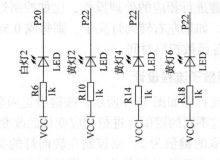
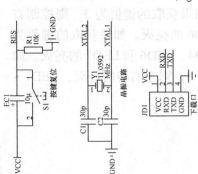

图 11-2 汽车信号灯控制器硬件电路

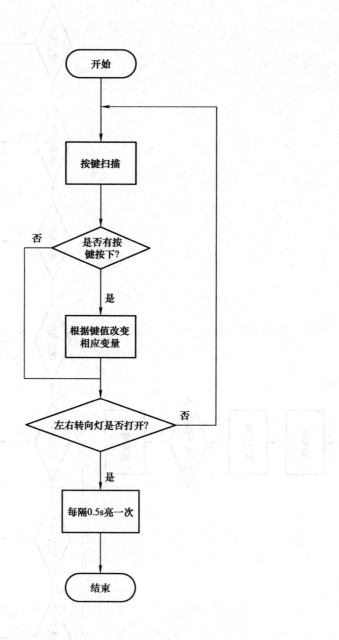

图 11-3 主程序流程图

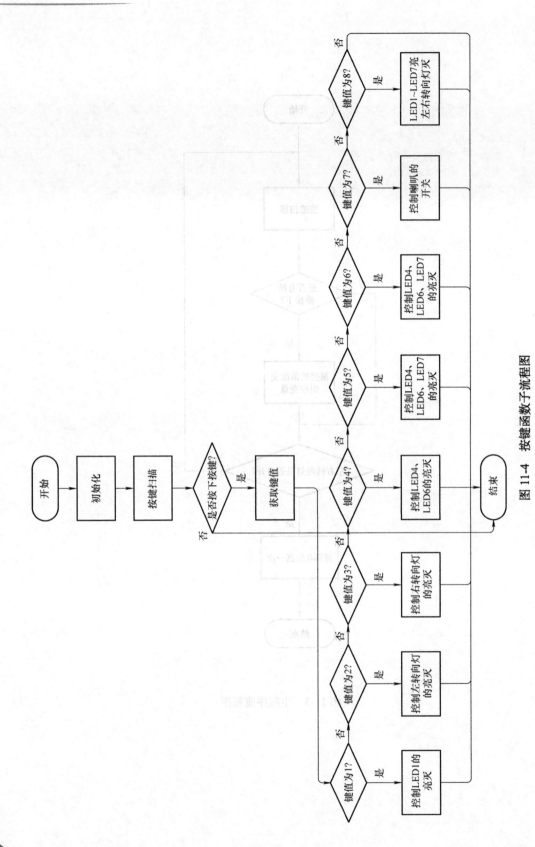

图 11-4 按键函数子流程图

六、项目实践

（一）操作准备

项目实践中所需元器件见表 11-1。

表 11-1　汽车信号灯控制器硬件元器件列表

序号	名称	规格	数量
1	单面覆铜板	长 × 宽：120mm × 120mm	1
2	DC 电源插座	DC-005	1
3	电阻	10kΩ	1
4	电容	30pF	2
5	电解电容	10μF	2
6	单片机	STC89C51	1
7	晶振	11.0592MHz	1
8	电源按键	KFT DIP-8 × 8	1
9	电源底座	DC-002	1
10	电阻	1kΩ	20
11	PNP	TO-92	1
12	按键	DIP-6 × 6 × 5	9
13	蜂鸣器	有源	1
14	LED	蓝色	20

（二）Proteus 仿真电路图

汽车信号灯控制器由单片机系统、LED 显示模块、按键模块组成。汽车信号灯控制器系统仿真原理图如图 11-5 所示。

（三）参考程序

扫二维码，观看"汽车信号灯控制器的设计"。

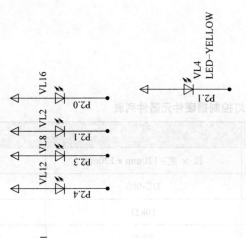
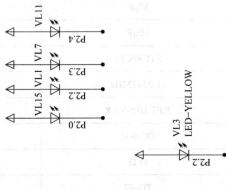
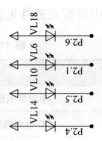
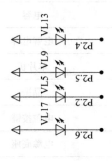
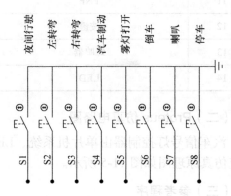
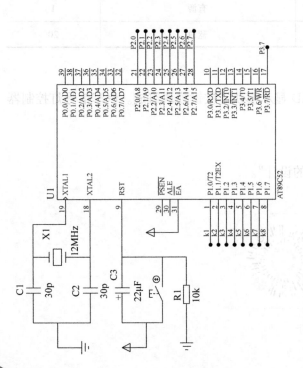
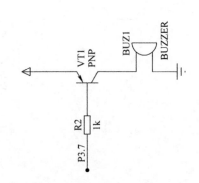

图 11-5　汽车信号灯控制器系统仿真原理

第二节　交通信号灯控制系统的设计

一、项目目标

十字道口的交通红绿灯控制是保证交通安全和道路畅通的关键，设计一个基于单片机交通信号灯控制系统，可以满足十字路口日常交通需求。

二、项目功能要求

交通信号灯控制系统主要实现以下功能：

1）按键 S1：夜间模式（两个方向均为黄灯闪烁，数码管显示"0"）。
2）按键 S2：禁止通行模式（两个方向红灯常亮，数码管显示"0"）。
3）按键 S3：南北方向同行模式。
4）按键 S4：东西方向同行模式。
5）按键 S5：正常交通灯倒计时模式。
6）具有车流量监测功能（监测到的车数量小于绿灯时间的一半，下次绿灯时间减少 5s，否则增加 5s）。
7）具有汽车闯红灯报警功能。

三、总体方案设计

本设计以 51 单片机为核心控制器，加上其他的模块一起组成智能交通灯的整个系统，其中包含中控部分、输入部分和输出部分，如图 11-6 所示。中控部分采用了 51 单片机，其主要作用是获取输入部分数据，经过内部处理，控制输出部分。输入由三部分组成：第一部分是红外检测模块，通过该模块可检测是否有车闯红灯、车流量；第二部分是独立按键，通过 6 个独立按键切换模式和显示设置初始绿灯、红灯等时间；第三部分是供电电路，给整个系统进行供电。输出由三部分组成：第一部分是 4 个数码管模块，通过该模块可以显示红灯、绿灯、黄灯时间；第二部分是 LED 灯，共有 4 个红灯、4 个黄灯和 4 个绿灯；第三部分是蜂鸣器，当有车闯红灯时，蜂鸣器报警。

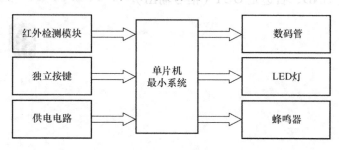

图 11-6　系统框图

四、硬件电路设计

（一）显示电路

在交通信号灯控制系统中，可以采用红、黄、绿的 LED 来模仿交通灯的红灯、黄灯和绿灯，用 LED 数码管来模仿交通灯的倒计时装置。

LED 是一种能够将电能转化为光能的半导体元件，与普通的半导体二极管一样，它具有单向导电性，在发光二极管的负向加上电压，它不会发光。同时，它还具有环保节能、低耗寿命长等特点。

LED 数码管采用的是 8 段共阳极数码管，如图 11-7 所示，A、B、C、D、E、F、G 以及 DP 是 LED 数码管输入端口，通过单片机的 I/O 给这些端口输入相应的段码，LED 数码管便可以显示相应的数字和符号。1、2 端口是用来控制 2 个数码管选通显示，只要对端口置 1，该端口对应数码管便工作，此时对数码管赋值段码，便可以显示。

因为交通信号灯倒计时装置显示的通行时间是两位数，所以要用到两位数码管。为节约单片机 I/O 资源，采用动态显示，用 8 个单片机的 I/O 口输出段码到 LED 数码管的 8 个输入端口，另外用 2 个 I/O 口对 1、2 位选端口进行选择。

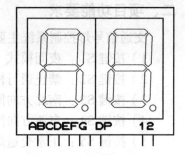

图 11-7 数码管示意图

（二）红外对射管工作原理

红外对射管由两个部分组成：发射装置和接收装置。发射装置每隔一段固定的时间向接收装置发射红外线，接收装置接收到红外信号后，再传递给报警器，当红外线被物体遮挡时，接收装置接收不到红外信号，报警器就会启动，开始报警。

1. 红外发射管

常用的红外 LED 发出的红外线波长为 940nm 左右，外形与普通 LED 外形相同，只是颜色不同，一般有透明、黑色和深蓝色等 3 种颜色外观，如图 11-8 所示。

2. 红外接收端

红外接收管内部是一个光电二极管，其含有一个红外光敏感特征的 PN 节，只有接收到红外光时，光电管才导通，没有红外光时，则不导通。现在红外接收端一般是一体化的红外接收头，其外形如图 11-9 所示。一体化的红外接头将红外线接收、信号放大、解调（还原"1""0"数字信号）等功能部件封装在一体，对外只引出 3 个引脚。3 个引脚中左边是 +5V、中间是 GND、右边是 OUT（信号输出）。

图 11-8 红外 LED

图 11-9 一体化红外线接收头

（三）系统硬件电路图

交通信号灯控制系统电路如图 11-10 所示。

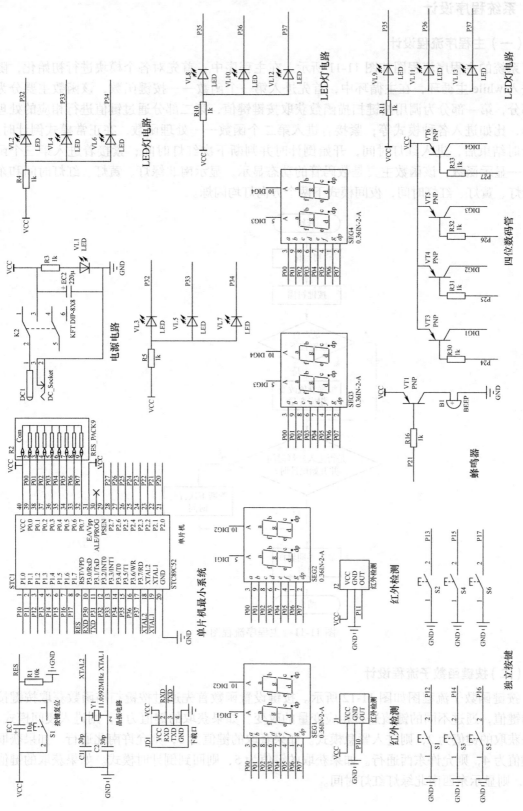

图 11-10 交通信号灯控制系统硬件电路

五、系统程序设计

（一）主程序流程设计

系统的主程序流程图如图 11-11 所示。在主程序中：首先对各个模块进行初始化，随后进入 while 主循环，在主循环中，首先进入第一个函数——按键函数，该函数主要分为两部分，第一部分为调用按键扫描函数获取按键键值，第二部分通过键值进行相应的处理操作，比如进入各种模式等；紧接着进入第二个函数——处理函数，在正常模式倒计时时，倒计时结束后，进入红灯时间，开始倒计时并判断下次红灯时间；紧接着进入第三个函数——显示函数，该函数主要是数码管的动态显示，显示南北绿灯、黄灯、红灯时间和东西绿灯、黄灯、红灯时间，夜间模式下两个方向灯均闪烁。

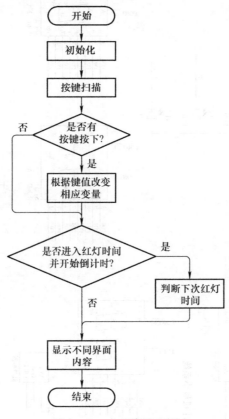

图 11-11　主程序流程图

（二）按键函数子流程设计

按键函数子流程图如图 11-12 所示。按键设置函数首先通过按键扫描函数获取按键按下的键值，通过不同的键值进行相应变量的改变。如果获取的键值为 1，则进入夜间模式。如果获取的键值为 2，则进入紧急模式。如果获取的键值为 3，则允许南北通行。如果获取的键值为 4，则允许东西通行。如果获取的键值为 5，则回到倒计时模式。如果获取的键值为 6，则显示东西南北绿灯红灯时间。

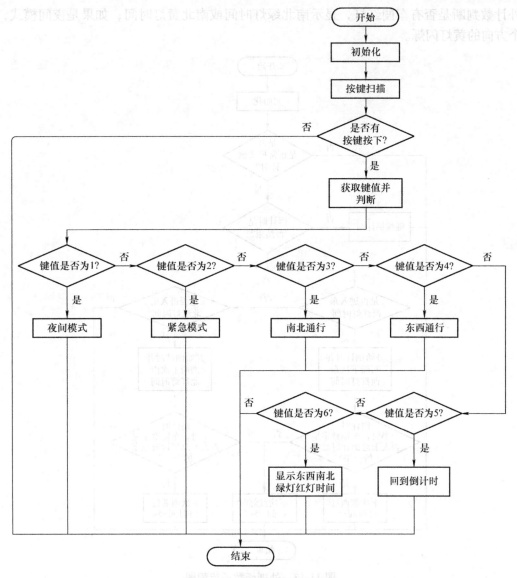

图 11-12 按键函数子流程图

（三）处理函数子流程设计

处理函数子流程图如图 11-13 所示。首先判断是否在正常模式。在正常模式倒计时，若进入东西方向红灯，则开始倒计时并判断下次东西红灯时间，若倒计时一半时，车辆数字大于总倒计时数字的一半，则下次东西红灯时间 +5s，反之下次东西红灯时间 -5s；若进入南北方向红灯，则开始倒计时并判断下次南北红灯时间，若倒计时一半时，车辆数字大于总倒计时数字的一半，则下次南北红灯时间 +5s，反之下次南北红灯时间 -5s。

（四）显示函数子流程设计

显示函数子流程图如图 11-14 所示。如果显示南北红灯时间，则用东西红外计数判断是否有车闯红灯，显示东西绿灯时间或东西黄灯时间；如果显示东西红灯时间，则用南北红外计数判断是否有车闯红灯,显示南北绿灯时间或南北黄灯时间;如果是夜间模式,则两个方向的黄灯闪烁。

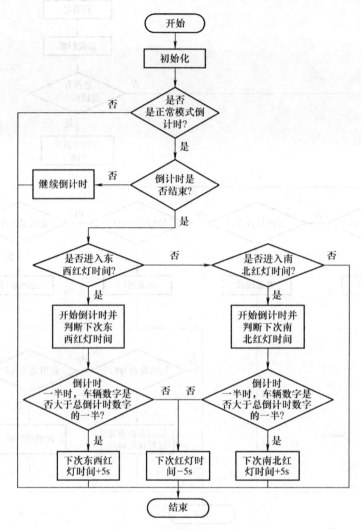

图 11-13　处理函数子流程图

六、项目实践

(一)操作准备

项目实践中所需元器件见表 11-2。

(二)Proteus 仿真电路图

交通信号灯控制系统由单片机系统、数码灯显示模块、按键模块、红外检测报警模块组成。交通信号灯系统仿真原理如图 11-15 所示,采用按键开关替代红外传感器,当按键按下时,表示有汽车闯红灯。

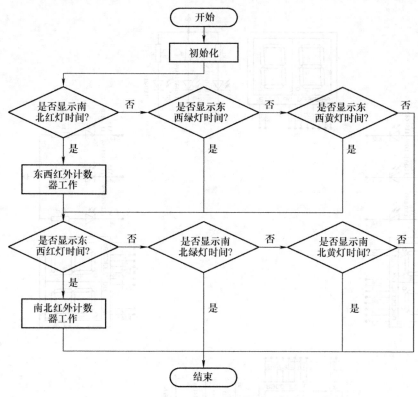

图 11-14 显示函数子流程图

表 11-2 交通信号灯控制系统硬件元器件列表

序号	名称	规格	数量
1	单面覆铜板	长 × 宽：120mm × 120mm	1
2	DC 电源插座	DC-005	1
3	电阻	10kΩ	1
4	电容	30pF	2
5	电解电容	10μF	1
6	电容	220μF	1
7	按键	DIP-6 × 6 × 5	7
8	单片机	STC89C52	1
9	晶振	11.0592MHz	1
10	电源按键	KFT DIP-8 × 8	1
11	电源底座	DC-002	1
12	红外对管	直插 5mm 红外发射管 / 接收管、940nm 发射头	2
13	LED	蓝色	13
14	电阻	1kΩ	10
15	数码管	2 位、共阳	4
16	蜂鸣器	有源	1
17	PNP 型晶体管	TO-92	5
18	排阻	10kΩ × 8	1

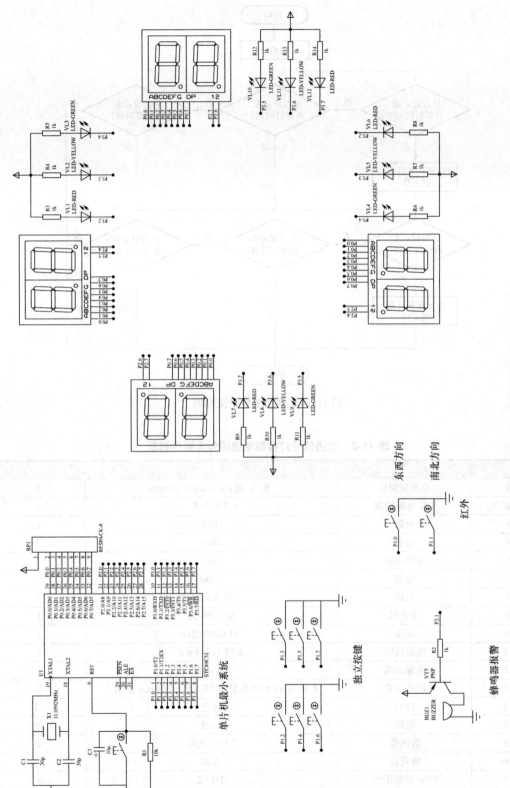

图 11-15 交通信号灯控制器系统仿真原理图

(三)参考程序

扫二维码,观看"交通信号灯控制系统的设计"。

第三节 汽车倒车雷达系统的设计

一、项目目标

倒车雷达全称叫作"倒车防撞雷达",也叫作"泊车辅助装置",是汽车泊车或者倒车时的安全辅助装置,由超声波传感器(俗称探头)、控制器和显示器(或蜂鸣器)等部分组成。其能以声音或者更为直观的显示告知驾驶员周围障碍物的情况,解除了驾驶员泊车、倒车和起动车辆时前后左右探视所引起的困扰,并帮助驾驶员扫除了视野死角和视线模糊的缺陷,提高了驾驶的安全性。本项目设计一个汽车倒车雷达系统,帮助驾驶员监测车身周围视觉盲区内的障碍物,及时警示驾驶员,方便倒车的顺利进行。

二、项目功能要求

汽车倒车雷达系统主要实现以下功能:
1)可测量汽车尾部与障碍物的距离。
2)通过温度传感器获取周围空气温度数据并对测量的距离数据进行校正,提高测距的精度。
3)通过 LCD 实时显示汽车与障碍物的距离数据,对驾驶员倒车进行提示。
4)可通过蜂鸣器和 LED 进行不同频率的声光报警。

三、总体方案设计

(一)超声波测距原理

超声波测距的基本原理是基于超声波在空气中的传播特性来实现的(图 11-16)。超声波发射器向某一方向发出超声波信号,与此同时,打开计时单元开始计时,超声波在空气中传播,遇到障碍物后被反射回来,超声波接收器接收到反射波就关闭计时单元停止计时,记录超声波传播的时间为 $t(s)$,利用公式 $s=ct/2$ 求距离 s,其中 c 为声速。

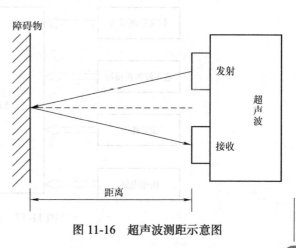

图 11-16 超声波测距示意图

超声波是声波的一种，可以在固体、液体、气体等介质中传播，介质密度越大，声速则越快，声速会受到湿度、温度、密度等不同因素的影响。本设计的应用场景是汽车倒车雷达，因此空气中的密度对声速的影响可以忽略，可以得出声速与温度、湿度的关系如下：

$$v = 331.45\sqrt{\left(1+\frac{T}{273.15}\right)\left(1+0.32\frac{P_w}{P}\right)}$$

式中，P_w 是空气中水蒸气的分压强，等于水的饱和蒸汽压乘以相对湿度；T 是温度（℃）；P 是大气压强。

由于湿度对声速的影响比较小，同时测试环境时在相对干燥的地方测试，所以采取以下公式计算声速：

$$v = 331.45\sqrt{1+\frac{T}{273.15}}$$

可简化为 $v = 331.45 \times 0.6007T$。

（二）倒车雷达系统总体方案设计

本设计以 51 单片机为核心控制器，加上其他的模块一起组成超声波雷达测距的整个系统，其中包含中控部分、输入部分和输出部分，如图 11-17 所示。中控部分采用了 51 单片机，其主要作用是获取输入部分数据，经过内部处理，控制输出部分。输入由四部分组成：第一部分是 DS18B20 测温模块，通过该模块可获取当前的温度值；第二部分是 HC-SR04 超声波测距模块，通过该模块可获取测距距离；第三部分是独立按键，通过三个独立按键切换界面、设置报警距离最小值；第四部分是供电电路，给整个系统进行供电。输出由三部分组成：第一部分是 LCD1602 显示模块，通过该模块可以显示当前温度值、测距距离、报警距离的阈值；第二部分是蜂鸣器；第三部分是 LED 指示灯。当测量距离小于报警距离的阈值时，进行声光报警。

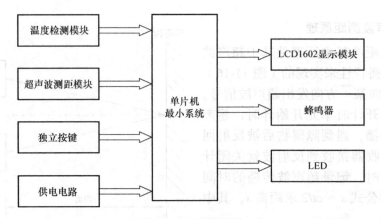

图 11-17　系统框图

四、硬件电路设计

（一）超声波测距模块

超声波测距模块采用 HC-SR04，可提供 2 ~ 400cm 的非接触式距离测量功能，测距精度高达 3mm。模块包括超声波发射器、接收器与控制电路，基本工作原理如下：

1）超声波测距模块接入电源和地。

2）给 HC-SR04 模块 TRIG 引脚输入一个至少 10μs 的高电平方波信号。

3）HC-SR04 接收到高电平输入方波信号后，模块自动发送 8 个 40kHz 的方波，回响信号输出引脚 ECHO 由低电平变为高电平，定时器启动计数，并自动检测是否有信号返回。

4）当有超声波信号返回并接收到时，回响信号输出引脚 ECHO 由高电平变为低电平，定时器停止计数。定时器计数的时间就是 ECHO 引脚高电平持续的时间，也是超声波从发射到返回接收的时间。回响信号的脉冲宽度与所测的距离成正比，测试距离 =（高电平时间 × 声速）/2。超声波测距模块 HC-SR04 如图 11-18 所示，VCC 提供 5V 电源，GND 接地，Trig 触发信号输入，ECHO 回响信号输出。

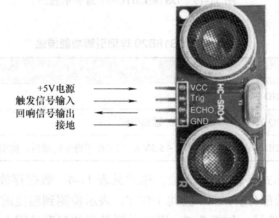

图 11-18 超声波测距模块 HC-SR04

（二）温度测量模块

DS18B20 是由 MAMIX 公司推出的一种常见的数字温度传感器，采用单总线通信即仅采用一个数据线（以及地）与单片机进行通信，它可以将模拟的温度信号转为串行的数字温度信号，具有易拓展、低功耗、高性能、抗干扰能力强、硬件简单等优点，其输入和输出都是数字信号。

DS18B20 温度传感器具有如下使用特性：

1）使用单总线通信，只需要一个端口即可实现数据交换和控制。

2）自身就可以测量温度，不需要外接电路，温度测量范围在 −55 ~ 125℃ 之间，测温分辨率为 0.0625℃。

3）温度采集精度有 9 ~ 12 位，可由用户自定义。

4）内部有温度上、下限阈值设置。
5）温度转换时间在转换精度为12bit/s时达到最大值750ms。
DS18B20温度传感器TO-92封装的引脚排列如图11-19所示，其引脚功能描述见表11-3。

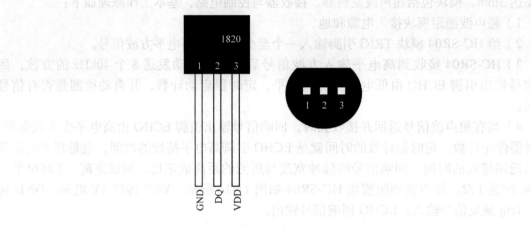

图 11-19　DS18B20TO-92 封装示意图

表 11-3　DS18B20 详细引脚功能描述

序号	名称	引脚功能描述
1	GND	地信号
2	DQ	数据输入/输出引脚
3	VDD	电源（3～5.5V），当工作于寄生电源时，此引脚必须接地

温度数据以补码形式存放，共16位，格式见表11-4。数据存放形式：0～3位共4位t，表示检测到温度的小数部分；4～10位共7位T，表示检测到温度的整数部分；11～15位共5位S，表示温度值的符号，如果S=0，则表示测量到的温度是零上温度，全S=1表示测量到的温度是零下温度。

表 11-4　数据存放形式

位数	15	14	13	12	11	10	9	8	7	6	5	4	3	2	1	0
符号	S	S	S	S	S	T	T	T	T	T	T	T	t	t	t	t

（三）液晶显示模块
LCD1602液晶显示模块参考第七章第三节。
（四）系统硬件电路图
汽车倒车雷达系统的硬件电路如图11-20所示。

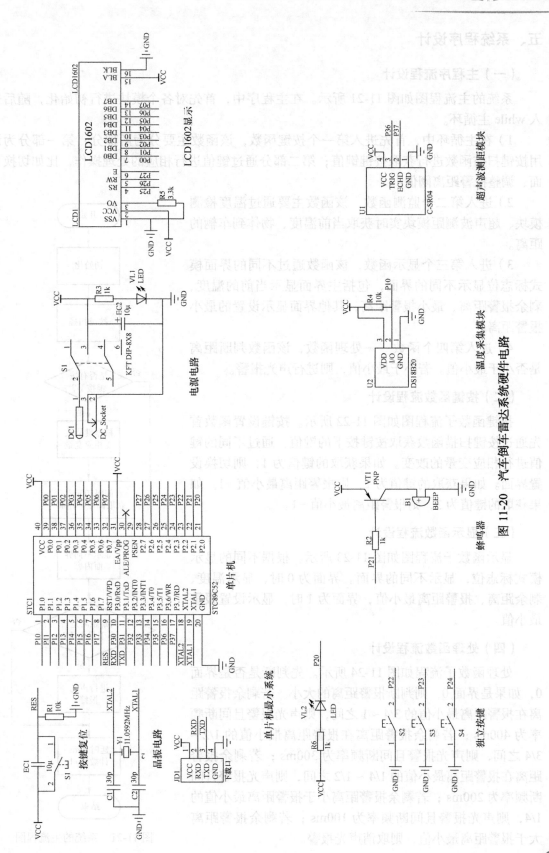

图 11-20 汽车倒车雷达系统硬件电路

五、系统程序设计

（一）主程序流程设计

系统的主流程图如图 11-21 所示。在主程序中，首先对各个模块进行初始化，随后进入 while 主循环。

1）在主循环中，首先进入第一个按键函数，该函数主要分为两部分：第一部分为调用按键扫描函数进行获取按键键值；第二部分通过键值进行相应的处理操作，比如切换界面、调整报警距离阈值。

2）进入第二个监测函数，该函数主要通过温度检测模块、超声波测距模块实时获取当前温度、物体到车辆的距离。

3）进入第三个显示函数，该函数通过不同的界面模式标志位显示不同的界面，包括主界面显示当前的温度、剩余报警距离、最小报警距离，其他界面显示设置的最小报警距离。

4）进入第四个函数——处理函数，该函数判断距离是否小于最小值。若小于最小值，则进行声光报警。

（二）按键函数流程设计

按键函数子流程图如图 11-22 所示。按键设置函数首先通过按键扫描函数获取按键按下的键值，通过不同的键值进行相应变量的改变。如果获取的键值为 1，则切换设置界面。如果获取的键值为 2，则报警距离最小值 +1。如果获取的键值为 3，则报警距离最小值 -1。

（三）显示函数流程设计

显示函数子流程图如图 11-23 所示。根据不同的显示模式标志位，显示不同的界面。界面为 0 时，显示温度、剩余距离、报警距离最小值；界面为 1 时，显示设置报警最小值。

（四）处理函数流程设计

处理函数子流程如图 11-24 所示。先判断是否是界面 0，如果是界面 0，则判断报警距离的大小。若剩余报警距离在报警距离最小值的 3/4~1 之间，则声光报警且间断频率为 400ms；若剩余报警距离在报警距离最小值的 1/2~3/4 之间，则声光报警且间断频率为 300ms；若剩余报警距离在报警距离最小值的 1/4~1/2 之间，则声光报警且间断频率为 200ms；若剩余报警距离小于报警距离最小值的 1/4，则声光报警且间断频率为 100ms；若剩余报警距离大于报警距离最小值，则取消声光报警。

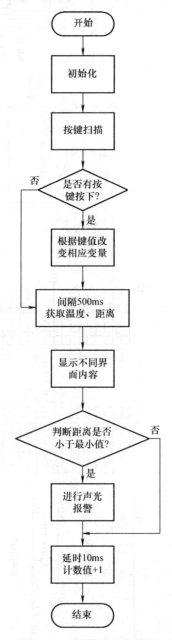

图 11-21　系统的主流程图

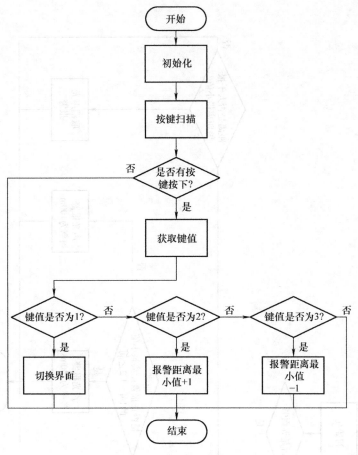

图 11-22 按键函数子流程图

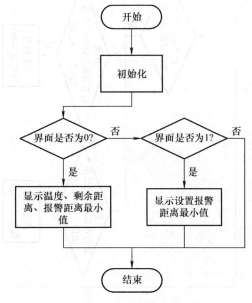

图 11-23 显示函数子流程图

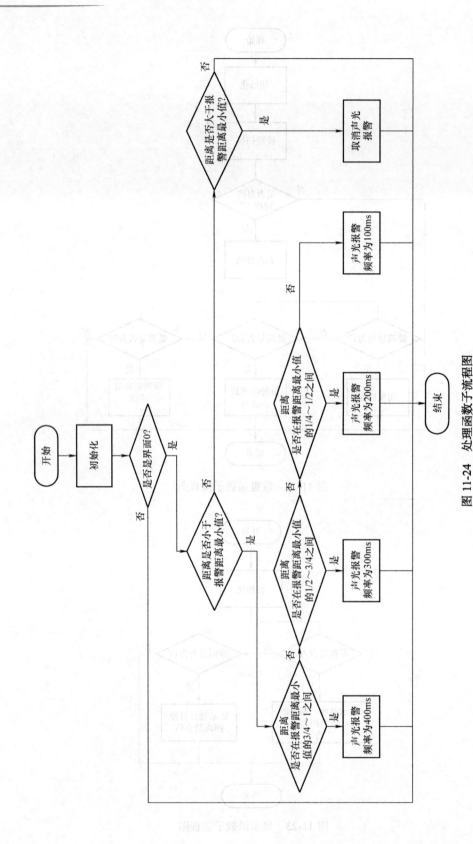

图 11-24 处理函数子流程图

六、项目实践

（一）操作准备

项目实践中所需元器件见表 11-5。

表 11-5 倒车雷达系统硬件元器件列表

序号	名称	规格	数量
1	单面覆铜板	长×宽：120mm×120mm	1
2	DC 电源插座	DC-005	1
3	电阻	10kΩ	2
4	电容	10μF	2
5	电容	30pF	2
6	电阻	3.3kΩ	1
7	按键	DIP-6×6×5	2
8	单片机	STC89C52	1
9	晶振	11.0592MHz	1
10	DS18B20	TO-92	1
11	LED	蓝色	2
12	液晶显示屏	LCD1602	1
13	PNP 型晶体管	TO-92	1
14	电阻	1kΩ	3
15	蜂鸣器	无源	1
16	超声测距模块	HC-SR04	1

（二）Proteus 仿真电路图

汽车倒车雷达系统由单片机系统、温度测量模块、超声波测距模块、LCD 液晶显示模块、声光报警模块和按键电路组成。汽车倒车雷达系统仿真原理如图 11-25 所示。

（三）参考程序

扫二维码，观看"汽车倒车雷达系统的设计"。

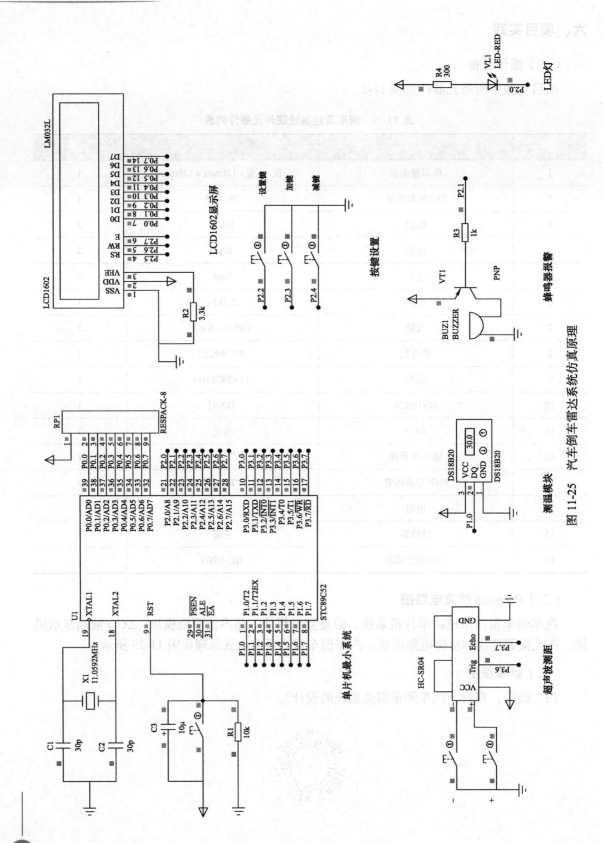

图 11-25 汽车倒车雷达系统仿真原理

第四节 电动汽车步进电机控制系统的设计

一、项目目标

设计一个基于 51 单片机的步进电机控制系统,可以实现步进电机的起停、正反转和调速。

二、项目功能要求

电动汽车步进电机控制系统主要实现以下功能:

1)5 个按键控制整个电路,对应功能分别是:正转、反转、暂停/开始、速度加、速度减。

2)数码管显示电机运行速度的档数和正反转的指示。

三、总体方案设计

本设计以 51 单片机为核心控制器,加上其他模块一起组成了电动汽车步进电机控制系统,其中包含中控部分、输入部分和输出部分,如图 11-26 所示。中控部分采用了 51 单片机,其主要作用是获取输入部分数据,经过内部处理,控制输出部分。输入部分由按键电路和供电电路组成,按键主要用来调整电机运转的状态,实现起停、正转、反转、加速、减速功能,供电电路给单片机和驱动模块供电。输出部分主要由两部分组成:第一部分是 LED 数码管,显示电机运行过程中的状态;第二部分是电机驱动模块,用于驱动电机完成相应的运动状态。

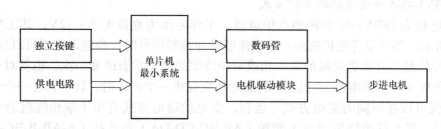

图 11-26　系统框图

四、硬件电路设计

(一)步进电机模块

1. 步进电机的结构

步进电机是一种用电脉冲进行控制,将电脉冲(数字信号)转化为角位移的执行机构,最主要的组成部分就是定子和转子(图 11-27)。转子位于内圈,有 6 个标注为 0~5 的齿,每个齿上都有一块永磁体。外圈是定子,与外壳相连。定子上有 8 个齿,每个齿上都有绕组,2 个正对角的绕组串联在一起为一组,可以同时导通或关闭。4 组绕组分别对应着图中的 A、B、C、D 组,也就是所谓的 4 相概念。

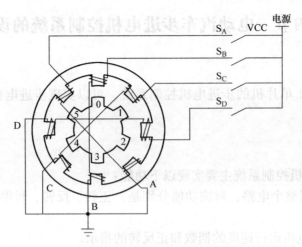

图 11-27 步进电机的定、转子结构原理

2. 步进电机的工作原理

电机的转子上装置着永磁体,当电流流过定子绕组时,定子绕组会产生对应的矢量磁场。由于异极相吸、同极相斥,该磁场会带动转子旋转一定的角度,使得转子的一对磁场方向与定子的磁场方向一致。如果定子生成的矢量磁场旋角度变了,那转子的角度也会随着该磁场的变化而变化,所以当图 11-27 中电机各相通电顺序为 A-B-C-D 时,电机就会按顺时针转动。当把电机各相通电顺序反向调整时,电机就可以反转,实现电机转向的调整。当把各相之间的通电间隔缩短,步进电机就会转得越快。调整单片机发出控制信号的脉冲频率,就可以对步进电机进行调速。

3. 28BYJ-48-5 步进电机的工作方式

步进电机为 28BYJ-48 型四相八拍电机,工作电压为直流电 5~12V,其工作原理如图 11-28 所示。当对步进电机施加一系列连续脉冲控制信号时,步进电机就可以连续转动。每一个脉冲信号对应步进电机的某一相或两相绕组的通电状态改变一次,也就对应转子转过一定的角度(一个步距角)。当通电状态的改变完成一个循环时,转子转过一个齿距。四相步进电机可以在不同的通电方式下运行,常见的通电方式有单(单相绕组通电)四拍(A-B-C-D)、双(双相绕组通电)四拍(AB-BC-CD-DA)和八拍(A-AB-B-BC-C-CD-D-DA-A)。

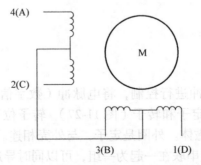

图 11-28 28BYJ-48 型四相八拍电机原理

4. 步进电机的三种驱动方式

步进电机驱动分三种模式：单四拍、双四拍、单双八拍。具体驱动控制方式见表 11-6～表 11-8，表中的数值 1 表示该绕组导通，数值 0 表示该绕组关闭，不导通。

（1）单四拍　单四拍电机驱动方式见表 11-6。电机在每一个瞬间只有一相绕组导通，消耗电力小。但在绕组导通切换瞬间时没有任何的力作用在转子上，容易造成失步和振动。

表 11-6　单四拍步序

步序	绕组 A	绕组 B	绕组 C	绕组 D	正转步序
1	1	0	0	0	1、2、3、4
2	0	1	0	0	
3	0	0	1	0	反转步序
4	0	0	0	1	4、3、2、1

（2）双四拍　双四拍步序驱动方式见表 11-7，在每一个瞬间都有两组绕组导通，两组绕组合并输出的转矩较大，运动相对平稳，振动较小，不易失步。

表 11-7　双四拍步序

步序	绕组 A	绕组 B	绕组 C	绕组 D	正转步序
1	1	0	0	1	1、2、3、4
2	1	1	0	0	
3	0	1	1	0	反转步序
4	0	0	1	1	4、3、2、1

（3）八拍　单、双八拍是电机使用单四拍和双四拍交替进行驱动控制的方式，见表 11-8，每发送一组脉冲控制信号，步进电机前进半个步距角，转矩较大，运行平稳。

表 11-8　八拍步序

步序	绕组 A	绕组 B	绕组 C	绕组 D	正转步序
1	1	0	0	0	1、2、3、4、5、6、7、8
2	1	1	0	0	反转步序
3	0	1	0	0	8、7、6、5、4、3、2、1
4	0	1	1	0	
5	0	0	1	0	
6	0	0	1	1	
7	0	0	0	1	
8	1	0	0	1	

（二）ULN2003 驱动芯片介绍

ULN2003 是一个步进电机驱动控制芯片，可以为步进电机提供相对较大的驱动电压和工作电流，其内部电路原理如图 11-29 所示。ULN2003 为大电流达林顿陈列，是一个非门电路，由 7 个硅 NPN 达林顿管组成。每一对达林顿管都串联一个 2.7kΩ 的基极电阻，在 5V 的工作电压下，它能与 TTL 和 CMOS 电路直接相连，可以直接处理原先需要标准逻辑缓冲器来处理的数据。ULN2003 工作电压高，工作电流大，灌电流可达 500mA，并且能够承受 50V 的电压，输出还可以在高负载电流并行运行。

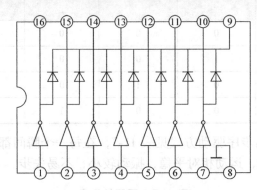

图 11-29　ULN2003 电路原理

ULN2003 的引脚功能：

1）引脚 1～7：控制脉冲信号输入端。

2）引脚 8：接地。

3）引脚 9：该脚是内部 7 个续流二极管负极的公共端，各二极管的正极分别接各达林顿管的集电极。用于感性负载时，该脚接负载电源正极，实现续流作用。如果该脚接地，实际上就是达林顿管的集电极对地接通。

4）引脚 10～16：脉冲信号输出端。

（三）LED 数码管显示模块

LED 数码管显示模块参考第七章第一节。

（四）系统硬件原理图

电动汽车步进电机控制系统硬件原理图如图 11-30 所示。

五、系统程序设计

（一）主程序流程设计

电动汽车步进电机控制系统主程序流程图如图 11-31 所示。当程序开始运行后，先初始化程序，按下开关按键后，判断是否有方向按键按下。若方向按键按下，则调用转向函数，再判断速度调整键是否按下，若按下则调整速度。

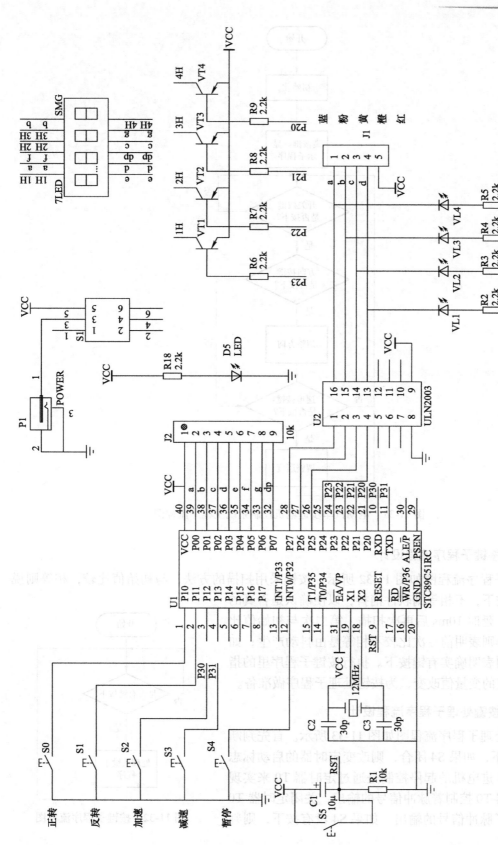

图 11-30 电动汽车步进电机控制系统硬件原理图

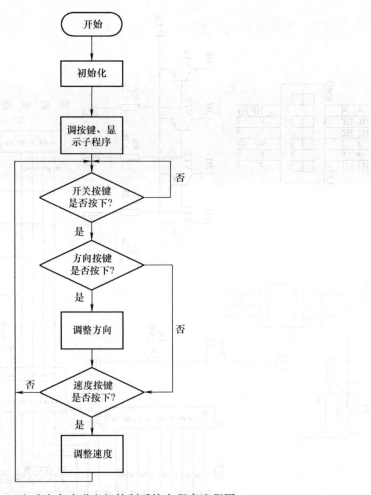

图 11-31　电动汽车步进电机控制系统主程序流程图

（二）按键子程序流程设计

按键子程序流程图如图 11-32 所示。按键采用扫描的方法，与初始值比较，相等则说明没有键按下，不相等则软件消抖，以便确认是否真的有键按下。延时 10ms 后再次扫描，第二次与初始值比较，若相等则表明前一次比较不相等是由抖动产生；如果不相等则表明确实有键按下。执行按键子程序里的指令，将相应的变量值改变，为按键处理子程序做准备。

（三）按键处理子程序流程设计

按键处理子程序流程图如图 11-33 所示。首先判断 S4 是否按下，如果 S4 闭合，则改变定时器的启动标志位，因为步进电机的起停控制是通过定时器 T0 来实现的，定时器 T0 控制着脉冲信号的输出，关闭定时器 T0 也就阻止了脉冲信号的输出。如果 S4 没有按下，则判

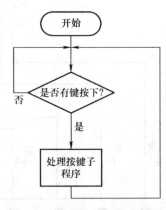

图 11-32　按键子程序流程图

断 S3 是否按下，按下减速，没有按下再判断 S2 是否按下；S2 按下加速，没有按下再判断 S1；S1 按下正向旋转，没有按下判断 S0；S0 按下反向旋转。

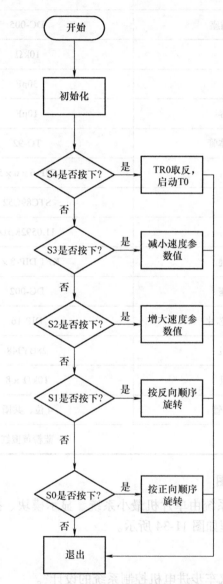

图 11-33　按键处理子程序流程图

六、项目实践

（一）操作准备

项目实践中所需元器件见表 11-9。

表11-9 电动汽车步进电机控制系统硬件元器件列表

序号	名称	规格	数量
1	单面覆铜板	长×宽：120mm×120mm	1
2	DC电源插座	DC-005	1
3	电阻	10kΩ	1
4	电容	30pF	2
5	电解电容	10μF	1
6	PNP型晶体管	TO-92	4
7	按键	DIP-6×6×5	6
8	单片机	STC89C52	1
9	晶振	11.0592MHz	1
10	电源按键	KFT DIP-8×8	1
11	电源底座	DC-002	1
12	ULN2003芯片	DIP-16	1
13	步进电机	28BYJ48	1
14	103排阻	10kΩ×8	1
15	LED数码管	4位、共阳	1
16	LED	蓝粉黄橙红	5

（二）Proteus仿真电路图

电动汽车步进电机控制系统由单片机最小系统、显示模块、按键控制模块、步进电机驱动电路模块组成，仿真原理如图11-34所示。

（三）参考程序

扫二维码，观看"电动汽车步进电机控制系统的设计"。

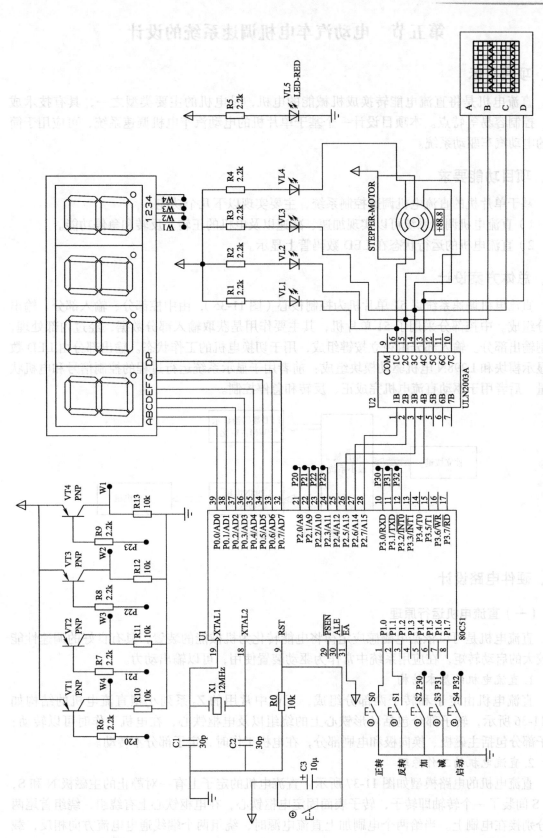

图 11-34 电动汽车步进电机控制系统仿真原理

第五节　电动汽车电机调速系统的设计

一、项目目标

直流电机是将直流电能转换成机械能的电机，是电机的主要类型之一，具有技术成熟、控制容易等特点。本项目设计一个基于单片机的电动汽车电机调速系统，可应用于简单的电动汽车驱动系统。

二、项目功能要求

基于单片机的直流电机调速控制系统，主要实现以下几个功能：
1）直流电机调速系统可以实现加速、减速以及电机的正转、反转和急停功能。
2）直流电机的运行状态在 LED 数码管上显示。

三、总体方案设计

直流电机调速系统以 51 单片机为控制核心（图 11-35），由中控部分、输入部分、输出部分组成。中控部分采用了 51 单片机，其主要作用是获取输入部分数据，经过内部处理，控制输出部分。输入部分由独立按键组成，用于切换电机的工作状态。输出部分由 LED 数码显示模块和 L298N 电机驱动模块组成：前者用于显示系统运行过程的控制信号和电机状态量，后者用于驱动直流电机完成正、反转和急停控制。

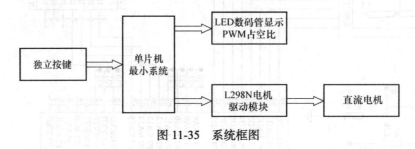

图 11-35　系统框图

四、硬件电路设计

（一）直流电机运行原理

直流电机是可以依据电磁感应定律将电能转化为机械能的装置，具有良好的调速性能和较大的启动转矩，在应用系统中常作为驱动装置使用，可以输出动力。

1. 直流电机的基本结构

直流电机由定子和转子两部分组成，工业中常用的 Z_2 系列小型直流电机的结构如图 11-36 所示，转子部分包括环形铁心上的绕组以及电枢铁心，在电机工作时可以转动；定子部分包括主磁极、换向极和电刷部分，在电机工作时，定子部分不转动。

2. 直流电机的工作原理

直流电机的电路模型如图 11-37 所示。直流电机的定子上有一对静止的主磁极 N 和 S，N、S 间装了一个转轴即转子，转子表面固定电枢铁心，在电枢铁心上有绕组，绕组首尾两端分别接在电刷上。当给两个电刷加上直流电源时，绕组两个端线通电电流方向相反，载流导体 ab 和 cd 受到电磁力作用并且两个电磁力方向相反，使整个线圈受到一个转矩作用而转动。为使转子受到一个方向不变的电磁转矩，当转子转动一定的角度时要通过换向器及时变换电流的方向。

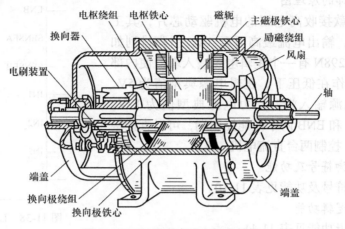

图 11-36 Z_2 系列直流电机的结构

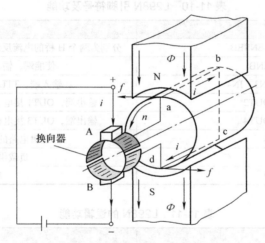

图 11-37 直流电机的电路模型

3. 直流电机 PWM 调速原理

PWM 波是占空比可变的脉冲信号，也称为脉冲宽度可调制信号。占空比指的是在 PWM 输出的方波中，一个周期内高电平的持续时间与低电平的持续时间之比。如果一个 PWM 波的周期是 1ms，一个周期内高电平的时间是 500μs，那么这个 PWM 波的占空比就是 50%。

直流电机的调速方法主要有调节电源电枢电压、改变电枢绕组回路电阻和改变励磁磁通三种。前两种调速方法一般用于恒转矩负载，后一种调速方法适用于恒功率负载，一般直流电机调速系统大多采用调节电枢电压的控制方法。

电机转速与电枢电压成正比，只要调节电枢输入电压就可以实现无级调速。在电枢电压调节系统中，可以利用开关器件调整恒定直流电压导通与关断的时间比，将其调制成频率一定、宽度可变的直流脉冲序列，改变电路导通和关断的时间也就是占空比，就可以控制平均输出电压的大小，从而控制电机的转速，实现系统的平滑调速。

（二）L298N 电机驱动芯片

1. L298N 内部的原理图

L298N 是一款接收高电压的电机驱动芯片，其工作电源可达 46V，输出电流最高可至 4A，引脚排列如图 11-38 所示。L298N 有一个逻辑电源输入端，使内部逻辑电路部分工作在低压下，逻辑电源典型值为 5V，还有一个动力电源输入端，动力电源典型值为 12V。L298N 具有 ENA 和 ENB 两个使能控制端，可以直接接入 5V 逻辑电源，控制两台直流电机。

2. L298N 引脚符号及功能

L298N 引脚符号及功能见表 11-10。

3. L298N 的逻辑功能

L298N 的逻辑功能见表 11-11。

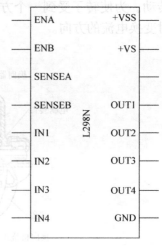

图 11-38　L298N 引脚排列

表 11-10　L298N 引脚符号及功能

引脚	功能
SENSEA、SENSEB	分别为两个 H 桥的电流反馈脚，不用时可以直接接地
ENA、ENB	使能端，输入 PWM 信号
IN1、IN2、IN3、IN4	输入端，TTL 逻辑电平信号
OUT1、OUT2	输出端，OUT1 接电机正、OUT2 接电机地
OUT3、OUT4	输出端，OUT3 接电机正、OUT4 接电机地
+VSS	逻辑电路的电源输入端
+VS	负载供电电压
GND	地

表 11-11　L298N 的逻辑功能

IN1（IN3）	IN2（IN4）	ENA（ENB）	电机状态
X	X	0	停止
1	0	1	顺时针
0	1	1	逆时针
0	0	0	停止
1	1	0	快速停止

注：X 代表任意值。

当使能端 ENA 为高电平、IN2 为低电平信号时，输入端 IN1 为 PWM 波信号，电机正转；当输入端 IN1 为低电平信号、IN2 为 PWM 波信号时，电机反转；当输入端 IN1 与 IN2 相同时，电机快速停止。当使能端 ENA 为低电平时，电机停止转动。

（三）数码管显示模块

LED 数码管显示模块参考第七章第一节。

五、系统程序设计

(一) 主程序流程设计

直流电机控制系统主程序流程图如图 11-39 所示。首先判断加速按键是否按下，如果按键按下，则把 PWM 占空比调整变大，然后判断减速按键、正转按键、已经反转按键是否按下。如果按键按下，则处理相应的按键子程序。

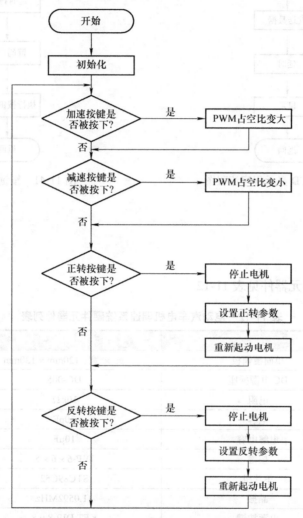

图 11-39　直流电机控制系统主程序流程图

(二) LCD 显示流程设计

LCD 显示程序流程图如图 11-40 所示，发送显示命令，再发送显示数据，最后 LCD 显示相应字符。

(三) 按键流程设计

按键程序流程图如图 11-41 所示，按下按键后去除抖动，识别相应的键值，执行相应的功能。

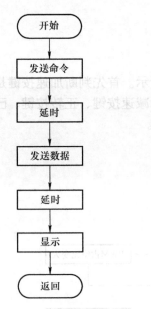

图 11-40　LCD 显示程序流程图

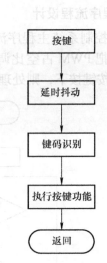

图 11-41　按键程序流程图

六、项目实践

（一）操作准备

项目实践中所需元器件见表 11-12。

表 11-12　电动汽车电机调速系统硬件元器件列表

序号	名称	规格	数量
1	单面覆铜板	长 × 宽：120mm × 120mm	1
2	DC 电源插座	DC-005	1
3	电阻	10kΩ	1
4	电容	30pF	2
5	电解电容	10μF	1
6	按键	DIP-6 × 6 × 5	5
7	单片机	STC89C52	1
8	晶振	11.0592MHz	1
9	电源按键	KFT DIP-8 × 8	1
10	103 排阻	10kΩ × 8	1
11	电机驱动芯片	L293N	1
12	直流电机	M1508	1
13	LED 数码管	共阳、4 位	1

（二）Proteus 仿真电路图

电动汽车电机调速系统由单片机最小系统、LED 数码显示模块、按键控制模块、直流电机驱动电路模块组成，仿真原理如图 11-42 所示。

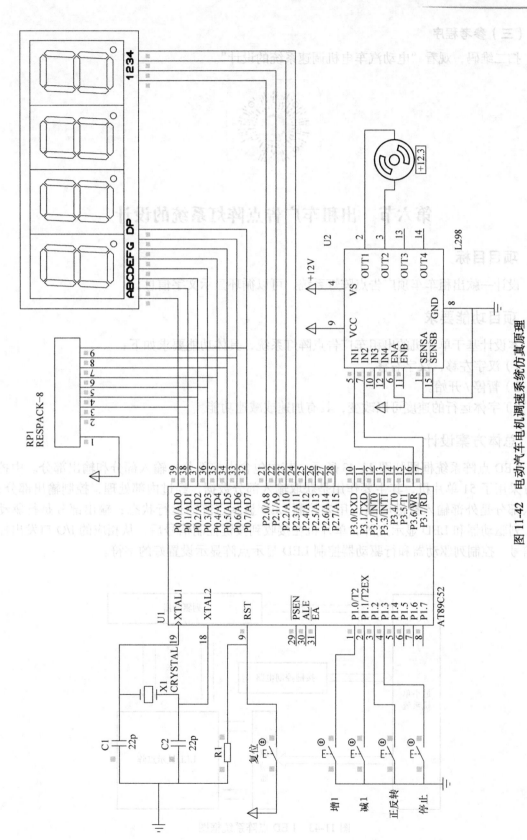

图 11-42 电动汽车电机调速系统仿真原理

（三）参考程序

扫二维码，观看"电动汽车电机调速系统的设计"。

第六节　出租车广告点阵灯系统的设计

一、项目目标

设计一款出租车车顶广告点阵灯系统，可以循环显示文字信息。

二、项目功能要求

本设计基于单片机的出租车广告点阵灯系统，具体功能要求如下：
1）汉字左移，汉字右移。
2）暂停/开始。
3）字体运行的速度可以改变，具有加速或减速功能。

三、总体方案设计

LED 点阵系统框图如图 11-43 所示，其中包含中控部分、输入部分和输出部分。中控部分采用了 51 单片机，其主要作用是获取输入部分数据，经过内部处理，控制输出部分；输入部分是外部输入按键电路，用来控制 LED 显示点阵的运行状态；输出部分是行驱动器、列驱动器和 LED 显示点阵，单片机在接收到按键控制信号后，从相应的 I/O 口发出控制信号，控制列驱动器和行驱动器控制 LED 显示点阵显示设置好的字符。

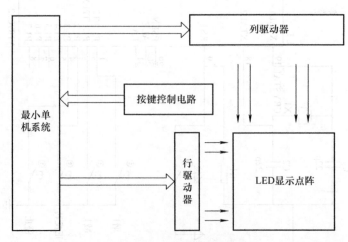

图 11-43　LED 点阵系统框图

四、硬件电路设计

16×16 点阵 LED 电子显示屏硬件电路由单片机系统、驱动电路及 LED 电子显示屏电路三部分组成。

（一）驱动电路

16×16 点阵 LED 电子显示驱动电路由两个 74HC138 译码器组成。74HC138 是并行输入译码器，共有 16 个引脚，其引脚排列如图 11-44 所示，引脚定义及说明见表 11-13。74HC138 可接受 3 位二进制输入（A0、A1 和 A3），当使能输入条件为真时，从 8 个输出端 $\overline{Y0}$ ~ $\overline{Y7}$ 输出一个低电平有效信号。74HC138 译码器共有 3 个使能输入端：两个低电平有效（$\overline{E1}$ 和 $\overline{E2}$）和一个高电平有效（E3）。只有 $\overline{E1}$ 和 $\overline{E2}$ 置为 0 并且 E3 置为 1 时，译码器会根据输入端二进制组合，选择一个相应端口发出低电平信号，否则 74HC138 输出端 $\overline{Y0}$ ~ $\overline{Y7}$ 都输出高电平信号。利用这种复合使能特性，仅需 4 片 74HC138 芯片和 1 个反相器，即可轻松实现并行扩展，组合成为一个 1~32 译码器。

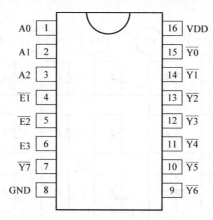

图 11-44　74HC138 的引脚排列

表 11-13　引脚定义及说明

名称	功能说明	引脚号
$\overline{Y0}$ ~ $\overline{Y7}$	数据输出	15~9, 7
A0~A2	数据输入	1~3
$\overline{E1}$, $\overline{E2}$, E3	使能控制	4~6
VDD	逻辑电源	16
GND	逻辑地	8

（二）LED 电子显示屏电路

LED 电子显示屏是将发光二极管按行列矩阵规律排列在一起显示的部件，可以采用逐行扫描驱动，也可以采用逐列扫描驱动。本设计由 4 块 8×8 点阵组成 16×16 点阵，以满足显示汉字的要求。8×8 点阵 LED 是最基本的点阵显示模块，其工作原理与 16×16 点阵的工作原理一致，所以掌握 8×8 点阵的控制原理即可理解 16×16 的控制方法。8×8 点阵 LED 的结构如图 11-45 所示，其等效电路如图 11-46 所示。

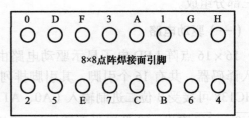

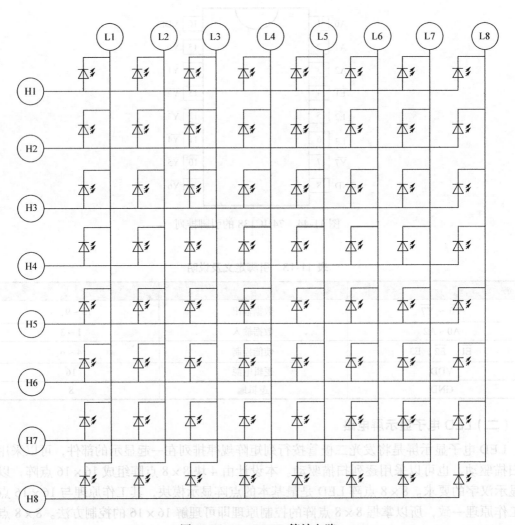

图 11-45　8×8 点阵 LED 结构

图 11-46　8×8 LED 等效电路

8×8点阵由64个发光二极管组成，如图11-46所示，按照行列矩阵形式排列，每个发光二极管位于行线和列线的交叉点上。LED点阵中显示的字符是由一个一个发光的二极管组成，在短时间内点亮多个发光二极管，就可以显示一个稳定的字符、数字或者图形。图11-46中行线接发光二极管的阳极，列线接发光二极管的阴极，当行的输入电压为高电平，相应的列为低电平时，一个发光二极才会被点亮。所以要想LED点阵显示，就要控制行线和列线高低电平，按照一定顺序点亮相应的LED灯。一般可以采用逐行扫描驱动的方法，比如先把第一行行线置为高电平，其他行线置为低电平，要把第一行某一列的发光二极管点亮，就把相应的列线置为低电平即可点亮相应的灯，然后再把第二行行线置为高电平，其他行线置为低电平，把要想点亮灯的列线置为低电平，如此从第一行一直扫描到最后一行。由于灯的余晖和人眼视觉暂留效果，视觉上所有灯都处于闪烁亮的状态。

（三）系统硬件电路图

出租车广告点阵灯系统硬件原理如图11-47所示。

五、系统程序设计

（一）主程序流程设计

系统主程序流程图如图11-48所示。开始后，首先对系统环境进行初始化，然后调用按键子程序，最后调用显示函数。

（二）显示驱动流程设计

显示驱动流程图如图11-49所示，在进入中断后首先要对定时器T0重新赋初值，以保证显示屏刷新率的稳定，然后显示驱动程序查询当前点亮的行信号，从显示缓存区内读取下一行的显示数据，并通过三个并口发送给74HC138。为消除在切换行显示数据时产生的拖尾现象，显示驱动程序先要关闭显示屏，即消隐，等显示数据送入输出锁存器并锁存后，再输出新的信号，最后重新打开显示屏。

（三）按键子函数流程设计

按键子函数流程图如图11-50所示。当有按键按下后，先判断暂停按键是否按下，如果按下则进入暂停等待状态；否则判断方向切换按键是否按下。如果方向切换按键按下，就执行相应的子程序，再判断加速按键是否按下，最后判断减速按键是否按下。

六、项目实践

（一）操作准备

项目实践中所需元器件见表11-14。

（二）Proteus仿真电路图

出租车广告点阵灯系统由单片机最小系统、按键模块、点阵驱动和显示模块组成，系统仿真电路如图11-51所示。

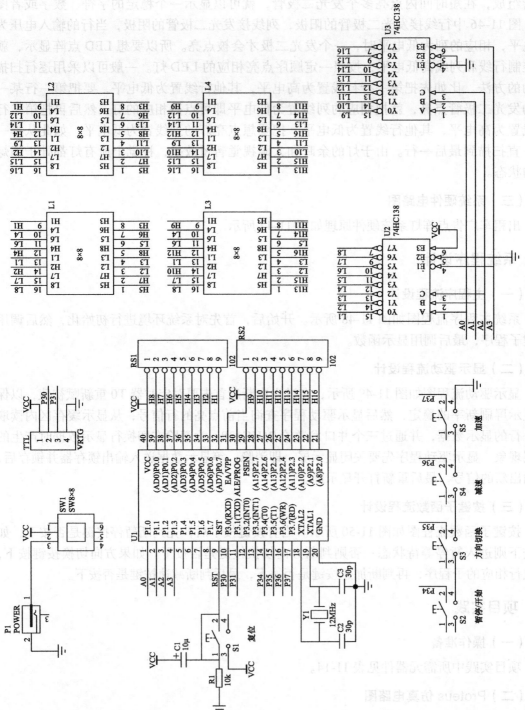

图 11-47 出租车广告点阵灯系统硬件原理

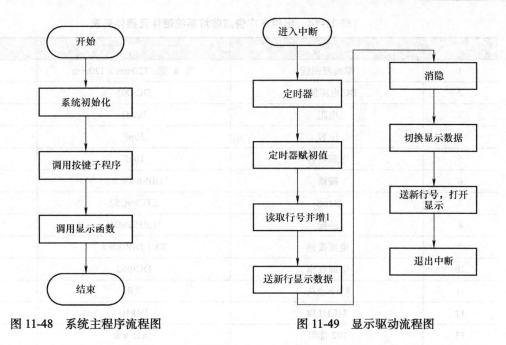

图 11-48 系统主程序流程图　　　　图 11-49 显示驱动流程图

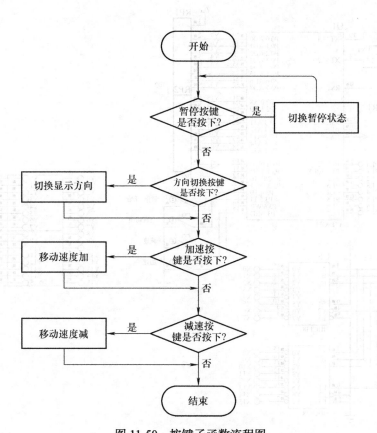

图 11-50 按键子函数流程图

表 11-14　出租车广告点阵灯系统硬件元器件列表

序号	名称	规格	数量
1	单面覆铜板	长×宽：120mm×120mm	1
2	DC 电源插座	DC-005	1
3	电阻	10kΩ	1
4	电容	30pF	2
5	电解电容	10μF	1
6	按键	DIP-6×6×5	5
7	单片机	STC89C52	1
8	晶振	11.0592MHz	1
9	电源按键	KFT DIP-8×8	1
10	电源底座	DC-002	1
11	8×8 点阵	共阳	4
12	74CH138	DIP16	4
13	102 排阻	1kΩ×8	2

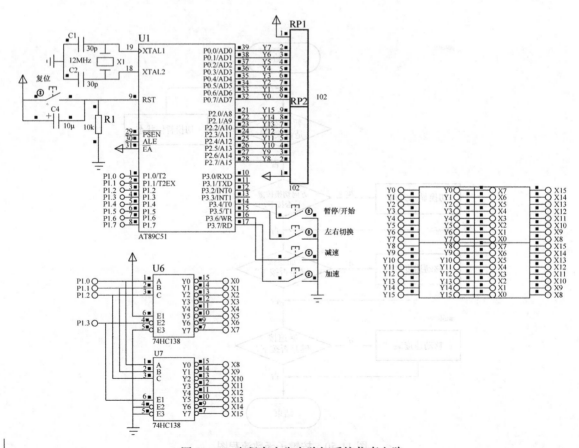

图 11-51　出租车广告点阵灯系统仿真电路

(三)参考程序

扫二维码,观看"出租车广告点阵灯系统的设计"。

第七节 汽车电子密码锁的设计

一、项目目标

人们常需携带多把钥匙,其中汽车钥匙体积大,比一般的钥匙更重,携带极不方便,并且汽车钥匙丢失后,汽车安全性即大打折扣。本项目设计一个具有防盗报警等功能的汽车电子密码锁,代替密码量少、安全性差的机械式密码锁。

二、项目功能要求

汽车电子密码锁系统主要实现以下功能:
1)可实现输入正确密码打开车门,如果三次输入错误,则会锁住键盘。
2)可实现一键关门、一键报警、断电保存功能。
3)可实现重置密码功能,重置密码时需要管理员密码。
4)可实现通过步进电机打开门的功能。
5)可实现通过 LCD1602 显示密码输入界面、密码重置界面、密码输入错误界面等。

三、总体方案设计

本设计以 51 单片机为核心控制器,加上其他模块一起组成智能密码锁的整个系统,其中包含中控部分、输入部分和输出部分。中控部分采用了 51 单片机,其主要作用是获取输入部分数据,经过内部处理,控制输出部分。输入由三部分组成:第一部分是矩阵键盘,按键主要有报警、关门、重置密码、确认、取消的功能,另外还设有 1~6 这 6 个数字,按键按下输出相应的数字;第二部分是供电电路,给整个系统进行供电;第三部分是储存模块,采用 AT24C02 芯片,存储按键输入的信息。输出由四部分组成:第一部分是 LCD1602 显示模块,通过该模块可以显示门的开关状态、报警时的状态、输入的密码显示、重置密码时的显示等;第二部分是电机驱动模块控制四相步进电机,模拟关门;第三部分是 LED 指示灯,当门打开时,LED 指示灯亮起;第四部分是蜂鸣器,当键盘锁定时,蜂鸣器报警提醒(图 11-52)。

四、硬件电路设计

(一)AT24C02 模块

1. AT24C02 芯片介绍

AT24C02 是美国 Atmel 公司采用 CMOS 工艺制作的低功耗型带电可擦可编程只读存储

器（EEPROM），其容量大小是256B，可以反复电擦写。AT24C02采用了I^2C总线式进行通信的串行器件，占用较少的硬件资源，数据输出输入方便，还支持在线编程。

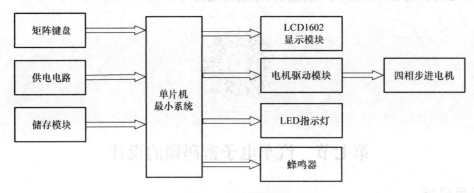

图11-52 系统框图

AT24C02具有片内地址寄存器，在每输入或输出一个数据字节后，该地址寄存器的地址会自动加1，以实现对下一个存储单元的读写，所有字节均以单一操作方式读取。一次可写入多达8B的数据。I^2C总线是一种用于IC器件之间连接的二线制总线，通过串行数据线SDA及串行时钟线SCL两根线与连接到总线上的器件进行数据交互。通常单片机和AT24C02之间采用I^2C总线式进行通信，双方均可工作于接收器和发送器状态，一般单片机作为主机，AT24C02作为从机。主机通过SCL引脚串行时钟信号并发出控制字，控制总线的传送方向、开始和停止的条件。无论是主机还是从机，接收到一个字节后必须发出一个确认信号ACK。AT24C02的控制字由8位二进制数构成，在开始信号发出以后，主机便会发出控制字，以选择从机并控制总线传送的方向。

2. AT24C02引脚功能

AT24C02芯片有两种常用的封装形式：直插（DIP8）式和贴片（SO-8）式，其引脚排列如图11-53所示，具有3个可编程地址输入端A0～A2、串行数据输入输出端SDA、串行时钟引脚SCL、写保护引脚WP、电源输入正端和电源地。

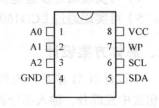

图11-53 AT24C02的引脚排列

AT24C02各引脚功能见表11-15。

表11-15 AT24C02各引脚功能

引脚名称	引脚功能
A2，A1，A0	编程的地址输入端
GND	电源地
SDA	串行数据输入/输出端
SCL	串行时钟输入端
WP	写保护
VCC	电源正端

3. AT24C02 电路连接

单片机与 AT24C02 的硬件连接电路如图 11-54 所示，A0、A1、A2 引脚是 3 条地址线，接固定低电平，用于确定芯片的硬件地址。第 5 脚 SDA 是双向 I^2C 总线串行数据输入 / 输出端，第 6 脚 SCL 为串行时钟输入线，SDA 引脚和 SCL 引脚需要各接一个上拉电阻，阻值为 10kΩ，第 8 脚（VCC）连接 +5V 电源的正，第 4 脚（GND）连接电源的负，第 7 脚 WP 接地。

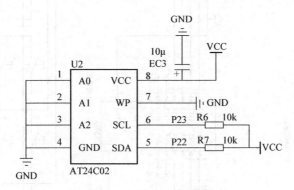

图 11-54　AT24C02 的电路连接

（二）液晶显示模块

LCD1602 液晶显示模块参考第七章第三节。

（三）步进电机模块

步进电机模块参考第十一章第四节。

（四）矩阵键盘模块

矩阵键盘模块参考第七章第二节。

（五）系统硬件电路图

汽车电子密码锁系统硬件电路如图 11-55 所示。

五、系统程序设计

（一）主程序流程设计

主程序设计流程图如图 11-56 所示。在主程序中，首先对各个模块进行初始化，随后进入 while 主循环，在主循环中，首先进入第一个函数——按键函数，该函数主要分为两部分，第一部分为调用按键扫描函数获取按键键值，第二部分通过键值进行相应的处理操作，比如关门、报警、重置密码、取消当前数字、确认当前数字、输出相应数字等；紧接着进入第二个函数——确认函数，该函数主要判断当前密码与储存密码是否相同，若相同则打开车门，若不相同，则车门保持关闭状态；紧接着进入第三个函数——重置密码函数，该函数主要判断当前重置密码标志位是否为 1，若为 1，则判断两次输入的新密码是否相同，若相同，则密码重置成功，若不相同，则密码重置失败；最后，通过一个延时函数和计数公式，限制各函数扫描时间。

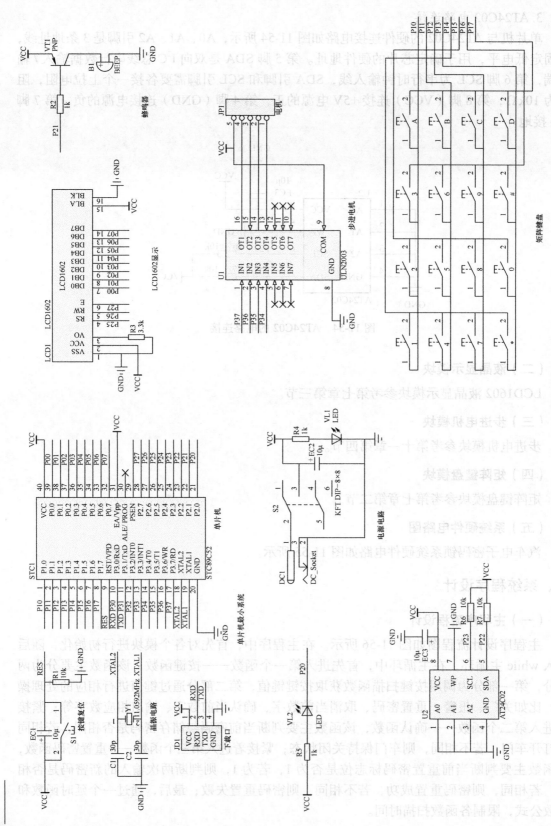

图 11-55 汽车电子密码锁系统硬件电路

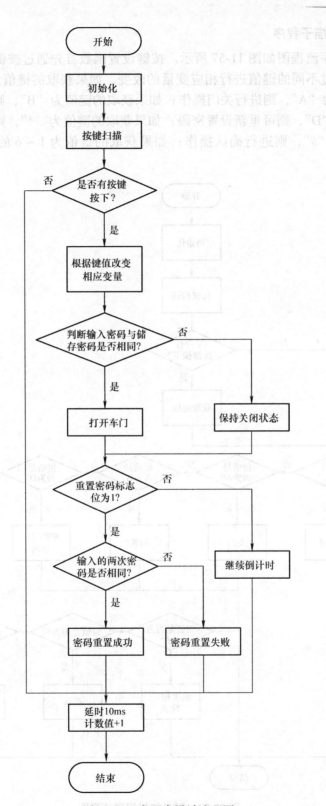

图 11-56 主程序设计流程图

(二)键盘扫描子程序

键盘扫描程序流程图如图 11-57 所示。按键设置函数首先通过按键扫描函数获取按键按下的键值,通过不同的键值进行相应变量的改变。如果获取的键值为"C",则无作用;如果获取的键值为"A",则进行关门操作;如果获取的键值为"B",则进行报警操作;如果获取的键值为"D",则可重新设置密码;如果获取的键值为"*",则进行取消操作;如果获取的键值为"#",则进行确认操作;如果获取的键值为 1~6 的数字,则输出相应数字。

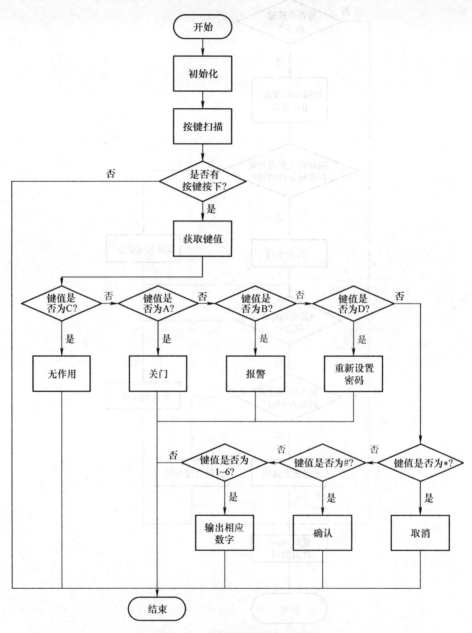

图 11-57 键盘扫描程序流程图

（三）确认函数流程设计

确认函数流程图如图 11-58 所示。首先确认是否在设置密码，若不在，则判断当前车门的状态是否为关闭，若是关闭状态，则将输入的密码与储存密码相比较，若相同，则将车门打开，若不相同，则密码错误，车门无法打开；若当前车门的状态为打开，则显示屏显示打开状态；若此时处于设置密码状态，则对比管理员密码与输入密码，若对比成功，则可设置密码，若对比不成功，则不可设置密码。

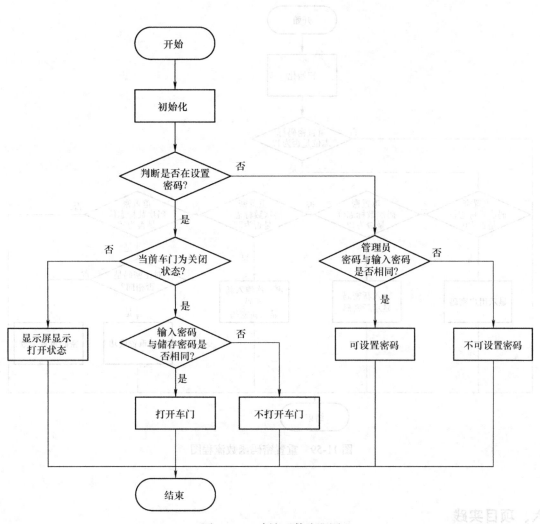

图 11-58　确认函数流程图

（四）重置密码函数流程设计

重置密码函数流程图如图 11-59 所示。当重置密码标志位为 1、重置密码次数标志位为 0 时，显示屏显示重置密码页面，且显示当前用户密码；当重置密码次数标志位为 1 时，输入新的密码，显示屏显示新密码；当重置密码次数标志位为 2 时，再一次输入新的密码，显示屏显示新的密码；当重置密码次数标志位为 3 时，对比两次输入的密码，若相同，则密码重置成功，若不相同，则密码重置失败。

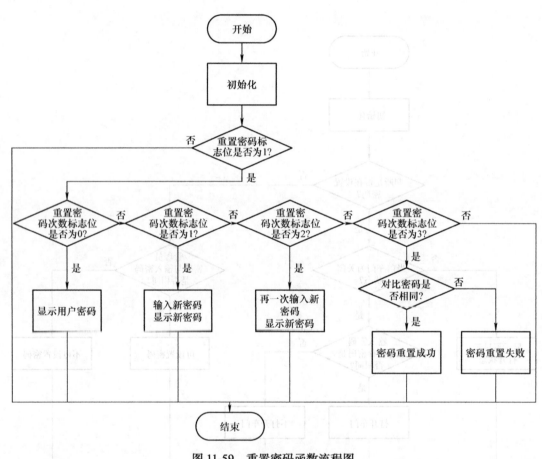

图 11-59　重置密码函数流程图

六、项目实践

（一）操作准备

项目实践中所需元器件见表 11-16。

表 11-16 汽车电子密码锁硬件元器件列表

序号	名称	规格	数量
1	单面覆铜板	长 × 宽：120mm × 120mm	1
2	DC 电源插座	DC-005	1
3	电阻	10kΩ	3
4	电容	30pF	2
5	电解电容	10μF	3
6	按键	DIP-6 × 6 × 5	17
7	单片机	STC89C52	1
8	晶振	11.0592MHz	1
9	电源按键	KFT DIP-8 × 8	1
10	电源底座	DC-002	1
11	AT24C02	TO-92A	1
12	电阻	1kΩ	3
13	电阻	3.3kΩ	1
14	蜂鸣器	有源	1
15	PNP 型晶体管	TO-92A	1
16	LCD1602	带背光	1
17	ULN2003	DIP16	1
18	步进电机	28BYJ48	1
19	LED	蓝色	2

（二）Proteus 仿真电路图

汽车电子密码锁系统由显示模块、按键控制模块、存储电路模块、电机驱动模块和报警模块组成。汽车电子密码锁控制系统仿真原理如图 11-60 所示。由于 Proteus 元件库中没有 AT24C02，仿真采用 FM24C02 替代。

（三）参考程序

扫二维码，观看"汽车电子密码锁的设计"。

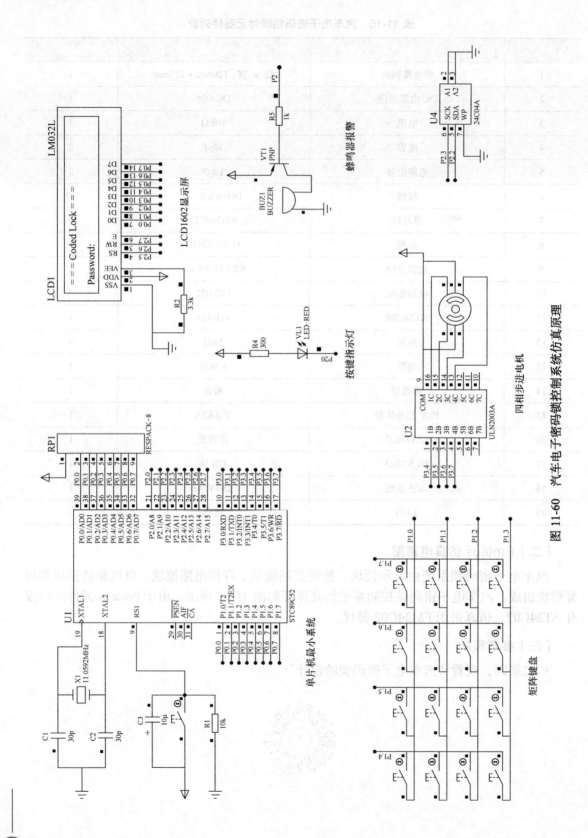

图 11-60 汽车电子密码锁控制系统仿真原理

第八节　电动汽车简易电池电压监测系统的设计

一、项目目标

汽车动力电池是新能源汽车的关键部件之一，汽车动力电池的安全性能关乎整车的安全，因此动力电池运行状态的监测，对于汽车安全运行很有必要。

二、项目功能要求

设计电动汽车电池电压监测系统，能够实现以下功能：
1）能够测量0～200V间的直流电压。
2）能够采集电池的温度信息并在LED数码管显示。
3）超过阈值时发出报警。

三、总体方案设计

本设计以51单片机为核心控制器，加上其他模块一起组成电动汽车电池管理的整个系统，其中包含中控部分、输入部分和输出部分，如图11-61所示。中控部分采用了51单片机，其主要作用是获取输入部分数据，经过内部处理，控制输出部分。输入由五部分组成：第一部分是DS18B20温度检测模块，通过该模块可检测当前的温度值；第二部分是电压电路和ADC0832组成的电压检测模块，通过该模块可检测当前的电压值；第三部分是电流电路和ADC0832组成的电流检测模块，通过该模块可检测当前的电流值；第四部分是独立按键，通过三个独立按键切换界面和调整温度、电压、电流阈值；第五部分是供电电路，给整个系统进行供电。输出由两部分组成：第一部分是LCD1602显示模块，通过该模块可以显示当前温度、电压、电流及设置的阈值等；第二部分是蜂鸣器，当温度、电压、电流三者中有一个不在设置的阈值内时，蜂鸣器报警。

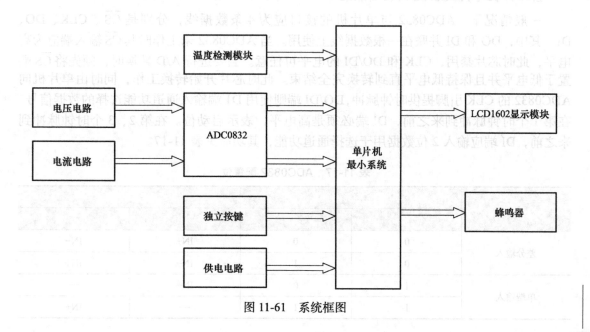

图11-61　系统框图

四、硬件电路设计

（一）ADC0832模块

1. ADC0832芯片介绍

ADC0832是NS（美国国家半导体）公司生产的串行接口8位A/D转换器，通过三线接口与单片机连接，功耗低，性能价格比较高，适宜在便携式智能仪器仪表中使用。ADC0832为8位分辨率A/D转换芯片，其最高分辨可达256级，可以适应一般的模拟量转换要求。芯片具有双数据输出可作为数据校验，以减少数据误差，转换速度快且稳定性能强。独立的芯片使能输入，使多器件连接和处理器控制变得更加方便。通过DI数据输入选择端，可以轻易实现通道功能的选择。

ADC0832有DIP和SOIC两种封装，DIP封装的ADC0832引脚排列如图11-62所示，各引脚说明如下：

1) $\overline{CS}$：片选端，低电平有效。
2) CH0：模拟信号输入通道0，或作为IN+/− 使用。
3) CH1：模拟信号输入通道1，或作为IN+/− 使用。
4) DI：两路模拟输入选择输入端。
5) DO：模数转换结果串行输出端。
6) CLK：串行时钟输入端。
7) VCC/V_{REF}：电源输入和参考电压输入端。
8) GND：电平地。

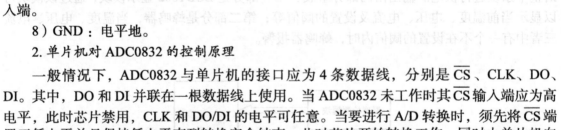

图11-62　DIP封装的ADC0832引脚排列

2. 单片机对ADC0832的控制原理

一般情况下，ADC0832与单片机的接口应为4条数据线，分别是$\overline{CS}$、CLK、DO、DI。其中，DO和DI并联在一根数据线上使用。当ADC0832未工作时其$\overline{CS}$输入端应为高电平，此时芯片禁用，CLK和DO/DI的电平可任意。当要进行A/D转换时，须先将$\overline{CS}$端置于低电平并且保持低电平直到转换完全结束。此时芯片开始转换工作，同时由单片机向ADC0832的CLK引脚提供时钟脉冲，DO/DI端则使用DI端输入通道功能选择的数据信号。在第1个时钟脉冲到来之前，DI端必须是高电平，表示启动位。在第2、3个时钟脉冲到来之前，DI端应输入2位数据用于选择通道功能，其功能见表11-17。

表11-17　ADC0832配置位

输入形式	配置位（DI端输入）		选择通道	
	1	2	CH0	CH1
差分输入	0	0	IN+	IN−
	0	1	IN−	IN+
单端输入	1	0	IN+	—
	1	1	—	IN+

当配置位 2 位数据为 1、0 时，只对 CH0 进行单通道转换。当配置位 2 位数据为 1、1 时，只对 CH1 进行单通道转换。当配置位 2 位数据为 0、0 时，将 CH0 作为正输入端 IN+，CH1 作为负输入端 IN- 进行输入。当配置位 2 位数据为 0、1 时，将 CH0 作为负输入端 IN-，CH1 作为正输入端 IN+ 进行输入。

当第 3 个时钟脉冲到来之后，DI 端的输入电平就失去输入作用，此后 DO/DI 端则开始利用数据输出端 DO 进行转换数据的读取。从第 4 个时钟脉冲开始，由 DO 端输出转换数据最高位 D7，随后每一个脉冲 DO 端输出下一位数据。直到第 11 个脉冲时发出最低位数据 D0，一个字节的数据输出完成。也正是从此位开始输出下一个相反字节的数据，即从第 11 个时钟脉冲输出 D0。随后输出 8 位数据，到第 19 个脉冲时数据输出完成，也标志着一次 A/D 转换的结束。最后将 $\overline{CS}$ 置高电平禁用芯片，直接将转换后的数据进行处理就可以了。ADC0832 时序如图 11-63 所示。

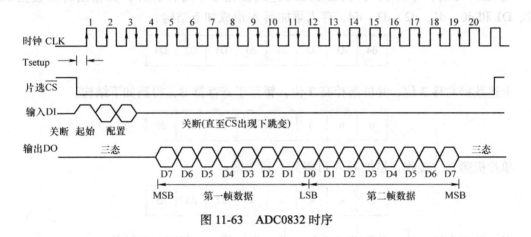

图 11-63　ADC0832 时序

3. ADC0832 典型应用

单片机串行口方式 0 与 ADC0832 接口如图 11-64 所示。

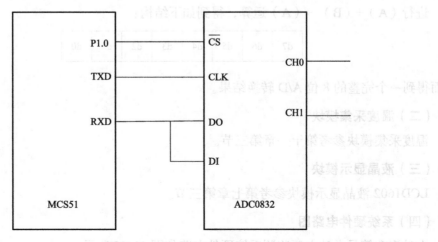

图 11-64　ADC0832 与单片机

51 单片机的 P1.0 为片选信号端，TXD 是时钟信号输出端，RXD 为启动信号，模拟通道选择信号发送端以及 A/D 转换后输出数据的接收端。

ADC0832 输出的串行数据共 15 位，由两段 8 位数据组成，第一段是最高位在先，第二段是最高位在后，两段数据共同使用低位。只有在时钟的下降沿，ADC0832 的串行数据才移出一位，由单片机控制时钟信号进行发送，并由 TXD 发出，以达到控制 ADC0832 输出数据位的目的。为了得到一列完整的 8 位数据，单片机分两次采集含有不同位的数据，再合成一列完整的 8 位数据。

当 REN=0 时，51 单片机连续向 ADC0832 发送 8 个时钟脉冲，前 3 个脉冲发送的是启动位和模拟通道选择位，共计 3 位；从第 4 个脉冲下降沿开始，ADC0832 发出转换数据 D7 到 D4（在脉冲上升沿单片机方可接收）。但由于 REN=0，单片机不予接收，丢失 D7 到 D4 数据。

当 REN=1 时，单片机又向 ADC0832 连续发出 8 个时钟脉冲，其输出转换数据 D3、D2、D1 和 d0、d1、d2、d3、d4，存入累加器 A 形成如下结构：

d4	d3	d2	d1	d0	D1	D2	D3

上述数据右移 3 位，并屏蔽掉高 3 位，暂存于寄存器 B，得到如下结构：

0	0	0	d4	d3	d2	d1	d0

单片机第二次接收，累加器 A 可得到下列数据：

×	×	×	×	×	d7	d6	d5

以上数据左移 5 位，并屏蔽低 5 位，送入累加器 A，得到如下结构：

d7	d6	d5	0	0	0	0	0

进行（A）+（B）→（A）运算，得到如下结构：

d7	d6	d5	d4	d3	d2	d1	d0

从而得到一个完整的 8 位 A/D 转换结果。

（二）温度采集模块

温度采集模块参考第十一章第三节。

（三）液晶显示模块

LCD1602 液晶显示模块参考第七章第三节。

（四）系统硬件电路图

电动汽车简易电池电压监测系统硬件电路如图 11-65 所示。

第十一章 课外实践

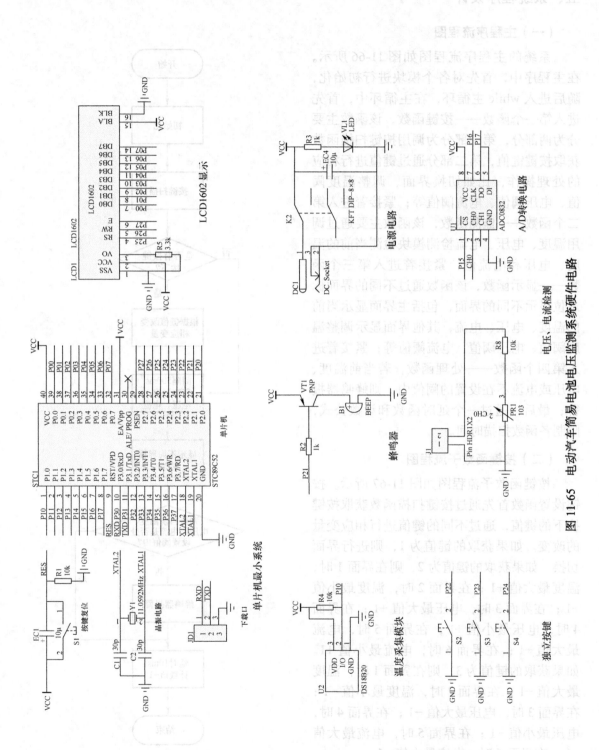

图 11-65 电动汽车简易电池电压监测系统硬件电路

177

五、系统程序设计

（一）主程序流程图

系统的主程序流程图如图 11-66 所示。在主程序中，首先对各个模块进行初始化，随后进入 while 主循环，在主循环中，首先进入第一个函数——按键函数，该函数主要分为两部分，第一部分为调用按键扫描函数获取按键键值，第二部分通过键值进行相应的处理操作，比如切换界面、调整温度阈值、电压阈值、电流阈值等；紧接着进入第二个函数——监测函数，该函数主要通过调用温度、电压、电流检测模块检测当前的温度、电压和电流值；紧接着进入第三个函数——显示函数，该函数通过不同的界面标志位显示不同的界面，包括主界面显示当前的温度、电压、电流，其他界面显示调整温度阈值、电压阈值、电流阈值等；紧接着进入第四个函数——处理函数，若当前温度、电压或电流不在设置的阈值内，则蜂鸣器报警；最后，通过一个延时函数和计数公式，限制各函数扫描时间。

（二）按键函数子流程图

按键函数子流程图如图 11-67 所示。按键设置函数首先通过按键扫描函数获取按键按下的键值，通过不同的键值进行相应变量的改变。如果获取的键值为 1，则进行界面切换。如果获取的键值为 2，则在界面 1 时，温度最大值 +1；在界面 2 时，温度最小值 +1；在界面 3 时，电压最大值 +1；在界面 4 时，电压最小值 +1；在界面 5 时，电流最大值 +1；在界面 6 时，电流最小值 +1。如果获取的键值为 3，则在界面 1 时，温度最大值 -1；在界面 2 时，温度最小值 -1；在界面 3 时，电压最大值 -1；在界面 4 时，电压最小值 -1；在界面 5 时，电流最大值 -1；在界面 6 时，电流最小值 -1。

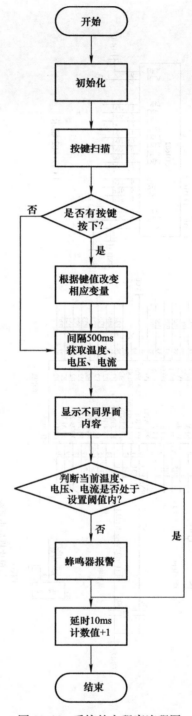

图 11-66　系统的主程序流程图

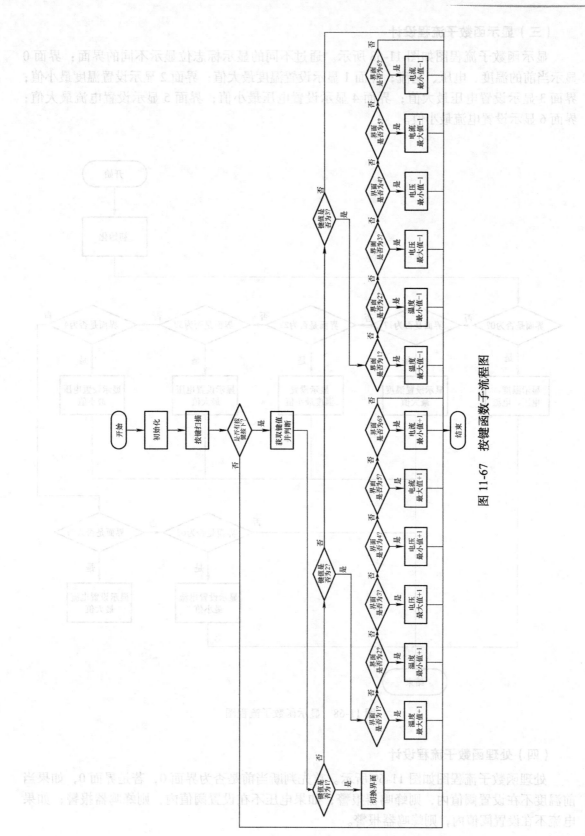

图 11-67 按键函数子流程图

（三）显示函数子流程设计

显示函数子流程图如图 11-68 所示。通过不同的显示标志位显示不同的界面：界面 0 显示当前的温度、电压、电流；界面 1 显示设置温度最大值；界面 2 显示设置温度最小值；界面 3 显示设置电压最大值；界面 4 显示设置电压最小值；界面 5 显示设置电流最大值；界面 6 显示设置电流最小值。

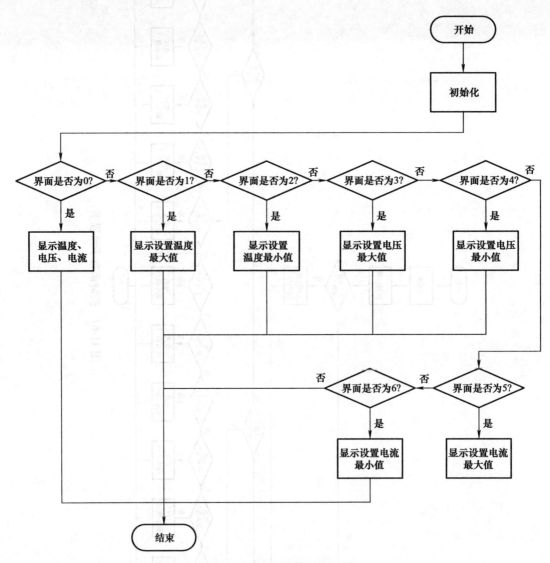

图 11-68　显示函数子流程图

（四）处理函数子流程设计

处理函数子流程图如图 11-69 所示。首先判断当前是否为界面 0，若是界面 0，如果当前温度不在设置阈值内，则蜂鸣器报警；如果电压不在设置阈值内，则蜂鸣器报警；如果电流不在设置阈值内，则蜂鸣器报警。

六、项目实践

（一）操作准备

项目实践中所需元器件见表 11-18。

表 11-18 电动汽车简易电池电压监测系统硬件元器件列表

序号	名称	规格	数量
1	单面覆铜板	长×宽：120mm×120mm	1
2	DC 电源插座	DC-005	1
3	电阻	10kΩ	3
4	电容	30pF	2
5	电解电容	10μF	2
6	按键	DIP-6×6×5	4
7	单片机	STC89C52	1
8	晶振	11.0592MHz	1
9	电源按键	KFT DIP-8×8	1
10	电源底座	DC-002	1
11	DS18B20	TO-92	1
12	LED	蓝色	1
13	电阻	1kΩ	2
14	电阻	3.3kΩ	1
15	电位器	WH06-2	1
16	蜂鸣器	有源	1
17	PNP 型晶体管	TO-92	1
18	液晶显示器	LCD1602	1
19	ADC0832	DIP8	1

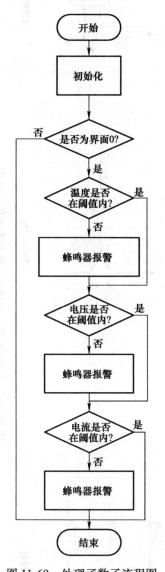

图 11-69 处理函数子流程图

（二）Proteus 仿真电路图

电动汽车简易电池电压监测系统由单片机最小系统、液晶显示模块、电压电流测量模块、温度测量模块、报警模块和按键模块组成，仿真原理如图 11-70 所示，通过三个按键可以设置电压、电流以及温度的报警值。

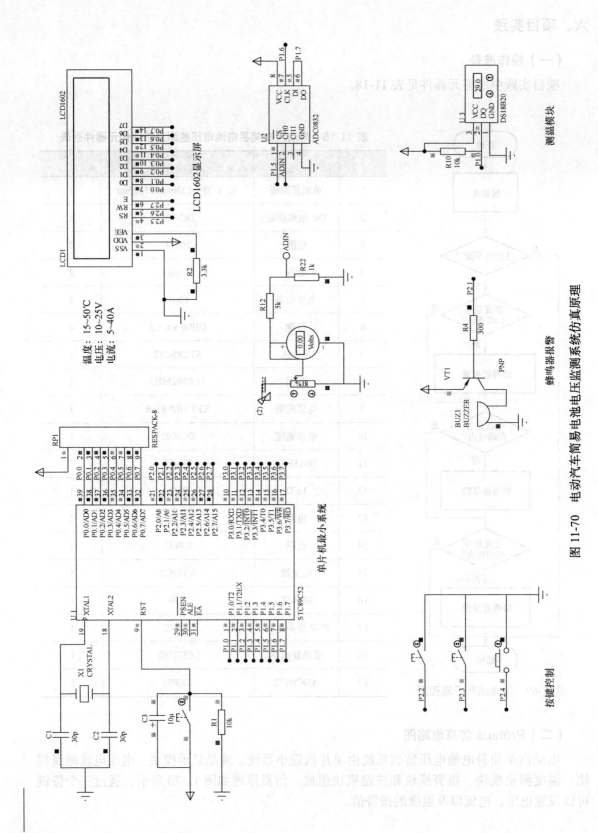

图 11-70 电动汽车简易电池电压监测系统仿真原理

(三）参考程序

扫二维码，观看"电动汽车简易电池电压监测系统的设计"。

第九节　汽车简易空调控制系统的设计

一、项目目标

汽车空调是汽车舒适性的重要保障，是各大汽车厂商提高汽车市场竞争能力的重要手段。本项目设计一个基于单片机的空调控制系统，可以根据车内温度自动调整空调的运行模式。

二、项目功能要求

基于单片机的汽车自动空调控制系统，主要实现以下几个功能：
1) 具有手动和自动控制模式。
2) 能够检测车内温度，并在 LCD 上显示。
3) 在手动模式下，可以通过按键调整温度、风速、模式。
4) 在自动模式下，能根据设定的温度来自动控制调节制冷或制热、风扇的转速快慢与风门开度的大小来保证车内环境的舒适度。

三、总体方案设计

本设计以 51 单片机为核心控制器，加上其他的模块一起组成车载空调控制的整个系统，其中包含中控部分、输入部分和输出部分，如图 11-71 所示。中控部分采用了 51 单片机，其主要作用是获取输入部分数据，经过内部处理，控制输出部分。输入由三部分组成，第一部分是 DS18B20 温度检测模块，通过该模块可检测吹风机的温度值；第二部分是独立

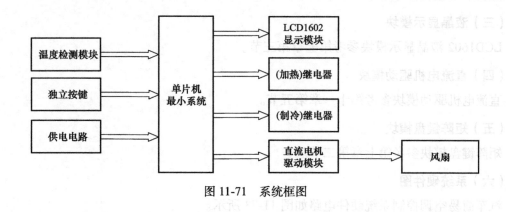

图 11-71　系统框图

按键，通过九个独立按键切换模式、控制空调、控制风扇、调整风速、调整温度设置值等；第三部分是供电电路，给整个系统进行供电。输出由四部分组成：第一部分是 LCD1602 显示模块，通过该模块可以显示当前模式、风速、空调状态、风扇状态、温度、温度设置值；第二部分是加热继电器，当温度小于设置值时，加热继电器闭合，也可通过按键控制；第三部分是制冷继电器，当温度大于设置值时，制冷继电器闭合，也可通过按键控制；第四部分是 L298N 直流电机控制风扇，当温度大于或小于温度设置值时，风扇转动，也可通过按键控制。

四、硬件电路设计

（一）继电器控制电路

继电器是一种电控制器件，如图 11-72 所示。它具有控制系统（又称输入回路）和被控制系统（又称输出回路）之间的互动关系，通常应用于自动化的控制电路中。它实际上是用小电流去控制大电流运作的一种"自动开关"，故在电路中起着自动调节、安全保护、转换电路等作用。

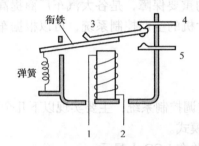

图 11-72　继电器原理图

继电器一般由衔铁、触点、铁心和线圈组成，其工作原理是，当继电器线圈 1、2 通电后，线圈中就会流过电流，根据电磁效应，线圈中的铁心产生电磁力，衔铁在电磁力的作用下，克服弹簧的拉力，使触点 3 向下移动，与常闭合触点 4 断开，与常开触点 5 接通。当线圈断电后，电磁力消失，衔铁在弹簧拉力的作用下复位，使触点 3 与常闭合触点 4 接通，与常开触点 5 断开。我们只要把需要控制的电路接在触点 3、4 间或触点 3、5 间，就可以利用继电器来控制电路的通断。

（二）温度采集模块

温度采集模块参考第十一章第三节。

（三）液晶显示模块

LCD1602 液晶显示模块参考第七章第三节。

（四）直流电机驱动模块

直流电机驱动模块参考第十一章第五节。

（五）矩阵键盘模块

矩阵键盘模块参考第七章第二节。

（六）系统硬件图

汽车简易空调控制系统硬件电路如图 11-73 所示。

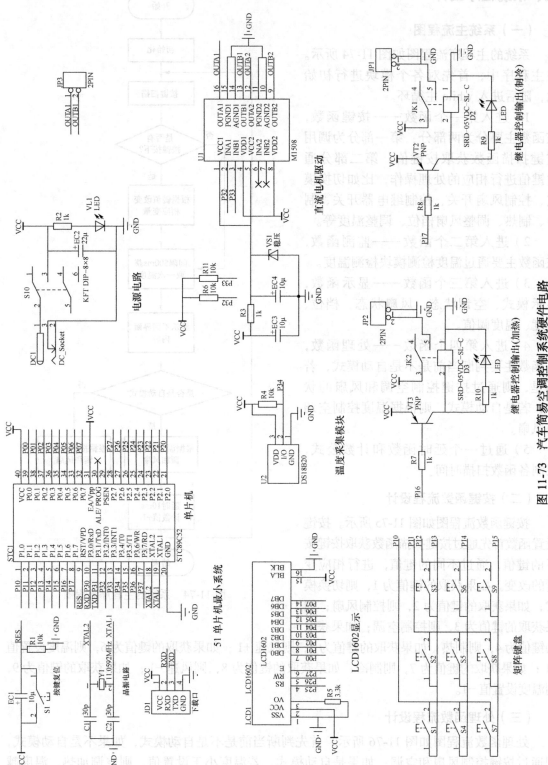

图 11-73 汽车简易空调控制系统硬件电路

五、系统程序设计

（一）系统主流程图

系统的主程序流程图如图11-74所示。在主程序中，首先对各个模块进行初始化，随后进入while主循环。

1）进入第一个函数——按键函数，该函数主要分为两部分：第一部分为调用按键扫描函数获取按键值；第二部分通过键值进行相应的处理操作，比如切换模式、控制风扇开关、控制继电器开关、制冷、制热、调整风扇档位、调整温度等。

2）进入第二个函数——监测函数，该函数主要通过温度检测模块检测温度。

3）进入第三个函数——显示函数，显示模式、空调状态、风扇状态、档位、温度、温度阈值。

4）进入第四个函数——处理函数，该函数主要判断当前是不是自动模式，若不是，则通过按键控制空调和风扇的状态，若是自动模式，则根据温度控制空调和风扇。

5）通过一个延时函数和计数公式，限制各函数扫描时间。

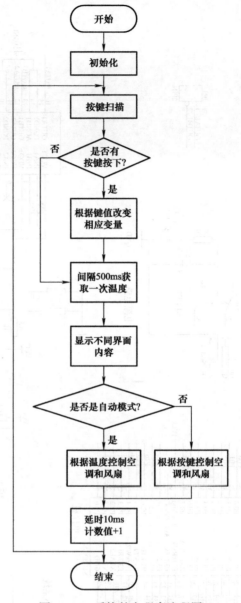

图11-74 系统的主程序流程图

（二）按键函数流程设计

按键函数流程图如图11-75所示。按键设置函数首先通过按键扫描函数获取按键按下的键值，通过不同的键值，进行相应变量的改变。如果获取的键值为1，则切换模式；如果获取的键值为2，则控制风扇；如果获取的键值为3，则控制空调；如果获取的键值为4，则制热；如果获取的键值为5，则风速+1；如果获取的键值为6，则温度设置值+1；如果获取的键值为7，则制冷；如果获取的键值为8，则风速-1；如果获取的键值为9，则温度设置值-1。

（三）处理函数流程设计

处理函数流程图如图11-76所示。首先判断当前是不是自动模式，如果不是自动模式，则通过按键控制风扇和空调；如果是自动模式，若温度小于设置值，则空调加热，温度越低风扇风速越大；若温度大于设置值，则空调制冷，温度越高风扇风速越大。

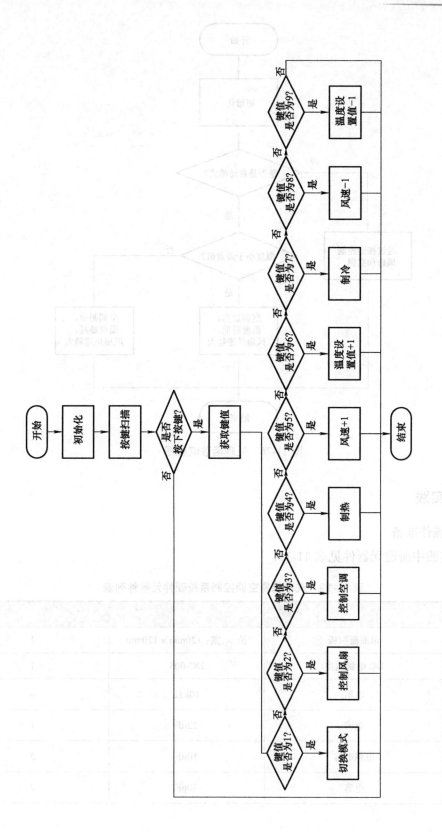

图 11-75 按键函数流程图

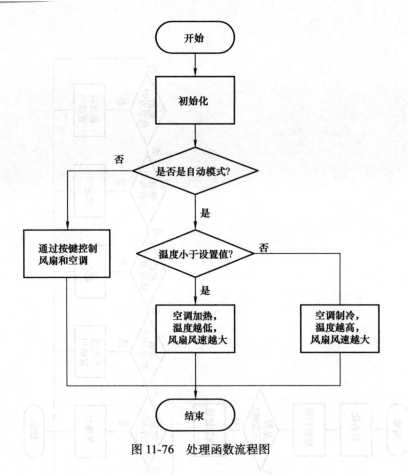

图 11-76 处理函数流程图

六、项目实践

（一）操作准备

项目实践中所需元器件见表 11-19。

表 11-19 汽车简易空调控制系统硬件元器件列表

序号	名称	规格	数量
1	单面覆铜板	长×宽：120mm×120mm	1
2	DC 电源插座	DC-005	1
3	电阻	10kΩ	4
4	电容	22μF	1
5	电解电容	10μF	3
6	电容	30pF	2

（续）

序号	名称	规格	数量
7	按键	DIP-6×6×5	10
8	单片机	STC89C52	1
9	晶振	11.0592MHz	1
10	电源按键	KFT DIP-8×8	1
11	电源底座	DC-002	1
12	继电器	JZX-22f(d) 2Z	2
13	直流电机	M1508	1
14	显示模块	LCD1602	1
15	DS18B20	TO-92	1
16	直流电机驱动	LN298	1
17	电阻	1kΩ	6
18	电阻	3.3kΩ	1
19	LED	蓝色	3
20	DS18B20	TO-92	1
21	PNP 型晶体管	TO-92	2

（二）Proteus 仿真电路图

汽车简易空调控制系统由单显示模块、电机驱动电路模块、霍尔传感器模块、报警模块和按键模块组成，仿真原理如图 11-77 所示。

（三）参考程序

扫二维码，观看"汽车简易空调控制系统的设计"。

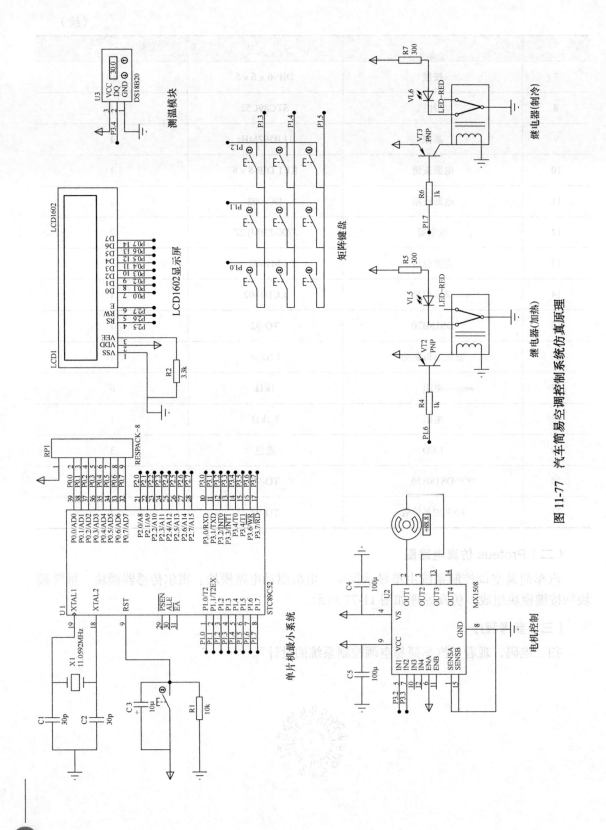

图 11-77 汽车简易空调控制系统仿真原理

第十节 汽车刮水器控制系统的设计

一、项目目标

刮水器是汽车中的一个关键部件,它直接关系到汽车在雨中的行驶安全性,因此,它是保证汽车在雨中行驶安全的一个关键环节。在极端天气开车时,由于车窗上有雨、雪等干扰,会对汽车安全驾驶造成一定的影响,驾驶员在行驶过程中可能会根据雨量的大小,不停地用手去操纵刮水器,从而导致驾驶员的精神不集中,容易造成交通事故。本项目要求设计一款自动控制的刮水器,能根据雨量大小自动调节刮水器摆动速度的快慢。

二、项目功能要求

本设计是基于单片机的汽车刮水器控制系统,具体功能如下:
1)能够采集雨量的信息,并在LCD1602上显示。
2)可以设置刮水器控制的雨量阈值。
3)可以根据雨量大小,开启或关闭刮水器,并自动调整刮水器的速度。

三、总体方案设计

本设计以51单片机为核心控制器,加上其他的模块一起组成汽车刮水器控制系统,其中包含中控部分、输入部分和输出部分,如图11-78所示。中控部分采用了51单片机,其主要作用是获取输入部分数据,经过内部处理,控制输出部分。输入部分由两部分组成:第一部分是按键输入模块,主要是设置雨量上下限值来自动控制刮水器;第二部分是雨量传感器输入模块,可以采集雨量信息。输出部分由两部分组成:第一部分是LCD1602显示模块,主要功能是显示雨量大小;第二部分是步进电机驱动部分,通过步进电机控制刮水器运动。

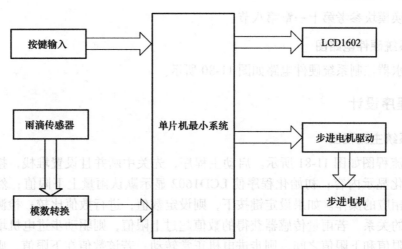

图11-78 系统框图

四、硬件电路设计

（一）YL—83 雨滴传感器

雨量传感器主要是用来检测车辆运行环境中是否下雨，以及雨量的大小。当汽车在雨雪天等恶劣天气下行车时，由雨量传感器向控制器发送雨量信息，控制器根据雨量信息控制刮水器执行相应的动作。

YL—83 雨滴传感器是一种电阻式雨量传感器，如图 11-79 所示。当环境中雨量大小发生改变时，电阻式雨量传感器的两个点之间的电阻值会发生改变，通过测量两点之间阻值的大小，就可以间接地获得雨量的大小。其在印刷电路板上刻了几条传导线路，在无雨水情况下 A 和 B 点为绝热态，A 和 B 之间的电阻较高；在下雨时，雨水会把彼此隔离的导线相连，使 A 和 B 之间的电阻大大减小。因此，通过测量 AB 之间的电阻率，就可以间接地探测传感器上附着雨量的大小，然后将阻值转化成电信号传送至刮水器控制器，实现对刮水器系统的自动控制。雨量传感器一般安装于汽车车身外侧、车头前端。

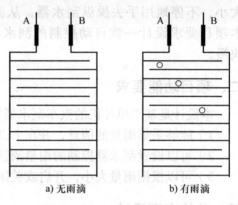

图 11-79 电阻式雨量传感器

（二）液晶显示模块

LCD1602 液晶显示模块参考第七章第三节。

（三）步进电机驱动模块

步进电机模块参考第十一章第四节。

（四）A/D 转换模块

A/D 转换模块参考第十一章第八节。

（五）系统硬件电路图

汽车刮水器控制系统硬件电路如图 11-80 所示。

五、系统程序设计

（一）系统主流程图

主程序流程图如图 11-81 所示。启动主程序，先关中断并且设置堆栈，接着初始化寄存器，初始化显示内容；初始化程序使 LCD1602 显示默认雨量上下限值；然后执行按键查询，执行相应的操作。如果设定键按下，则设定数值，进行数值比较；检测雨量值和上下限设定值的关系，若雨量传感器获得的数值超过上限值，则驱动步进电机增加转速；若该数值在上限值和下限值之间，则步进电机正常转动；若该数值在下限值，则步进电机不转动。

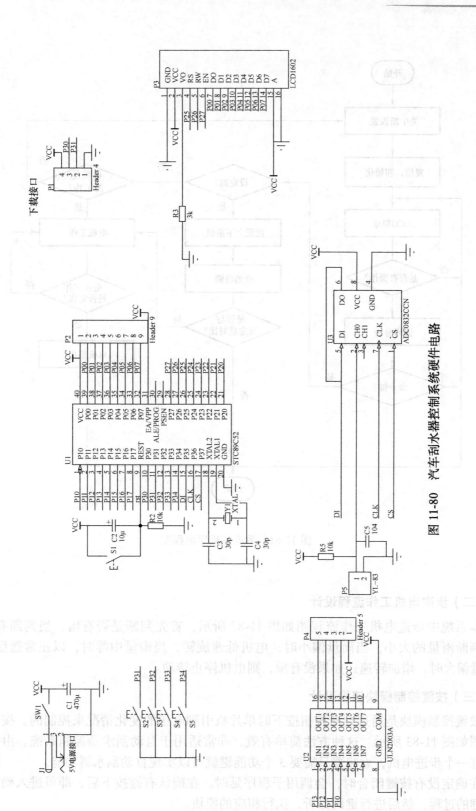

图 11-80 汽车刮水器控制系统硬件电路

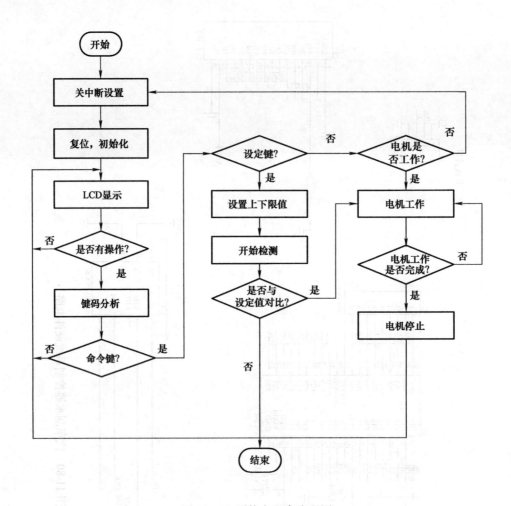

图 11-81　系统主程序流程图

(二) 步进电机工作流程设计

本系统中步进电机工作流程图如图 11-82 所示，首先判断是否有雨，当判断有雨时，开始判断雨量的大小，当雨量偏小时，电机低速旋转，当雨量中等时，以正常速度旋转，当雨量偏大时，增加转速；如果没有雨，则电机停止转动。

(三) 按键控制模块流程设计

按键控制模块是通过判断按钮按下时单片机引脚电压的变化情况来控制的。按键控制流程图如图 11-83 所示。这种方法简单有效，非常适用于自动刮水器控制系统。由于本设计只有一个步进电机，意味着只需要 3 个功能键就可以实现自动刮水器功能。

在确定没有按键闭合时，会调用子程序延时。在确认有键按下后，即可进入确定具体闭合键的过程，然后进行键码分析，执行相应的模块。

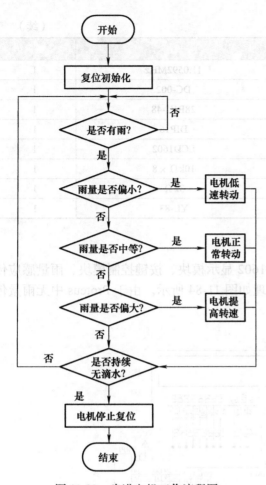

图 11-82 步进电机工作流程图

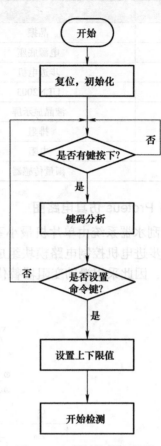

图 11-83 按键控制流程图

六、项目实践

（一）操作准备

项目实践中所需元器件见表 11-20。

表 11-20 汽车刮水器系统硬件元器件列表

序号	名称	规格	数量
1	单面覆铜板	长 × 宽：120mm × 120mm	1
2	DC 电源插座	DC-005	1
3	电阻	10kΩ	2
4	电容	30pF	2
5	电解电容	10μF	1
6	按键	DIP-6 × 6 × 5	5
7	单片机	STC89C52	1

(续)

序号	名称	规格	数量
8	晶振	11.0592MHz	1
9	电源底座	DC-002	1
10	步进电机	28BYJ-48	1
11	ULN2003	DIP16	1
12	液晶显示屏	LCD1602	1
13	排阻	10kΩ×8	1
14	电阻	3kΩ	1
15	雨量传感器	YL-83	1

（二）Proteus 仿真电路图

汽车刮水器系统由单片机最小系统、LCD1602 显示模块、按键控制模块、雨量感应传感模块、步进电机控制电路模块组成，仿真原理如图 11-84 所示。由于 Proteus 中无雨量传感器模块，因此采用滑动变阻器替代。

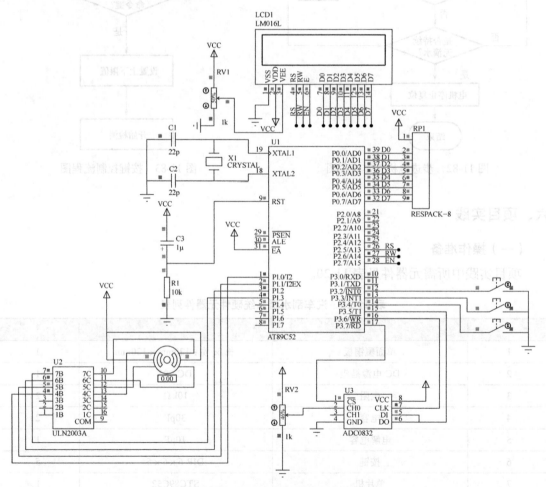

图 11-84　汽车刮水器系统仿真原理

（三）参考程序

扫二维码，观看"汽车刮水器控制系统的设计"。

第十一节　电动汽车超速报警器的设计

一、项目目标

随着经济的不断增长、城市化速度的加快，汽车产业的发展非常迅速，汽车已成为人们出行的主要工具，然而汽车在给我们的生活带来便利的同时，也产生了一系列社会问题。因为汽车超速造成的交通事故而导致的伤亡人数占意外伤亡人数的比重相当大，给社会造成了巨大的经济损失，所以对汽车进行超速限制报警是非常必要的。本项目设计一个电动汽车速度监测系统，当汽车行驶速度超过阈值时，发出警告提醒驾驶员限速。

二、项目功能要求

本设计是基于单片机的霍尔测速系统，主要实现以下功能：
1）通过 LCD1602 显示屏显示限速阈值和霍尔传感器测得的速度值。
2）通过霍尔传感器检测速度，当测量的速度大于设定值时发出报警。
3）可通过按键调整速度最大阈值。

三、总体方案设计

本设计以 51 单片机为核心控制器，加上其他的模块一起组成测速的整个系统，其中包含中控部分、输入部分和输出部分，如图 11-85 所示。中控部分采用了 51 单片机，其主要

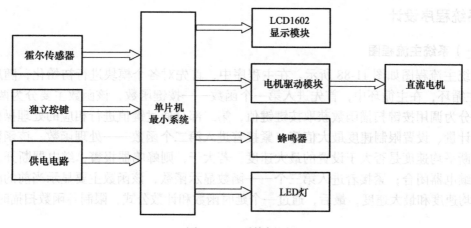

图 11-85　系统框图

作用是获取输入部分数据，经过内部处理，控制输出部分。输入由三部分组成：第一部分是霍尔传感器检测模块，通过该模块可检测当前的速度；第二部分是独立按键，通过三个独立按键调整最大速度值、调整电机速度档位值；第三部分是供电电路，给整个系统进行供电。输出由四部分组成：第一部分是 LCD1602 显示模块，通过该模块可以显示最大速度值、当前速度值；第二部分是电机驱动模块和直流电机，模拟车轮转动；第三部分是蜂鸣器；第四部分是 LED 灯。蜂鸣器和 LED 灯组成声光报警系统，当速度值超过最大速度值时，进行声光报警。

四、硬件电路设计

（一）霍尔传感器模块

霍尔传感器是一种利用霍尔效应原理工作的磁电传感器。它主要是由霍尔元件、特定磁极对数的永久磁铁、旋转装置及输入/输出插件等组成。

霍尔传感器的工作原理是当车辆运行后，电机转动会带动霍尔传感器的旋转装置旋转，旋转装置会带动永久磁铁旋转，随着磁铁的旋转，穿过霍尔元件的磁场将产生周期性变化，导致霍尔元件输出电压发生周期性变化，再通过电路处理霍尔元器件输出电压，形成稳定的脉冲电压信号，作为车速传感器的输出信号。YS27 霍尔传感器模块由 LM393 和 3144 霍尔传感器组成，其引脚接线如图 11-86 所示。

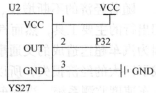

图 11-86　YS27 霍尔传感器引脚接线

（二）液晶显示模块

LCD1602 液晶显示模块参考第七章第三节。

（三）直流电机驱动模块

直流电机驱动模块参考第十一章第五节。

（四）系统硬件电路图

电动汽车超速报警器的系统硬件电路如图 11-87 所示。

五、系统程序设计

（一）系统主流程图

系统主流程图如图 11-88 所示。在主程序中，首先对各个模块进行初始化，随后进入 while 主循环，在主循环中，首先进入第一个函数——按键函数，该函数主要分为两部分，第一部分为调用按键扫描函数获取按键键值，第二部分通过键值进行相应的处理操作，比如开始计量、设置限制速度最大值等；紧接着进入第二个函数——处理函数，该函数主要通过判断平均速度是否大于设置的最大速度，若大于，则蜂鸣器报警，继电器断开；若小于，则继电器闭合；紧接着进入第三个——函数显示函数，该函数主要显示当前的瞬时速度、平均速度和最大速度；最后，通过一个延时函数和计数公式，限制各函数扫描时间。

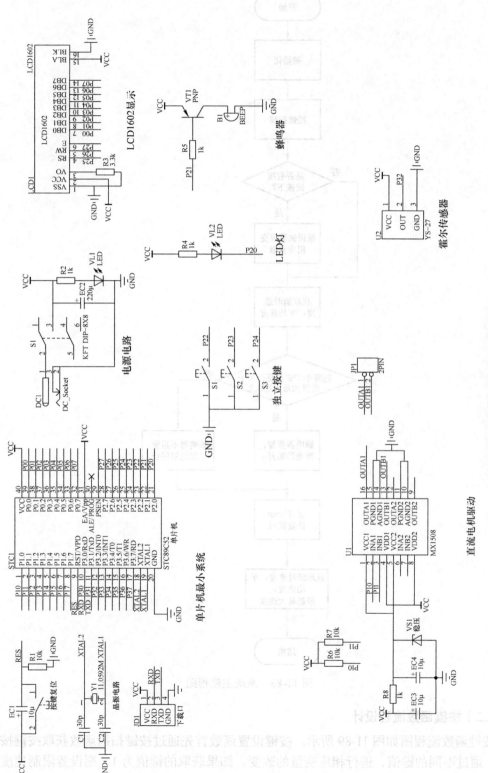

图 11-87 电动汽车超速报警器的系统硬件电路

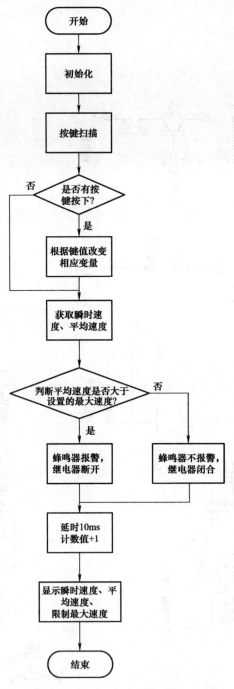

图 11-88 系统主流程图

（二）按键函数流程设计

按键函数流程图如图 11-89 所示。按键设置函数首先通过按键扫描函数获取按键按下的键值，通过不同的键值，进行相应变量的改变。如果获取的键值为 1，则设置限制速度最大值。如果获取的键值为 2，在界面 0 时，则进行复位开始；在界面 1 时，则限制速度最大值 +1。如果获取的键值为 3，在界面 0 时，则取消报警；在界面 1 时，则限制速度最大值 −1。

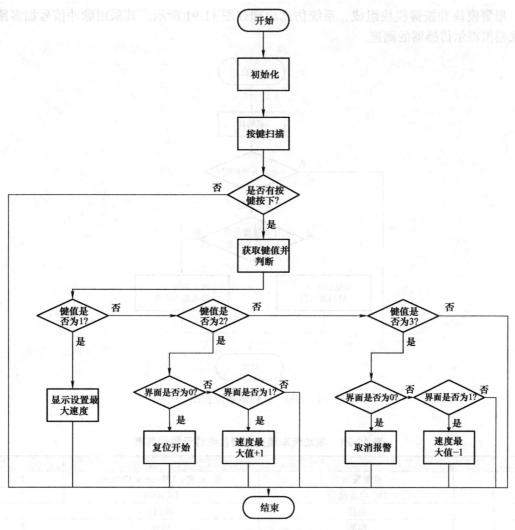

图 11-89 按键函数流程图

（三）处理函数流程设计

处理函数流程图如图 11-90 所示。首先判断当前界面是否为 0，若为 0，则先计算瞬时速度、平均速度，然后判断平均速度是否大于限制速度最大值。如果平均速度大于限制速度最大值，则继电器断开，蜂鸣器报警；如果平均速度小于限制速度最大值，则继电器闭合。

六、项目实践

（一）操作准备

项目实践中所需元器件见表 11-21。

（二）Proteus 仿真电路图

电动汽车超速报警器由单片机最小系统、显示模块、电机驱动模块、霍尔传感器模块、报警模块和按键模块组成，系统仿真原理如图 11-91 所示，其采用脉冲信号加多路开关来模拟霍尔传感器的测速。

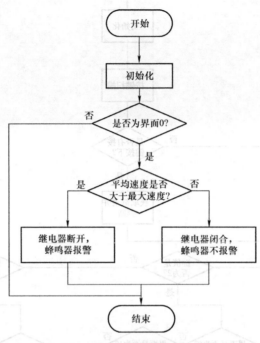

图 11-90 处理函数流程图

表 11-21 电动汽车超速报警器硬件元器件列表

序号	名称	规格	数量
1	单面覆铜板	长×宽：120mm×120mm	1
2	DC 电源插座	DC-005	1
3	电阻	10kΩ	3
4	电容	30pF	2
5	电解电容	10μF	3
6	电容	220μF	1
7	按键	DIP-6×6×5	4
8	单片机	STC89C52	1
9	晶振	11.0592MHz	1
10	电源按键	KFT DIP-8×8	1
11	电源底座	DC-002	1
12	霍尔传感器	YS-27	1
13	PNP 型晶体管	TO-92	1
14	液晶显示屏	LCD1602	1
15	排阻	10kΩ×8	1
16	稳压二极管	LL34	1
17	电阻	3.3kΩ	1
18	直流电机	M1508	1
19	LED	蓝色	2
20	电阻	1kΩ	4
21	直流电机驱动	L298N	1
22	蜂鸣器	有源	1

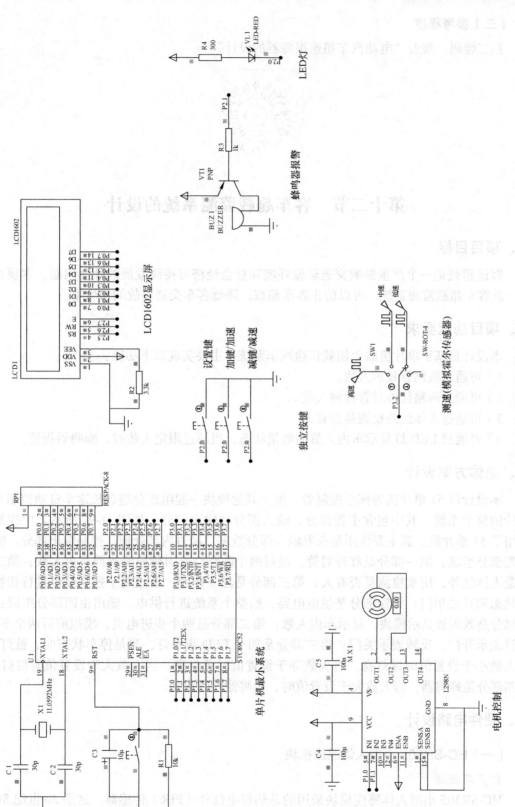

图 11-91 电动汽车超速报警器系统仿真原理

(三) 参考程序

扫二维码，观看"电动汽车超速报警器的设计"。

第十二节　客车超载监测系统的设计

一、项目目标

客运超载是一个严重影响交通运输环境和社会经济可持续发展的社会问题，本项目设计一款客车超载监测系统，可以防止客车超载，降低客车交通事故的发生率。

二、项目功能要求

本设计是基于单片机的免超载长途汽车系统，主要实现以下功能：
1）可通过数码管显示人数。
2）可通过两路红外对管检测人数。
3）可通过人体红外检测是否有人。
4）可通过LED灯显示车内人员的数量状态，当超过限定人数时，蜂鸣器报警。

三、总体方案设计

本设计以51单片机为核心控制器，加上其他模块一起组成免超载长途车自动控制系统设计的整个系统，其中包含中控部分、输入部分和输出部分，如图11-92所示。中控部分采用了51单片机，其主要作用是获取输入部分数据，经过内部处理，控制输出部分。输入由四部分组成：第一部分是红外对管，通过两个两路红外对管检测当前车内人数；第二部分是人体红外，用来检测是否有人；第三部分是独立按键，通过两个独立按键进行切换行车状态和开关车门；第四部分是供电电路，给整个系统进行供电。输出由四部分组成：第一部分是数码管显示模块，显示车内人数；第二部分是两个步进电机，模拟前后两个车门，正转表示开门、反转表示关门；第三部分是四个LED指示灯，当是停车状态时，蓝灯亮，当人数小于设置值时绿灯亮，当人数等于设置值时黄灯亮，当人数大于设置值时红灯亮；第四部分是蜂鸣器，当人数大于设置值时，蜂鸣器间断报警。

四、硬件电路设计

（一）HC-SR505小型人体感应模块

1. 产品概述

HC-SR505小型人体感应模块采用的是热释电红外（PIR）传感器，这是20世纪80年代发展起来的一种新型高灵敏度探测元件，可以检测人体发射的红外线并转换输出电信号的传感器，它可以组成防入侵报警器或各种自动化节能装置。它能以非接触形式检测出人体辐射的红外线能量的变化，并将其转换成电压信号输出。将这个电压信号加以放大，便可驱动各种控制电路。热释电红外传感器具有灵敏度高、可靠性强、超小体积、超低电压的工作模式。

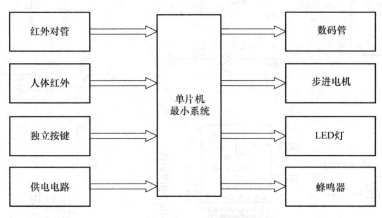

图 11-92　系统框图

2. 技术参数

1）工作电压范围：DC 4.5~20V。

2）静态电流：小于 50μA。

3）电平输出：高 3.3V/ 低 0V。

4）触发方式：可重复触发（默认）。

5）电路板外形尺寸：10mm×23mm。

6）感应角度：<100° 锥角。

7）感应距离：3m 以内。

8）工作温度：−20~80℃。

9）感应透镜：尺寸直径 10mm。

3. 引脚功能示意图

HC-SR505 小型人体感应模块引脚功能示意图如图 11-93 所示。

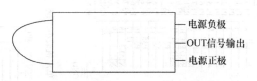

图 11-93　HC-SR505 小型人体感应模块引脚功能

（二）步进电机模块

步进电机模块参考第十一章第四节。

（三）数码管显示模块

数码管显示模块参考第十一章第二节。

（四）系统硬件电路图

客车超载监测系统硬件电路如图 11-94 所示。

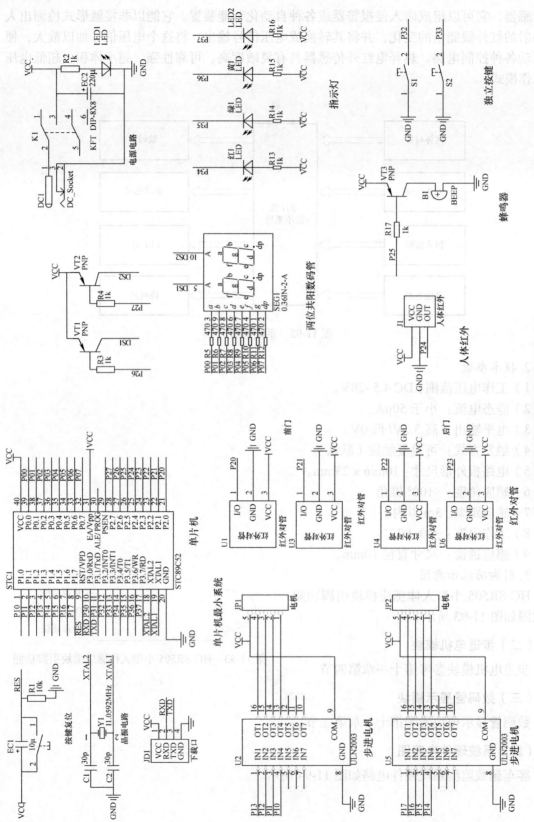

图 11-94 客车超载监测系统硬件电路

五、系统程序设计

（一）主程序流程设计

系统的主程序流程图如图 11-95 所示，在主程序中，首先对各个模块进行初始化，随后进入 while 主循环。

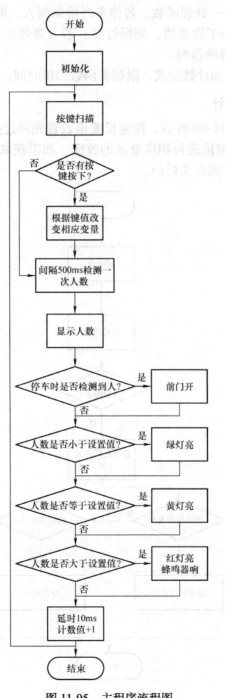

图 11-95　主程序流程图

1）在主循环中，首先进入第一个函数——按键函数，该函数主要分为两部分：第一部分为调用按键扫描函数获取相关按键键值；第二部分通过相关按键进行相应的处理操作，比如模拟行车状态、下车。

2）进入第二个函数——监测函数，通过调用两路红外对管检测车中人数。

3）进入第三个函数——显示函数，显示车内人数。

4）进入第四个函数——处理函数，若停车时检测到人，则前门打开；若未检测到人，10s 后车门关闭。若人数小于设置值，则绿灯亮；若人数等于设置值，则黄灯亮；若人数大于设置值，则红灯亮且蜂鸣器响。

5）通过一个延时函数和计数公式，限制各函数扫描时间。

（二）按键函数流程设计

按键函数流程图如图 11-96 所示。按键设置函数首先通过按键扫描函数获取按键按下的相关信息，通过不同的键值进行相应变量的改变。如果获取的键值为 1，则切换车的状态；如果获取的键值为 2，则开关后门。

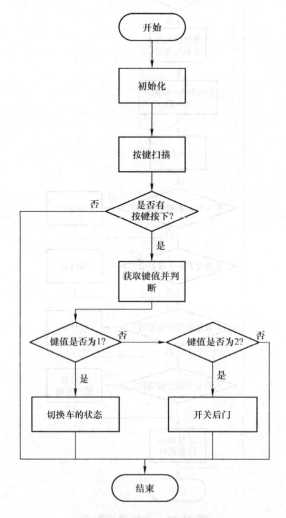

图 11-96　按键函数流程图

(三)处理函数流程设计

处理函数流程图如图 11-97 所示。首先判断是否是停车状态,如果是停车状态,若人体红外检测到人,则前门打开;若未检测到人,则 10s 后车门关闭。若车内人数小于设置值,则绿灯亮;若车内人数等于设置值,则黄灯亮;若车内人数大于设置值,则红灯亮,蜂鸣器间隔报警。

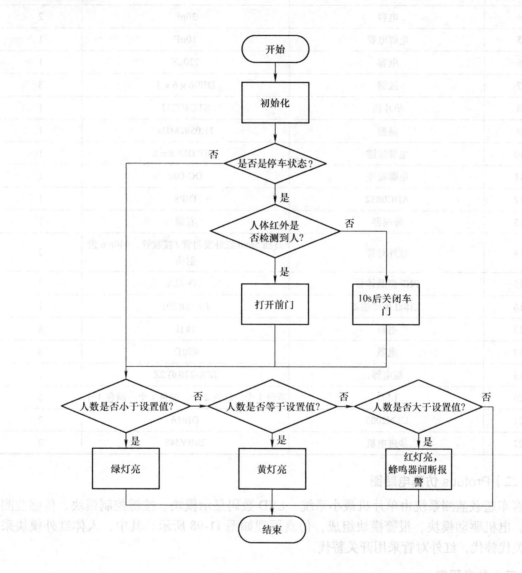

图 11-97　处理函数流程图

六、项目实践

(一)操作准备

项目实践中所需元器件见表 11-22。

表 11-22 客车超载监测系统硬件元器件列表

序号	名称	规格	数量
1	单面覆铜板	长 × 宽：120mm × 120mm	1
2	DC 电源插座	DC-005	1
3	电阻	10kΩ	1
4	电容	30pF	2
5	电解电容	10μF	1
6	电容	220μF	1
7	按键	DIP-6 × 6 × 5	3
8	单片机	STC89C52	1
9	晶振	11.0592MHz	1
10	电源按键	KFT DIP-8 × 8	1
11	电源底座	DC-002	1
12	ADC0832	DIP8	1
13	蜂鸣器	有源	1
14	红外对管	直插 5mm 红外发射管 / 接收管、940nm 发射头	2
15	PNP 型晶体管	TO-92A	3
16	人体红外传感器	HC-SR501	1
17	电阻	1kΩ	8
18	电阻	470Ω	8
19	继电器	JZX-22f(d) 2Z	1
20	LED	蓝色 1 个，红色 2 个，黄色 1 个，绿色 1 个	5
21	ULN2003	DIP16	2
22	步进电机	28BYJ48	2

（二）Proteus 仿真电路图

客车超载监测系统由单片机最小系统、LED 数码显示模块、按键控制模块、传感监测模块、电机驱动模块、报警模块组成，仿真原理如图 11-98 所示。其中，人体红外模块采用开关代替代，红外对管采用开关替代。

（三）参考程序

扫二维码，观看"客车超载监测系统的设计"。

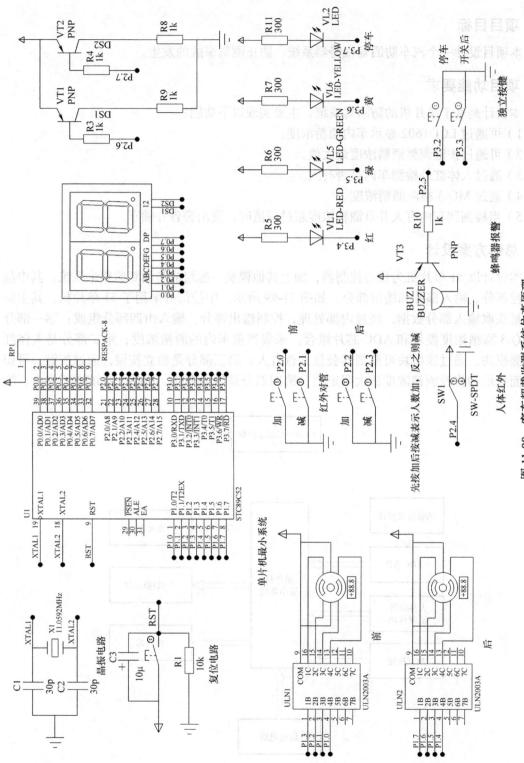

图 11-98 客车超载监测系统仿真原理

第十三节 汽车防酒驾报警器系统的设计

一、项目目标

本项目设计一个汽车防酒驾报警器系统,防止酒驾事故的发生。

二、项目功能要求

本设计是基于单片机的防酒驾系统,主要实现以下功能:
1)可通过 LCD1602 显示车内酒精浓度。
2)可通过按键调整酒精浓度最大值。
3)通过人体红外检测车内是否有人。
4)通过 MQ-3 检测酒精浓度。
5)当检测到车内有人并且酒精浓度超过阈值时,发出警告并锁车。

三、总体方案设计

本设计以 51 单片机为核心控制器,加上其他模块一起组成防酒驾的整个系统,其中包含中控部分、输入部分和输出部分,如图 11-99 所示。中控部分采用了 51 单片机,其主要作用是获取输入部分数据,经过内部处理,控制输出部分。输入由四部分组成:第一部分是 MQ-3 酒精浓度模块和 ADC 芯片组合,采集当前车内的酒精浓度;第二部分是人体红外监测模块,通过该模块可监测驾驶位是否有人;第三部分是独立按键,通过按键,可切换界面显示和修改酒精浓度最大限定值;第四部分是供电电路,给整个系统进行供电。输

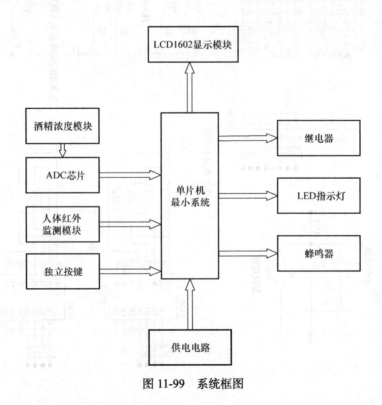

图 11-99 系统框图

出由四部分组成：第一部分是 LCD1602 显示模块，通过该模块可以显示当前车内酒精浓度和酒精浓度最大限定值；第二部分是继电器，当监测到酒精浓度大于酒精浓度最大限定值并且驾驶位有人时，继电器闭合，可实现自动锁车；第三部分是 LED 指示灯，当按键每按一次，LED 灯亮一次；第四部分是蜂鸣器，当监测到酒精浓度大于酒精浓度最大限定值并且驾驶位有人时，蜂鸣器触发。

四、硬件电路设计

（一）酒精传感器 MQ-3

1. 酒精传感器 MQ-3 介绍

MQ-3 酒精传感器具有灵敏度高、电路简单、使用方便、所需费用低、稳定性好以及寿命长等优点，可以把一定空间中的酒精浓度转换成电信号，并且输出电压大小随着空间中检测到酒精浓度的变化而变化，应用比较广泛。MQ-3 酒精传感器可用于机动车驾驶员呼气中酒精浓度的检测，以及其他严禁酒后操作的现场环境探测，也可用于其他场所的乙醇蒸气勘测工作等。MQ-3 酒精传感器模块包含有 6 只针状管脚，其中 4 个管脚（2 个 A 和 2 个 B）用于信号读取，2 个 H 脚用于提供加热电流。MQ-3 型气敏传感器由二氧化硅敏感层、陶瓷管、测量电极和加热器构成的敏感元件固定在塑料或不锈钢的腔体内，加热器为气敏元件的工作提供了必要的工作条件。

在工作时，气敏传感器的工作电压为 5V。当传感器受热后，加温室环境中的可燃气体浓度会迅速增大，传感器电阻的阻值将会下降，传感器的输出电压值将逐渐增大，这样气敏传感器的电阻值变化就转变成相应的电压输出信号，经过 A/D 转换和处理后，输出到控制器。

2. 酒精传感器 MQ-3 输入与输出关系

传感器阻值变化率与酒精浓度、外界温度都有一定的关系。为了使测量的酒精浓度精度最高，需要找到合适的工作温度，一般在测量前需将传感器加热 5min。预热后半导体颗粒表面的吸附可导致材料载流子浓度发生相应变化，从而改变导体电导率，使传感器输出电压信号发生变化。传感器输出电压与酒精浓度关系如图 11-100 所示，随着酒精浓度的上升，传感器输出的电压越大。

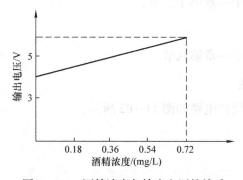

图 11-100 酒精浓度与输出电压的关系

3. MQ-3 传感器模块的结构

MQ-3 传感器模块电路如图 11-101 所示。该电路图可分为左右两部分：左半部分为 MQ-3 酒精传感器，右半部分为电压比较器。DOUT 是模块数字量输出、AOUT 是模块模拟量输出。MQ-3 的输出连接到电压比较器的反相输入端，比较器的正相输入端连接到电位器，可以通过电位器改变正相输入端的电压值，该电压值即为相对应的酒精浓度阈值电压。当反相输入端的电压值低于该阈值电压时，比较器输出高电平，并通过模块的 DOUT 引脚输出高电平，且 LED 指示灯灭；当反相输入端的电压值高于该阈值电压时，比较器输出低电平，并通过模块的 DOUT 引脚输出 0V，且 LED 指示灯被点亮。传感器的输出除连接到比较器的反相输入端外，还直接连接到模块的 AOUT 引脚，该引脚连接单片机后，将连续变化的电压值经 A/D 转换器输入单片机中。

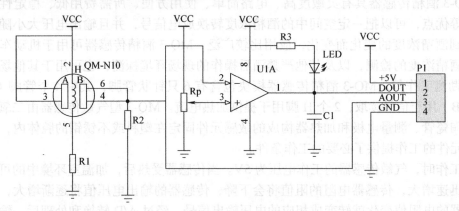

图 11-101 MQ-3 传感器模块电路

（二）液晶显示模块

LCD1602 液晶显示模块参考第七章第三节。

（三）继电器模块

继电器模块参考第十一章第九节。

（四）人体红外模块

人体红外模块参考第十一章第十二节。

（五）A/D 转换模块

A/D 转换模块参考第十一章第八节。

（六）系统硬件电路图

汽车防酒驾报警器的硬件电路如图 11-102 所示。

五、系统程序设计

（一）系统主流程图

系统的主流程图如图 11-103 所示。在主程序中，首先对各个模块进行初始化，随后进入 while 主循环。

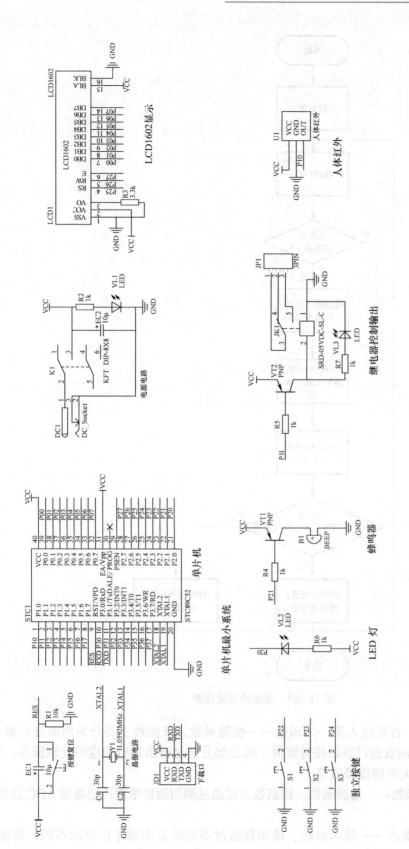

图 11-102 汽车防酒驾报警器系统硬件电路

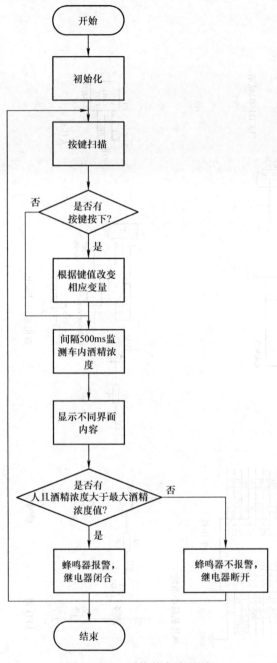

图 11-103　系统的主流程图

1）在主循环中，首先进入第一个函数——按键函数。该函数主要分为两部分：第一部分为调用按键扫描函数进行获取按键键值；第二部分通过键值进行相应的处理操作，比如切换界面、调整最大酒精报警值等。

2）进入第二个函数——监测函数。该函数主要通过调用酒精浓度传感器加 ADC 芯片，监测车内酒精浓度。

3）进入第三个函数——显示函数。该函数通过不同的界面标志位显示不同的界面，包括主界面显示当前车内酒精浓度，第二个界面显示调整最大酒精报警值。

4）进入第四个函数——处理函数。该函数判断主驾驶位是否有人并且当前车内酒精浓度是否大于最大酒精报警值。如果两个同时满足，则蜂鸣器进行报警，并且继电器闭合，锁住汽车；否则，蜂鸣器不报警，继电器断开。

5）通过一个延时函数和计数公式，限制各函数扫描时间。

（二）按键函数流程设计

按键函数流程图如图 11-104 所示。按键函数首先通过按键扫描函数，获取按键按下的键值，通过不同的键值，进行标志位的改变。如果获取的键值为 1，则进行界面标志位 +1；如果获取的键值为 2，则在界面模式 1 时，酒精浓度最大值 +1；如果获取的键值为 3，则在界面模式 1 时，酒精浓度最大值 -1。

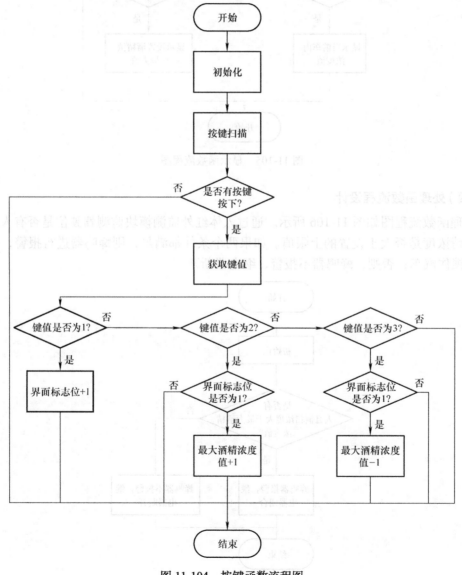

图 11-104　按键函数流程图

（三）显示函数流程设计

显示函数流程图如图 11-105 所示。通过不同的界面标志位显示不同的界面，标志位为 0 时，显示当前车内的酒精浓度值；标志位为 1 时，显示最大酒精设置值。

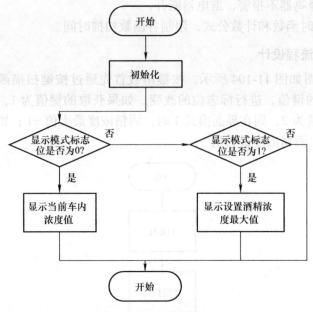

图 11-105　显示函数流程图

（四）处理函数流程设计

处理函数流程图如图 11-106 所示。通过人体红外监测模块监测驾驶位是否有人，并且当前酒精浓度是否大于设置的上限值。如果两个条件都满足，则蜂鸣器进行报警，继电器闭合，锁住汽车；否则，蜂鸣器不报警，继电器断开。

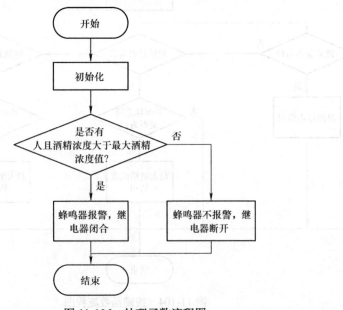

图 11-106　处理函数流程图

六、项目实践

(一)操作准备

项目实践中所需元器件见表 11-23。

表 11-23　汽车防酒驾报警器硬件元器件列表

序号	名称	规格	数量
1	单面覆铜板	长 × 宽：120mm × 120mm	1
2	DC 电源插座	DC-005	1
3	电阻	1kΩ	5
4	电容	30pF	2
5	电解电容	10μF	1
6	按键	DIP-6 × 6 × 5	4
7	单片机	STC89C52	1
8	晶振	11.0592MHz	1
9	电源按键	KFT DIP-8 × 8	1
10	电源底座	DC-002	1
11	ADC0832	DIP8	1
12	蜂鸣器	有源	1
13	液晶显示屏	LCD1602	1
14	电阻	3.3kΩ	1
15	MQ-3	DIP-6	1
16	PNP 型晶体管	TO-92	2
17	LED	蓝色	3
18	人体红外传感器	HC-SR501	1
19	继电器	JZX-22f(d) 2Z	1

(二) Proteus 仿真电路图

汽车防酒驾报警器由单片机最小系统、LCD1602 显示模块、按键控制模块、MQ3 传感模块、继电器控制电路模块组成,仿真原理如图 11-107 所示。其中,人体红外模块采用开关代替代,酒精传感器采用滑动电阻模拟。

(三)参考程序

扫二维码,观看"汽车防酒驾报警器系统的设计"。

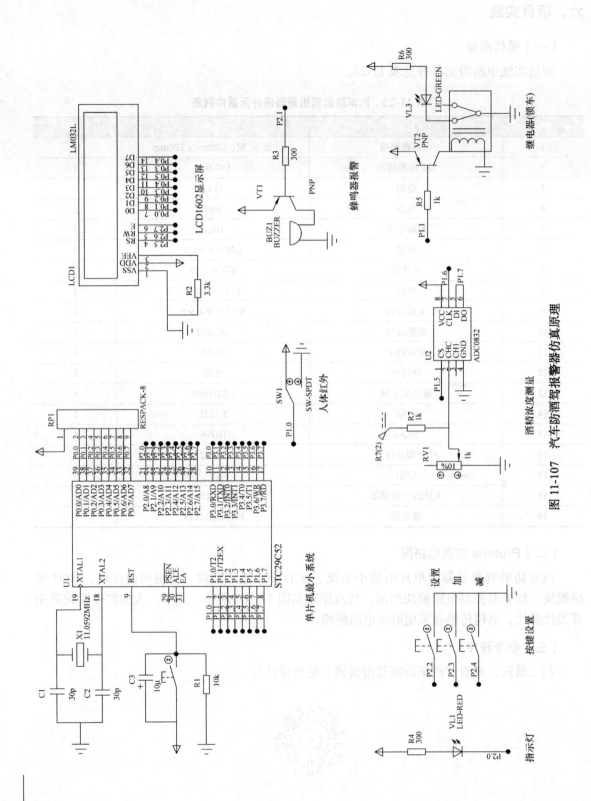

图 11-107 汽车防酒驾报警器仿真原理

第十四节　公交车车站智能显示系统的设计

一、项目目标

设计一种既方便易行又经济实惠的公交车自动报站系统，采用人工按键的操作方式即公交车手动报站器，来弥补传统人工报站必须由驾驶员或乘务员口头报站的落后方式，实现公交车对站名的语音提示和文字显示功能，为市民提供更人性化和更完善的服务。

二、项目功能要求

本设计是基于单片机的公交车车站报站系统，主要实现以下功能：
1）可通过LCD12864显示时间、温度和到达站、下一站。
2）可通过按键调整时间。
3）可通过按键进行语音播报。
4）可通过按键选择行驶循序。

三、总体方案设计

本设计以51单片机为核心控制器，加上其他模块一起组成公交车报站系统的整个系统，其中包含中控部分、输入部分和输出部分，如图11-108所示。中控部分采用了51单片机，其主要作用是获取输入部分数据，经过内部处理，控制输出部分。输入由四部分组成，第一部分是DS18B20温度检测模块，通过该模块可检测当前的温度值；第二部分是时钟模块，通过该模块可检测当前的时间；第三部分是独立按键，通过10个独立按键切换界面设置时间、确定已设置内容、切换上行、切换下行、显示站台信息、语音播报、取消语音播报、显示公交车信息；第四部分是供电电路，给整个系统进行供电。输出由四部分组成，第一部分是LCD12864显示模块，通过该模块可以显示当前时间、温度、显示站台信息、显示公交车信息、显示语音播报内容；第二部分是语音播报模块，当公交车到达指定站台，按下语音播报，开始播报当前公交车到达的站台信息；第三部分是上行LED指示灯，当切换到上行线时，LED指示灯亮起；第四部分是下行LED指示灯，当切换到下行线时，LED指示灯亮起。

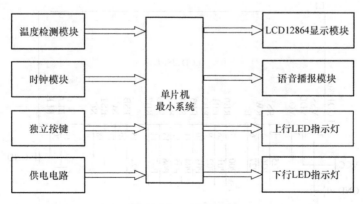

图11-108　系统框图

四、硬件电路设计

（一）LCD12864 液晶显示模块

1. LCD12864 液晶显示器特点

LCD12864 液晶显示器如图 11-109 所示，可显示汉字及图形，内置 8192 个中文汉字（16×16 点阵）、128 个字符（8×16 点阵）及 64×256 点阵显示 RAM（GDRAM）。

主要技术参数和显示特性：

1）电源：4.5~5V。
2）显示内容：128 列 ×64 行。
3）显示颜色：黄绿/蓝屏/灰屏。
4）显示角度：6 点钟直视。
5）LCD 类型：STN。
6）与 MCU 接口：8 位或 4 位并行/3 位串行，配置 LED 背光。
7）多种软件功能：光标显示、画面移位、自定义字符、睡眠模式等。

图 11-109　LCD12864 液晶显示器

2. LCD12864 液晶显示模块引脚介绍

LCD 12864 液晶显示模块共有 20 个引脚，如图 11-110 所示。引脚说明见表 11-24。

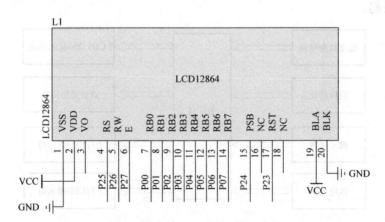

图 11-110　LCD12864 引脚分布

表 11-24　LCD12864 液晶显示模块引脚说明

序号	引脚名称	功能说明
1	VSS	电源地
2	VCC	电源正极
3	VO	液晶显示器对比度调节
4	RS	并行的指令/数据选择信号；串行的片选信号
5	RW	并行的读写选择信号；串行的数据口
6	E	并行的使能信号；串行的同步时钟
7	RB0~RB7	并行数据接口
8	PSB	并/串行接口选择：H－并行，L－串行
9	NC	空脚
10	RST	复位按键，低电平有效
11	NC	空引脚
12	BLA	背光源正极
13	BLK	背光源负极

（二）控制命令

1. 用户指令集

LCD12864 液晶显示控制模块控制驱动器 ST7920 提供了 11 条基本指令，当 RE＝0 时，为基本指令模式，见表 11-25。当 RE＝1 时，为扩充指令集，见表 11-26。

表 11-25　基本指令集

指令	指令码									功能说明
	RS	RW	RB7	RB6	RB5	RB4	RB3	RB2	RB1	RB0	
清除显示	0	0	0	0	0	0	0	0	0	1	将 DDRAM 填满 20H，并且设定 DDRAM 的地址计数器（AC）到 00H
地址归位	0	0	0	0	0	0	0	0	1	X	设定 DDRAM 的地址计数器（AC）到 00H，并且将游标移到开头原点位置；这个指令并不改变 DDRAM 的内容
进入点设定	0	0	0	0	0	0	0	1	I/D	S	在读取与写入资料时，设定游标移动方向及指定显示的移位
显示状态开/关	0	0	0	0	0	0	1	D	C	B	D＝1，整体显示 ON；C＝1，游标 ON；B＝1，游标位置 ON
游标或显示移位控制	0	0	0	0	0	1	S/C	R/L	X	X	设定游标的移动与显示的移位控制位元；这个指令并不改变 DDRAM 的内容
功能设定	0	0	0	0	1	DL	X	0RE	X	X	DL=1（必须设为 1）；RE=1，扩充指令集动作；RE=0，基本指令集动作
设定 CGRAM 地址	0	0	0	1	AC5	AC4	AC3	AC2	AC1	AC0	设定 CGRAM 地址到地址计数器（AC）
设定 DDRAM 地址	0	0	1	AC6	AC5	AC4	AC3	AC2	AC1	AC0	设定 DDRAM 地址到地址计数器（AC）
读取忙碌标志和地址	0	1	BF	AC6	AC5	AC4	AC3	AC2	AC1	AC0	读取忙碌标志（BF）可以确认内部动作是否完成，同时可以读出地址计数器（AC）的值
写数据到 RAM	1	0	D7	D6	D5	D4	D3	D2	D1	D0	写入 RAM 内部的数据
读出 RAM 的值	1	1	D7	D6	D5	D4	D3	D2	D1	D0	从内部 RAM 读取资料

表 11-26 扩充指令集

指令	指令码									功能说明
	RS	RW	RB7	RB6	RB5	RB4	RB3	RB2	RB1	RB0	
待命模式	0	0	0	0	0	0	0	0	0	1	将 DDRAM 填满 20H,并且设定 DDRAM 的地址计数器(AC)到 00H
卷动地址或 IRAM 地址选择	0	0	0	0	0	0	0	0	1	SR	SR = 1,允许输入垂直卷动地址;SR = 0,允许输入 IRAM 地址
反白选择	0	0	0	0	0	0	0	1	R1	R0	选择 4 行中的任一行进行反白显示,并可决定反白与否
睡眠模式	0	0	0	0	0	0	1	SL	X	X	SL=1,脱离睡眠模式;SL = 0,进入睡眠模式
扩充功能设定	0	0	0	0	1	1	X	1	G	0	RE = 1,扩充指令集动作;RE = 0,基本指令集动作;G = 1,绘图显示;ONG = 0,绘图显示 OFF
设定 IRAM 地址或卷动地址	0	0	0	1	AC5	AC4	AC3	AC2	AC1	AC0	SR = 1,AC5~AC0 为垂直卷动地址;SR = 0,AC3~AC0 为 ICONIRAM 地址
设定绘图 RAM 地址	0	0	1	AC6	AC5	AC4	AC3	AC2	AC1	AC0	设定 CGRAM 地址到地址计数器(AC)

(三)LCD12864 液晶显示器使用说明

1. 使用前的准备

先给模块加上工作电压,通过调节电位器调节 LCD 的对比度,使其显示出底影,此过程亦可以初步检测 LCD 有无缺段现象。

2. 使用说明

用带中文字库的 128×64 显示模块时,应注意以下几点:

1)欲在某一个位置显示中文字符时,应先设定显示字符位置,即先设定显示地址,再写入中文字符编码。

2)显示 ASCII 字符过程与显示中文字符过程相同。不过在显示连续字符时,只需设定一次显示地址,由模块自动对地址加 1 指向下一个字符位置;否则,显示的字符中将会有一个空 ASCII 字符位置。

3)当字符编码为 2B 时,应先写入高位字节,再写入低位字节。

4)模块在接收指令前,处理器必须先确认模块内部处于非忙状态,即读取 BF 标志时 BF 需为 "0",方可接收新的指令。如果在送出一个指令前不检查 BF 标志,则在前一个指令和这个指令中间必须延迟一段较长的时间,即等待一个指令确定执行完成。指令执行的时间应参考指令表中的指令执行时间说明。

5)"RE" 为基本指令集与扩充指令集的选择控制位。当变更 "RE" 位时,以后的指令集将保持在最后的状态,除非再次变更 "RE" 位,否则使用相同指令集时,无需每次重设"RE"位。

(四) CN-TTS 语音模块

1. CN-TTS 概述

CN-TTS 是一款高集成度的语音合成模块，可实现中文、英文、数字的语音合成；并且支持用户的命令词或提示音的定制需求。CN-TTS 控制方式简单，是通过 TTL 串口发送 GBK 编码的形式，可兼容市面上主流的 5V 或 3.3V 单片机。

2. TTS 播报模块

TTS 播报模块有 4 个引脚，如图 11-111 所示，1 引脚和 4 引脚分别是 +5V 电源正和接地，2 引脚是串口的发送引脚，接用户 MCU 的 RX 引脚，3 引脚 RXD 是串口的接收引脚，接用户 MCU 的 TX 引脚。

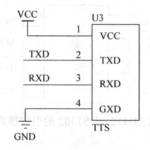

图 11-111　TTS 播报模块

3. 模块控制

（1）语音合成控制　用户的 MCU 通过 UART 串口向 TTS 模块发送的中文 GBK 码、英文或数字是 ASCII 码，进行语音合成播报。如 C 语言环境下，代码 printf（"大家好"）；可用于控制模块播报"大家好"这个内容，当前前提是串口配置好（9600，8，N，1）并通信正常。

（2）音效播报控制　内置 8 种音效，编号为 0~7 发送"<Z>"+编号控制播放内置音效，代码如：printf（"<Z>0"）；播报编号为 0 的音效。

（3）音量设置　发送"<Z>"+音量等级 设置音量播报，可设置 1~4 级音量，代码如：printf（"<V>3"）；设置音量为 3。系统默认为 4，为最高音量。

（4）语速设置　发送"<S>"+语速值设置语速，可设置 1~3 级语速，代码如：printf（"<S>3"）；设置语速为 3。系统默认为 2，为中速。

（5）设置上电提示　发送"<I>1"开启上电音效提示，"<I>0"则关闭上电音效提示，系统默认开启。

4. 示例程序

下面以 51 单片机为例，用 C51 语言实现一段控制文字合成语音的示例程序：

```
Init_Uart(9600);// 串口初始化成 9600, 8, N, 1
While(1)
{
```

```
        printf("欢迎使用 TTS 模块");
        Delay_MS(5000);
}
```

上述代码实现每 5s 播报一句"欢迎使用 TTS 模块"的功能。

(五) DS1302 时钟芯片

1. DS1302 介绍

DS1302 是由美国 DALLAS 公司推出的具有涓细电流充电能力的低功耗实时时钟芯片。它可以对年、月、日、周、时、分、秒进行计时,且具有闰年补偿等多种功能。

2. DS1302 引脚功能

DS1302 共有 8 个引脚,如图 11-112 所示,其引脚功能见表 11-27。

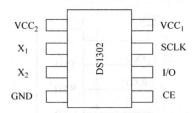

图 11-112 DS1302 的引脚排列

表 11-27 DS1302 引脚功能

编号	名称	引脚功能
1	VCC_2	主电源引脚
2	X_1	两个引脚接入 32.768kHz 的晶振
3	X_2	
4	GND	接地引脚
5	CE	使能信号,当读写 DS1302 时,必须是高电平
6	I/O	双向数据输入/输出端
7	SCLK	通信的时钟信号输入口
8	VCC_1	备用电源引脚

3. DS1302 的寄存器

DS1302 有一个控制寄存器和一个时钟寄存器。

(1) 控制寄存器　DS1302 控制寄存器用于对 DS1302 的读写过程进行控制,其格式见表 11-28。

表 11-28 DS1302 格式

位	D7	D6	D5	D4	D3	D2	D1	D0
内容	1	RAM/$\overline{CK}$	A4	A3	A2	A1	A0	R/$\overline{W}$

1) 控制器寄存器中 D7 必须为 1,如果为 0,则 DS1302 不能写入数据。

2) D6 位用于时钟和内存的选择,D6 = 1,选择片内 RAM;D6 = 0,选择 CLOCK。

3）D5~D1 为地址位，用于选择进行读写的日历、时钟寄存器或片内 RAM。

4）D0 为读写选择位，D0 = 0，写；D0 = 1，读。

（2）时钟寄存器　DS1302 有 7 个与日历、时钟有关的寄存器，存放的内容为 BCD 的形式，具体见表 11-29。

表 11-29　DS1302 时钟寄存器

名称	命令字		值域	各位内容							
	写	读		7	6	5	4	3	2	1	0
秒寄存器	80H	81H	00~59	CH	秒的十位			秒的个位			
分钟寄存器	82H	83H	00~59	0	分的十位			分的个位			
小时寄存器	84H	85H	00~12/00~23	12/24	0	A/P	HR	时的个位			
日期寄存器	86H	87H	01~31	0	0	日的十位		日的各位			
月份寄存器	88H	89H	01~12	0	0	0	1 或 0	月的个位			
星期寄存器	8AH	8BH	01~07	0	0	0	0	0	星期几		
年份寄存器	8CH	8DH	00~99	年的十位				年的个位			

注：1. 小时寄存器的 D7 位为 12 小时制 /24 小时制的选择位，当为 1 时选 12 小时制，当为 0 时选 24 小时制。当为 12 小时制时，D5 位为 1 是上午，D5 位为 0 是下午，D4 为小时的十位。当为 24 小时制时，D5、D4 位为小时的十位。

2. 秒寄存器中的 CH 位为时钟暂停位，当为 1 时，时钟暂停；为 0 时，时钟开始启动。

（六）温度采集模块

温度采集模块参考第十一章第三节。

（七）系统硬件电路图

公交车车站智能显示系统硬件电路如图 11-113 所示。

五、系统程序设计

（一）主程序流程设计

系统的主流程图如图 11-114 所示。在主程序中，首先对各个模块进行初始化，随后进入 while 主循环。

1）在主循环中，首先进入第一个函数——按键函数，该函数主要分为两部分：第一部分为调用按键扫描函数获取按键键值；第二部分通过键值进行相应的处理操作，比如切换界面、设置时间、确认时间信息、显示站台信息、设置下行、设置上行、语音播报、取消语音播报、显示公交这车信息等。

2）进入第二个函数——监测函数，该函数主要检测当前的时间和温度。

3）进入第三个函数——显示函数，该函数通过不同的显示标识位显示不同的界面，包括主界面显示当前的时间和温度，其他界面显示设置时间、显示站台信息、显示下行线信息、显示上行线信息、显示播报内容、显示公交车信息。

4）进入第四个函数——处理函数，该函数主要判断当前处于下行 / 上行线，根据不同站台标志位，语音播报不同站台信息。

5）通过一个延时函数和计数公式，限制各函数扫描时间。

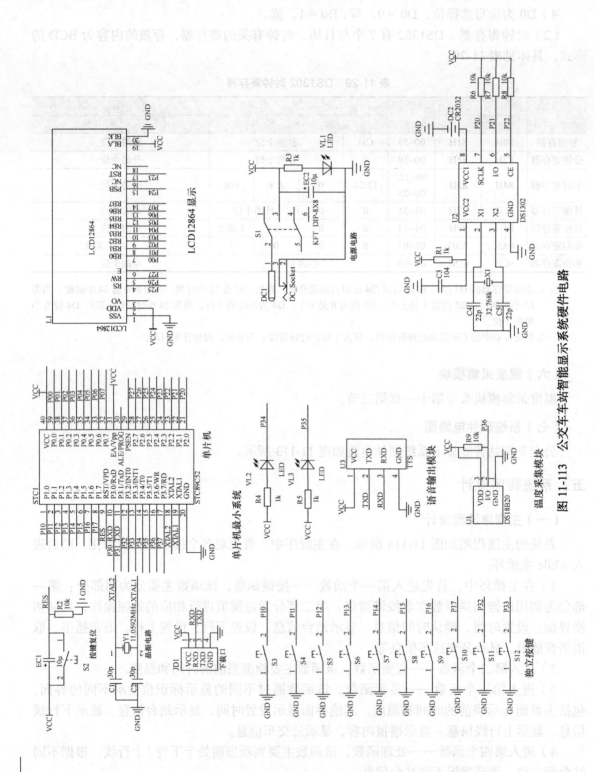

图 11-113　公交车车站智能显示系统硬件电路

（二）按键函数流程设计

按键函数流程图如图 11-115 所示。按键设置函数首先通过按键扫描函数获取按键按下的键值，通过不同的键值，进行相应变量的改变。如果获取的键值为 1，则进行显示标志位 +1，切换界面。如果获取的键值为 2，且设置标志位为 0，则在显示模式标志位为 1 时，修改"年"时间 +1；在显示模式标志位为 2 时，修改"月"时间 +1；在显示模式标志位为 3 时，修改"日"时间 +1；在显示模式标志位为 4 时，修改"时"时间 +1；在显示模式标志位为 5 时，修改"分"时间 +1；在显示模式标志位为 6 时，修改"秒"时间 +1；在显示模式标志位为 7 时，修改"星期"时间 +1。如果获取的键值为 3，且设置标志位为 0，则在显示模式标志位为 1 时，修改"年"时间 -1；在显示模式标志位为 2 时，修改"月"时间 -1；在显示模式标志位为 3 时，修改"日"时间 -1；在显示模式标志位为 4 时，修改"时"时间 -1；在显示模式标志位为 5 时，修改"分"时间 -1；在显示模式标志位为 6 时，修改"秒"时间 -1；在显示模式标志位为 7 时，修改"星期"时间 -1。如果获取的键值为 4，且设置标志位为 0，显示模式标志位为 0，则确认信息并清屏。如果获取的键值为 5，且设置标志位为 0，则显示站台信息。如果获取的键值为 6，且设置标志位为 1，站台标志位为 1，则切换为下行。如果获取的键值为 7，且设置标志位为 2，站台标志位为 0，则切换为上行。如果获取的键值为 8，则站台标志位 +1。如果获取的键值为 9，则取消语音播报。如果获取的键值为 10，则显示站台信息。

（三）显示函数流程设计

显示函数流程如图 11-116 所示。通过不同的显示模式标志位显示不同的界面，界面 0 时，显示当前的时间和温度；界面 1 时，显示设置"年"时间；界面 2 时，显示设置"月"时间；界面 3 时，显示设置"日"时间；界面 4 时，显示设置"时"时间；界面 5 时，显示设置"分"时间；界面 6 时，显示设置"秒"时间；界面 7 时，显示设置"星期"时间；界面 1 时，显示设置"年"时间。界面 8 时，显示确认后的时间和温度；界面 9 时，显示站台信息；界面 10 时，显示下行线时语音播报信息；界面 11 时，显示上行时语音播报信息；界面 12 时，显示公交车信息。

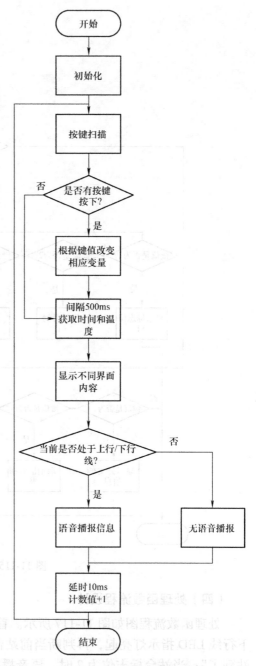

图 11-114　程序总体流程图

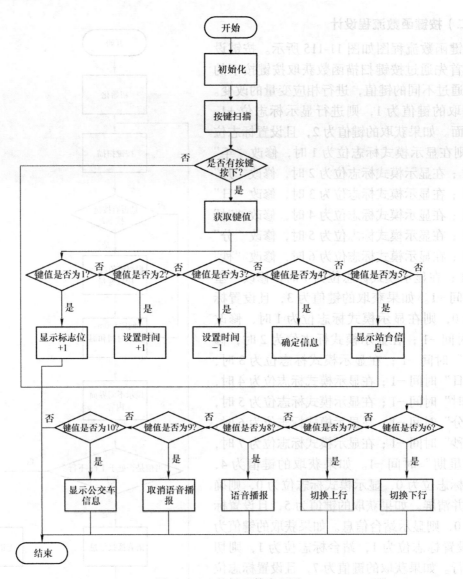

图 11-115　按键函数流程图

（四）处理函数流程设计

处理函数流程图如图 11-117 所示。首先判断当前处于下行/上行线，当处于下行线时，下行线 LED 指示灯亮起，再判断当前站台标志位，当站台标志位为 1 时，语音播报"1 号站到了"；当站台标志位为 2 时，语音播报"2 号站到了"；当站台标志位为 3 时，语音播报"3 号站到了"；当站台标志位为 4 时，语音播报"4 号站到了"；当站台标志位为 5 时，语音播报"终点站到了，感谢乘坐本公交车"。处于上行线时，上行线 LED 指示灯亮起，当站台标志位为 1 时，语音播报"4 号站到了"；当站台标志位为 2 时，语音播报"3 号站到了"；当站台标志位为 3 时，语音播报"2 号站到了"；当站台标志位为 4 时，语音播报"1 号站到了"；当站台标志位为 5 时，语音播报"终点站到了，感谢乘坐本公交车"。

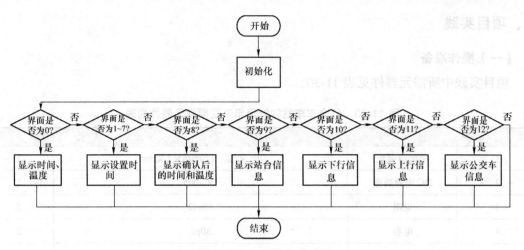

图 11-116　显示函数流程图

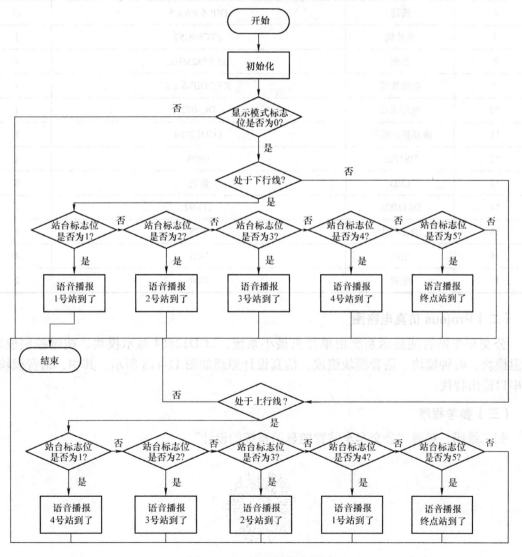

图 11-117　处理函数流程图

六、项目实践

（一）操作准备

项目实践中所需元器件见表11-30。

表11-30　公交车车站智能显示系统硬件元器件列表

序号	名称	规格	数量
1	单面覆铜板	长 × 宽：120mm × 120mm	1
2	DC电源插座	DC-005	1
3	电阻	10kΩ	5
4	电容	30pF	2
5	电解电容	10μF	2
6	按键	DIP-6 × 6 × 5	11
7	单片机	STC89C52	1
8	晶振	11.0592MHz	1
9	电源按键	KFT DIP-8 × 8	1
10	电源底座	DC-002	1
11	液晶显示模块	LCD12864	1
12	DS1302	DIP8	1
13	LED	蓝色	3
14	DS18B20	TO-92	1
15	语音模块	TTS	1
16	电阻	1kΩ	4
17	电容	22pF	2

（二）Proteus仿真电路图

公交车车站智能显示系统由单片机最小系统、LCD12864显示模块、按键控制模块、测温模块、时钟模块、语音模块组成，仿真设计原理如图11-118所示。其中，语音模块采用串口输出替代。

（三）参考程序

扫二维码，观看"公交车车站智能显示系统的设计"。

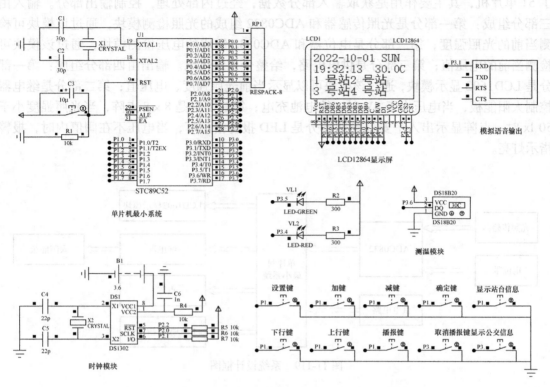

图 11-118　公交车车站智能显示系统仿真设计原理

第十五节　交通警示牌系统的设计

一、项目目标

　　交通警示牌可以提醒车辆注意通行安全，减少事故发生。但在偏远地区铺设交通警示牌，需要远距离铺设线路，成本大，资源浪费大。本项目设计一款可以自供电的交通警示牌，以减少交通事故的发生。

二、项目功能要求

　　基于单片机的交通警示牌系统，主要功能要求如下：
　　1）LCD1602 显示光照度以及锂电池电压值。
　　2）实时检测环境光照度。
　　3）当亮度小于一定值时，点阵显示"出入平安"。
　　4）锂电池可通过太阳能进行充电。

三、总体方案设计

　　本设计以 51 单片机为核心控制器，加上其他的模块一起组成太阳能 LED 交通警示牌的整个系统,其中包含中控部分、输入部分和输出部分,如图 11-119 所示。中控部分采用了 51 单片机,其主要作用是获取输入部分数据,经过内部处理,控制输出部分。输入由三部分组成:第一部分是光照传感器和 ADC0832 组成的光照检测模块,通过该模块可检测当前的光照强度;第二部分是电位器和 ADC0832 组成的电压检测模块,通过该模块可检测当前的电压值;第三部分是供电电路,给整个系统供电。输出由四部分组成:第一部分是 LCD1602 显示模块,通过该模块可以显示当前光照强度、电压值;第二部分是继电器控制太阳能板,当电压小于 8V 时,给电池充电;第三部分是 8×8 点阵,当光照强度小于 50 lx 时,点阵显示出入平安;第四部分是 LED 报警指示灯,当电压不在阈值内时,报警指示灯亮。

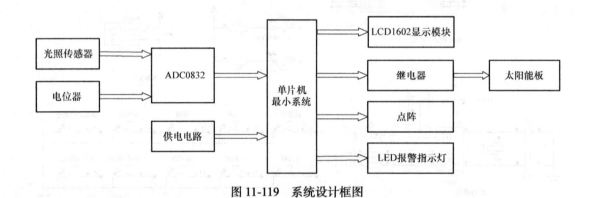

图 11-119　系统设计框图

四、硬件电路设计

(一)光敏电阻

1. 光敏电阻的概念

光敏电阻又叫作光感电阻,是利用半导体的光电效应制成的一种传感器,其电阻值会随入射光线的强弱而发生变化:入射光线强,导体电阻减小;入射光线弱,导体电阻增大。光敏电阻一般用于光的测量、光的控制和光电转换(将光的变化转换为电的变化)。

一般光敏电阻都制成薄片结构,以便能够吸收更多的光能。当光敏电阻器受到光的照射时,半导体片(光敏层)内就激发出电子-空穴对参与导电,使电路中的电流增强。光敏电阻外形和结构如图 11-120 所示。

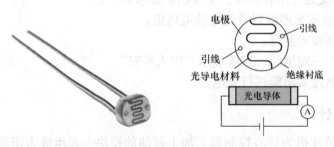

图 11-120　光敏电阻外形和结构

2. 光敏电阻的主要特性

（1）伏安特性　在一定光照强度下，光敏电阻两端所加电压与电流成正比，阻值只和照射的入射光亮强度有关，与加入两端电流或电压无关。

（2）光谱特性　光敏电阻对不同波长的光的灵敏度是不一样的，即相同的光敏电阻对不同波长的入射光有不同的频率响应。

（3）温度特性　光敏电阻受温度的影响较大，当温度升高时，其暗电阻和灵敏度都下降。

3. 光敏电阻的工作原理

光敏电阻串联进电路，两端加入合适的电压，在没有光照的时候，电阻无穷大，接近断路，有光照时阻值减少，电流加大，足够光照强度时相当于短路。

（二）液晶显示模块

LCD1602 液晶显示模块参考第七章第三节。

（三）点阵驱动及显示模块

点阵驱动及显示模块参考第十一章第六节。

（四）A/D 转换模块

A/D 转换模块参考第十一章第八节。

（五）系统硬件电路图

交通警示牌系统硬件电路如图 11-121 所示。

五、系统程序设计

（一）主程序流程设计

系统的主流程图如图 11-122 所示。在主程序中，首先对各个模块进行初始化，随后进入 while 主循环，在主循环中，首先进入第一个函数——监测函数，该函数主要通过调用光照、电压检测模块检测当前的光照强度和电压；紧接着进入第二个函数——处理函数，该函数主要判断光照强度和电压是否在设置阈值之内，如果不在，则点阵不显示、报警指示灯亮，如果电压小于 8V，则给电池充电；紧接着进入第三个函数——显示函数，该函数显示光照强度和电压。

（二）处理函数流程设计

处理函数流程如图 11-123 所示。首先判断光照强度是否大于 50lx，若大于，则点阵不显示，若小于，则显示出入平安；然后判断电压是否在阈值内，若在，则报警指示灯灭，否则报警指示灯亮；最后判断电压是否小于 8V，若小于，则给电池充电，否则不充电。

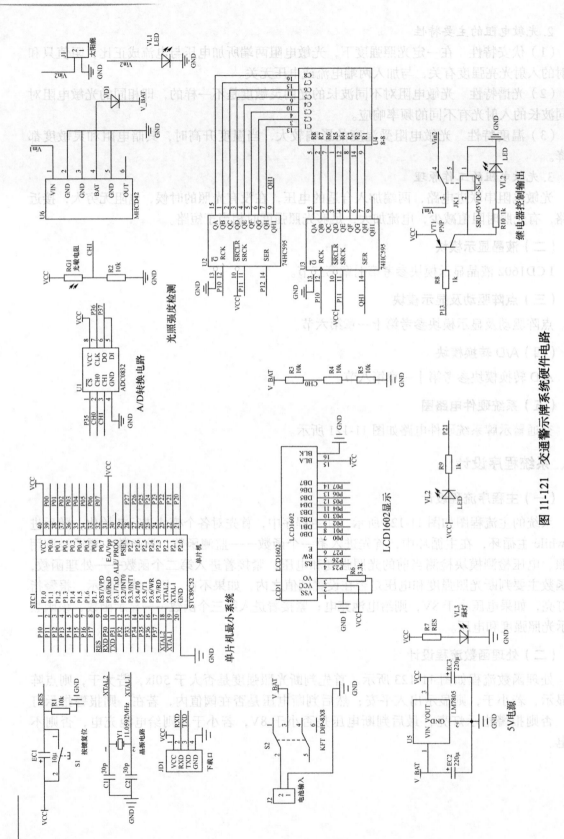

图 11-121 交通警示牌系统硬件电路

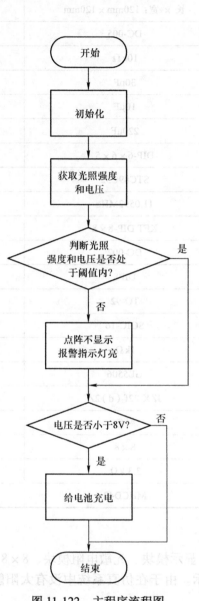

图 11-122 主程序流程图

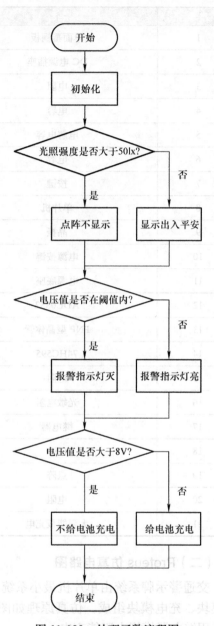

图 11-123 处理函数流程图

六、项目实践

(一)操作准备

项目实践中所需元器件见表 11-31。

表 11-31 交通警示牌系统硬件元器件列表

序号	名称	规格	数量
1	单面覆铜板	长 × 宽：120mm × 120mm	1
2	DC 电源插座	DC-005	1
3	电阻	10kΩ	5
4	电容	30pF	2
5	电解电容	10μF	1
6	电容	220μF	1
7	按键	DIP-6 × 6 × 5	1
8	单片机	STC89C52	1
9	晶振	11.0592MHz	1
10	电源按键	KFT DIP-8 × 8	1
11	电源底座	DC-002	1
12	ADC0832	DIP8	1
13	PNP 型晶体管	TO-92	4
14	74HC595	SOIC-16	2
15	电阻	1kΩ	3
16	光敏电阻	GL5506	1
17	继电器	JZX-22f（d）2Z	1
18	LED	绿色	1
19	点阵	8 × 8	1
20	电阻	3.3 kΩ	1
21	太阳能板充电	MHCD42	1

（二）Proteus 仿真电路图

交通警示牌系统由单片机最小系统、LCD1602 显示模块、光敏电阻模块、8 × 8 矩阵显示模块、充电模块组成，仿真原理如图 11-124 所示。由于在仿真系统中没有太阳能模块，故采用继电器模拟太阳能充电。

（三）参考程序

扫二维码，观看"交通警示牌系统的设计"。

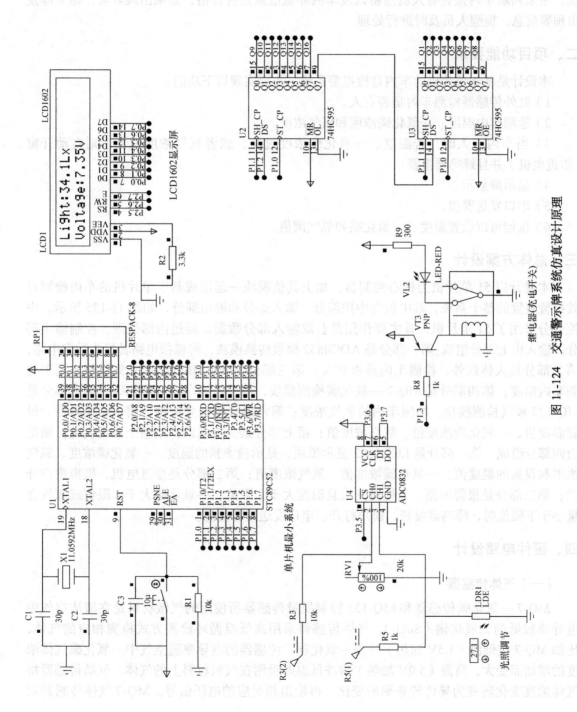

图 11-124 交通警示牌系统仿真设计原理图

第十六节 车内自检报警系统的设计

一、项目目标

为了行车安全以及车内有孩童滞留时候的安全，汽车需要一套车内环境监测和报警系统，用来判断车内是否有人员滞留以及车内环境信息是否合格，如果出现异常，则立即发出预警信息，提醒人员及时进行处理。

二、项目功能要求

本设计是基于单片机的车内自检报警系统，主要实现以下功能：
1）红外传感器检测车内是否有人。
2）检测车内温度、一氧化碳浓度和氧气浓度。
3）当车内有人时，若温度、一氧化碳浓度过高，或者氧气浓度过低，则自动开窗（步进电机）并且蜂鸣器报警。
4）显示屏显示。
5）串口发送警报。
6）按键可以设置温度、一氧化碳和氧气阈值。

三、总体方案设计

本设计以 51 单片机为核心控制器，加上其他模块一起组成基于单片机的车内检测自救报警装置的整个系统，其中包含中控部分、输入部分和输出部分，如图 11-125 所示。中控部分采用了 51 单片机，其主要作用是获取输入部分数据，经过内部处理，控制输出部分。输入由七部分组成：第一部分是 ADC0832 模数转换模块，将模拟电路转换为数字电路；第二部分是人体红外，检测车内是否有人；第三部分是 DS18B20 温度采集模块，用于检测车内温度；第四部分是 MQ-7 一氧化碳检测模块，用于检测车内一氧化碳；第五部分是 MQ-135 氧气检测模块，检测车内的氧气浓度；第六部分是独立按键，用于切换界面、设置温度值、一氧化碳浓度值、氧气浓度值；第七部分是供电电路，给整个系统供电。输出由四部分组成，第一部分是 LCD1602 显示模块，显示检测到的温度、一氧化碳浓度、氧气浓度和设置的温度值、一氧化碳浓度值、氧气浓度值；第二部分是步进电机，模拟窗户开关；第三部分是报警电路，当检测到人且温度大于上限值、一氧化碳大于上限值或氧气含量小于下限值时，蜂鸣器报警、窗户打开、串口发送报警信息。

四、硬件电路设计

（一）气体传感器

MQ-7 一氧化碳传感器和 MQ-135 控制质量传感器所使用的气敏材料是在清洁空气中电导率较低的二氧化锡（SnO_2）。气体传感器采用高低温循环检测方式检测相应的气体，比如 MQ-7 在低温（1.5V 加热）检测一氧化碳，传感器的电导率随空气中一氧化碳气体浓度的增加而变大，高温（5.0V 加热）清洗低温时吸附在气敏材料上的气体。气敏传感器将气体浓度变化转变为导体传导率的变化，再输出相对应的电压信号。MQ-7 气体传感器对一氧化碳的灵敏度高,可以用于检测多种含一氧化碳的气体,是一款适合多种应用场合的低成本气敏传感器,MQ-135 传感器对氧气的灵敏度高,可以用于检测氧气的含量。

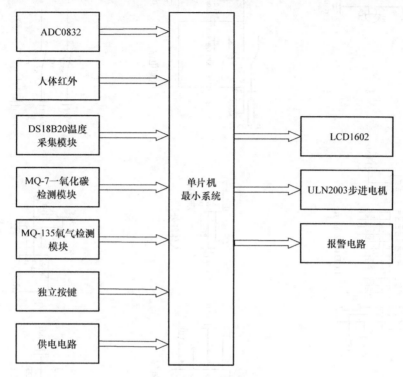

图 11-125　系统框图

MQ-7 和 MQ-135 的电压输出信号,随着气体浓度的上升,输出电压会越来越高。传感器通电后,需要预热 20s 左右,测量数据才能稳定。

(二)液晶显示模块

LCD1602 液晶显示模块参考第七章第三节。

(三)A/D 转换模块

A/D 转换模块参考第十一章第八节。

(四)温度采集模块

温度采集模块参考第十一章第三节。

(五)步进电机模块

步进电机模块参考第十一章第四节。

(六)人体红外模块

人体红外模块参考第十一章第十二节。

(七)系统硬件电路图

车内自检报警系统硬件电路如图 11-126 所示。

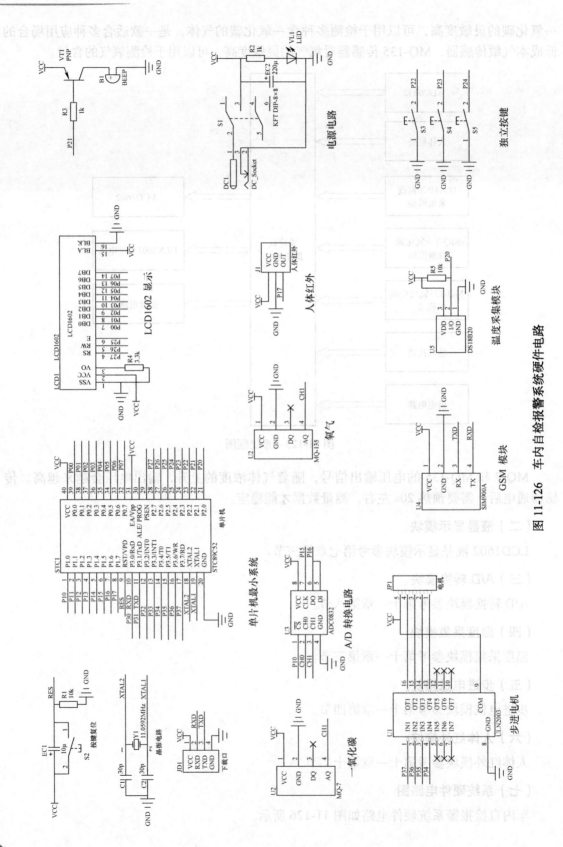

图 11-126 车内自检报警系统硬件电路

五、系统程序设计

（一）主程序流程设计

系统的主流程图如图 11-127 所示。在主函数中，先进行初始化，然后按顺序循环 while 中的四个函数：按键函数、监测函数、显示函数和处理函数，最后是延时 10ms，计数变量 +1。在按键函数中，当按键按下时，会通过显示函数显示按键的功能，如切换界面、设置温度最大值、设置 CO 最大值、设置 O_2 最大值；监测函数中通过温度检测模块获取的温度、MQ-7 检测到的 CO 浓度和 MQ-135 检测到的 O_2 浓度会通过显示函数显示在 LCD1602 中；处理函数主要是将从监测函数中获取测量值与设置的阈值进行比较，若检测到人且温度大于上限值、一氧化碳大于上限值或氧气含量小于下限值，则蜂鸣器报警、窗户打开、串口发送报警信息。

（二）按键函数流程设计

按键函数流程图如图 11-128 所示，根据获取的键值判断按下按键的功能。如果按键 1 被按下，则切换显示的界面。如果按键 2 被按下，则在界面 1 时，温度最大值 +1；在界面 2 时，CO 最大值 +1；在界面 3 时，O_2 最大值 +1。如果按键 3 被按下，则在界面 1 时，温度最大值 -1；在界面 2 时，CO 最大值 -1；在界面 3 时，O_2 最大值 -1。

（三）显示函数流程设计

显示函数流程图如图 11-129 所示。根据不同的显示标志位，显示不同的界面，界面 0，显示当前温度、氧气含量、一氧化碳浓度和窗户状态；界面 1，显示设置的温度最大值；界面 2，显示设置的一氧化碳浓度最大值；界面 3，显示设置的氧气含量最小值。

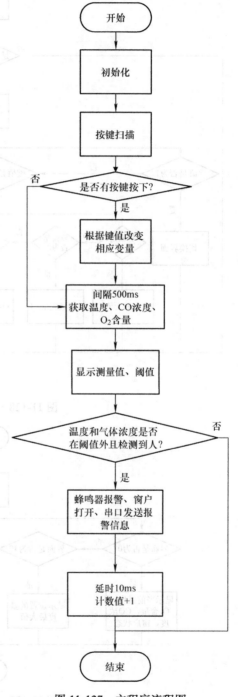

图 11-127　主程序流程图

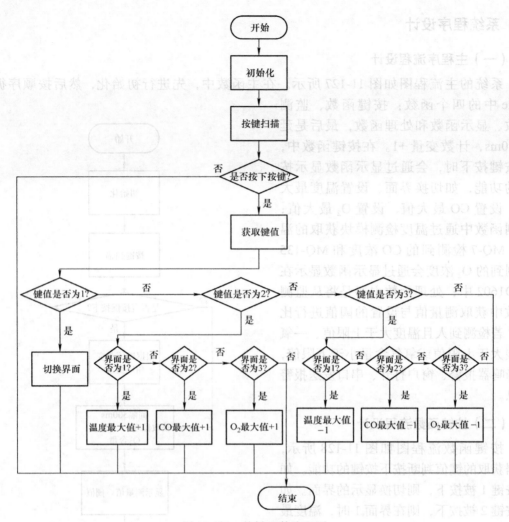

图 11-128　按键函数流程图

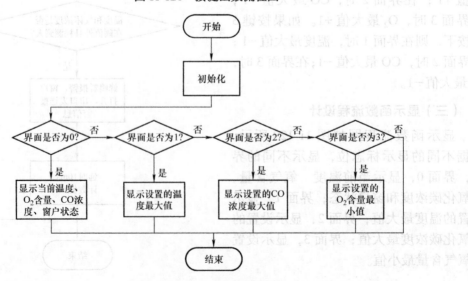

图 11-129　显示函数流程图

（四）处理函数流程设计

处理函数流程图如图 11-130 所示。显示标志位为 0 时，若检测到人且温度大于上限值、一氧化碳大于上限值或氧气含量小于下限值，则蜂鸣器报警、窗户打开、串口发送报警信息；若温度小于上限值、一氧化碳小于上限值或氧气含量大于下限值，则蜂鸣器不报警、窗户关闭。若未检测到人和其他界面，则蜂鸣器不报警、窗户关闭。

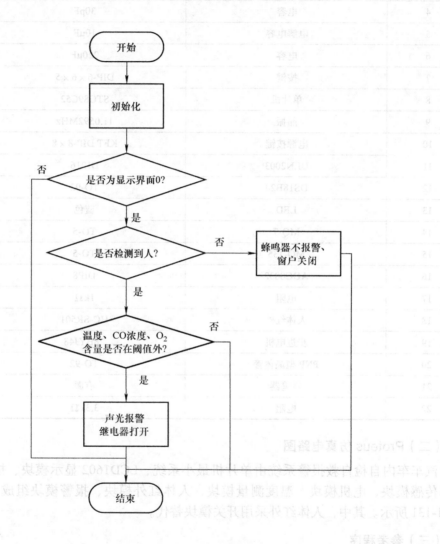

图 11-130　处理函数流程图

六、项目实践

（一）操作准备

项目实践中所需元器件见表 11-32。

表 11-32 汽车车内自检自救报警系统硬件元器件列表

序号	名称	规格	数量
1	单面覆铜板	长×宽：120mm×120mm	1
2	DC 电源插座	DC-005	1
3	电阻	10kΩ	2
4	电容	30pF	2
5	电解电容	10μF	1
6	电容	220μF	1
7	按键	DIP-6×6×5	4
8	单片机	STC89C52	1
9	晶振	11.0592MHz	1
10	电源按键	KFT DIP-8×8	1
11	ULN2003	DIP16	1
12	DS18B20	TO-92	1
13	LED	蓝色	1
14	MQ-7	TO-5	1
15	MQ-135	TO-5	1
16	ADC0832	DIP8	1
17	电阻	1kΩ	2
18	人体红外	HC-SR501	1
19	步进电机	28BYJ48	1
20	PNP 型晶体管	TO-92	1
21	蜂鸣器	有源	1
22	电阻	3.3kΩ	1

（二）Proteus 仿真电路图

汽车车内自检自救报警系统由单片机最小系统、LCD1602 显示模块、按键控制模块、气体传感模块、电机模块、温度测量模块、人体红外模块、报警模块组成，仿真原理如图 11-131 所示。其中，人体红外采用开关模块替代。

（三）参考程序

扫二维码，观看"汽车车内自检报警系统的设计"。

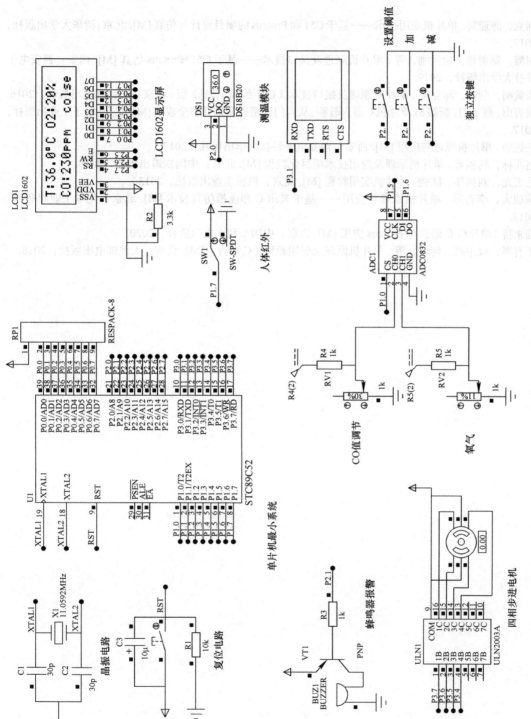

图 11-131 汽车车内自检报警系统仿真原理

参 考 文 献

[1] 韩克，薛迎霄. 单片机应用技术——基于C51和Proteus的项目设计与仿真[M]. 北京：清华大学出版社，2017.

[2] 屈霞，郑剑锋，佘世刚，等. 单片机原理及接口技术——基于C51+Proteus仿真[M]. 西安：西安电子科技大学出版社，2019.

[3] 张毅刚，刘旺，邓立宝. 单片机原理及接口技术（C51编程）[M]. 2版. 北京：人民邮电出版社，2016.

[4] 蔡杏山，蔡玉山. 新编51单片机C语言教程：从入门到精通实例详解全攻略[M]. 北京：电子工业出版社，2017.

[5] 王佐勋. 单片机原理与应用[M]. 西安：西安电子科技大学出版社，2017.

[6] 赵润林，畅福善. 单片机原理及应用技术项目化教程[M]. 北京：中国铁道出版社，2018.

[7] 毛宏光，刘福祥，陈弢. 单片机实用教程[M]. 北京：机械工业出版社，2013.

[8] 陈朝大，李杏彩. 单片机原理与应用——基于Keil C和虚拟仿真技术[M]. 北京：化学工业出版社，2013.

[9] 陆永耕. 单片机C语言与Proteus应用[M]. 北京：中国水利水电出版社，2020.

[10] 丁有军，段中兴，何波，等. 单片机原理及应用教程（C语言）[M]. 北京：人民邮电出版社，2018.